Research on the Collaborative Mechanism and Implementation Path of Stakeholders in
ETHNIC TOURISM COMMUNITIES
from the View of Symbiosis

共 生 视 域 下 的 民 族 旅 游 社 区
利益相关者协同机制与实现路径研究

李聪媛　◎著

中国财经出版传媒集团
经济科学出版社
Economic Science Press
·北京·

图书在版编目（CIP）数据

共生视域下的民族旅游社区利益相关者协同机制与实
现路径研究/李聪媛著 . -- 北京：经济科学出版社，
2024.8. -- ISBN 978 - 7 - 5218 - 5972 - 0

Ⅰ. F592.7

中国国家版本馆 CIP 数据核字第 20244F0B29 号

责任编辑：刘　丽
责任校对：刘　昕
责任印制：范　艳

共生视域下的民族旅游社区利益相关者协同机制与实现路径研究
GONGSHENG SHIYUXIA DE MINZU LÜYOU SHEQU LIYI XIANGGUANZHE
XIETONG JIZHI YU SHIXIAN LUJING YANJIU
李聪媛　著

经济科学出版社出版、发行　新华书店经销
社址：北京市海淀区阜成路甲 28 号　邮编：100142
总编部电话：010 - 88191217　发行部电话：010 - 88191522
网址：www. esp. com. cn
电子邮箱：esp@ esp. com. cn
天猫网店：经济科学出版社旗舰店
网址：http：//jjkxcbs. tmall. com
北京季蜂印刷有限公司印装
710 × 1000　16 开　15.25 印张　240000 字
2024 年 8 月第 1 版　2024 年 8 月第 1 次印刷
ISBN 978 - 7 - 5218 - 5972 - 0　定价：78.00 元
（图书出现印装问题，本社负责调换。电话：010 - 88191545）
（版权所有　侵权必究　打击盗版　举报热线：010 - 88191661
QQ：2242791300　营销中心电话：010 - 88191537
电子邮箱：dbts@ esp. com. cn）

前言

　　支持民族地区加快发展是我国区域协调发展战略的重要内容。党的十九大报告、二十大报告提出：支持民族地区加快发展。民族社区是构成民族地区社会的基本单元，是建设和管理民族地区的基础环节。社区的建设与管理是国家社会经济发展的基础，是国家和谐社会建设的基础。我国是一个由多个民族共同组成的国家，民族社区在国家建设和管理中具有特殊地位，民族社区的经济社会发展和社会关系和谐与国家发展和社会和谐息息相关。

　　我国的民族地区大多地处西部，大多经济欠发达、民族众多、社会经济发展相对滞后。但由于大多处于边远地区，交通相对闭塞，我国的民族地区往往保存着完好的自然生态环境和原生态的民族文化，具有优质旅游资源分布与经济发展落后状况高度重合的特点。随着旅游业极强的产业联动性和文化交流推动性的不断显现，发展旅游业已经被认为是促进民族地区地方经济发展、推进民族地区乡村的社会转型、促进社区共同富裕和实现跨越式发展的有效手段。越来越多的民族社区参与到旅游发展中，并通过发展旅游推进了社区社会经济的发展。

　　当前，民族旅游社区正处于从以农业为基础的传统乡土社会转变为一个以其他产业为基础的现代社会的进程中。在这一进程中会涉及多个利益相关者的协调和多种关系的整合。随着民族地区旅游活动的不断深入，民族地区旅游活动利益相关者的多元化、利益诉求的多样化等构成了民族地区旅游活动错综复杂的利益关系网。民族旅游社区的利益相关者的利益诉求差异日益凸显，争议和纷争越来越多。利益冲突问题成为影响民族旅游社区可持续发展的关键性问题。

"共生"是一个生物学领域的概念，指不同种属的生物按某种物质联系共同生活的现象（Bary，1879）。共生不但是一种生物共存的现象，也是一种识别生物的社会科学方法，还是生物识别的一种机制，更是一种社会现象。竞争与共生不是相互排斥的，在共生中有竞争。共生中的竞争是一种通过合作竞争的方式来实现的、相互促进的相互合作关系。这种关系是通过对共生单元的基本结构和相应功能进行创新，在重新分工、定位共生单元功能的基础上，通过相互合作的开展来实现的。共生中的竞争往往追求"双赢"或"多赢"局面的实现（吴泓和顾朝林，2004）。共生是在相互合作中共同进化，协同与合作是共生的本质。共生理论与中国传统文化中和谐共融思想的理念相一致，受到了国内学者的极大关注。在化解冲突和可持续发展需求的驱动下，共生理论被研究者引入旅游领域。

基于以上背景，为化解民族旅游社区利益相关者的利益冲突，促进民族旅游社区的可持续发展，本书基于"利益冲突风险的潜在性—利益冲突原因的多重性—防止利益冲突的迫切性—防止利益冲突的长效性和战略性"的逻辑思路，采用静态分析与动态分析相结合、理论阐述与实证调研相结合、整体观测与个案剖析相结合、定性分析与定量分析相结合的"四结合"研究方法，在深入研究可持续发展理论的基础上，借鉴生物学的共生理论资源，尝试将民族旅游社区作为一个有机的系统来考察，从民族旅游社区利益相关者的利益诉求出发，以推动民族旅游社区的利益相关者协同共生为宗旨，在对诱发民族旅游社区利益相关者利益冲突结构性因素的梳理与精准识别的基础上，以期全面认识引发民族旅游社区利益冲突的关键性因素，构建包括时空维度、经济维度、政策制度维度、文化维度、资源维度、环境安全维度等在内的动态协同共生机制，并在考虑民族旅游社区政治、经济、文化、资源、环境等方面的总体发展状况的基础上，研究民族旅游社区利益相关者协同共生的实现路径，为民族旅游社区提供化解利益冲突、推进可持续发展的管理对策，扎实推进民族地区社会经济发展。

本书得出以下主要研究结论。

（1）民族旅游社区是指以少数民族成员为主体，以民族社会成员的共同地缘和紧密的日常生活联系为基础，以旅游接待活动为核心生产内容的民族地域性社会。根据直接参与旅游项目开发的利益相关者的数量，民族旅游社区可以分为单个利益相关者参与的"居民自主"型民族旅游社区、两个利益相关者参与的"公司＋农户"型民族旅游社区、多个利益相关者参与的"政府＋社会公益机构＋农户"型民族旅游社区。

（2）民族旅游社区是一个有机的系统，由具有多重诉求目标的多个利益相关者构成。民族旅游社区的各主要利益相关者之间存在着相互影响、相互作用、相互依存的关系。随着民族地区旅游活动的不断深入，民族旅游社区利益相关者之间因利益诉求差异而出现了相互抵触、相互摩擦或互不相容等现象，影响了民族地区的形象，阻碍了民族地区社区持续发展的进程，影响了民族地区社会关系的和谐。利益冲突问题成为影响民族旅游社区可持续发展的关键性问题。防止和化解利益相关者的利益冲突成为民族旅游社区经济社会发展迫切需要解决的问题。

（3）民族旅游社区的发展是社区中所有群体努力的结果，民族旅游社区利益相关者利益冲突的化解涉及多个利益相关者的协调、多种关系的整合。民族旅游社区利益相关者的利益诉求受到经济因素、政策制度因素、文化因素、资源价值因素、环境安全因素的影响。在不同的开发模式中，民族旅游社区利益相关者的利益诉求不同，且这些不同和差异使得民族旅游社区利益冲突不断演进、变化。在民族旅游社区利益相关者利益冲突的化解过程中，应充分考虑民族旅游社区利益诉求动态发展的需求，提供有针对性的利益冲突化解方案。

（4）构建协同共生机制是化解民族旅游社区利益相关者利益冲突的有效手段。引入生物学领域的共生理论，将民族旅游社区作为一个整体，建立民族旅游社区利益相关者共生系统，尝试构建民族旅游社区利益相关者之间的协同共生关系，为民族旅游社区利益冲突化解提供了新思路。在民族旅游社区利益相关者协同共生机制构建的过程中，应首先厘清民族旅游社区利益相关者利益冲突的"时空演变、多维路径"与协同共生目标的内在关联，准确把握"动态"与"多维"的核心要领，研判"动态""多维"的多元性和差异性特征。然后再构建包括时空维度、经济维度、政策制度维度、文化维度、资源维度、环境安全维度等在内的动态协同共生机制。只有将具有动态多维路径的协同共生机制与民族旅游社区可持续发展紧密衔接，才能有效化解民族旅游社区利益冲突，消除或预防利益冲突所带来的不利影响，从而促进民族旅游社区可持续发展目标的实现。

本书的研究意义是：将生物学领域的"共生"理念引入民族旅游社区可持续发展探索中，在学理上对民族旅游社区的可持续发展问题进行阐释，对可持续发展理论的内涵和外延进行了拓展；运用管理学、生物学、民族学、社会学、经济学等多学科知识探索解决现实问题的方案，形成促进民族旅游社区可持续发展的机制和路径；综合使用多学科相关研究成果对现实问题进行分析与探索，构建基于共生理论的民族旅游社区利益相关者协同机制，形成多元化解决现实问题的跨学科、综合性的理论成果，为民族地区旅游地的社会治理提供决策参考和依据。

本书具有以下特色：一是区别于传统研究的学科交叉研究方法。本书综合运用管理学、社会学、经济学、统计学的分析方法，拓展可持续发展理论的内涵和外延，探索民族旅游社区的可持续发展。这种跨学科的交叉研究方法将进一步丰富民族旅游社区的可持续发展的研究体系。二是综合运用多学科知识探索解决现实问题的方案。本书在多学科知识成果的基础上，从民族旅游社区利益相关者的诉求出发，在诉求差异分析的基础上，运用生物学的共生理论，探索民族旅游社区可持续发展的机制和路径。这种基于多学科知识形成的方案将更加全面、系统地为现实问题的解决提供依据。三是研究内容紧跟时代步伐，积极回应国家建设需要。本书对国家建设中一直关注的利益问题进行研究，在对民族旅游社区建设中利益相关者诉求差异识别的基础上，从共生的视角来探讨民族旅游社区发展的对策与建议，建立民族旅游社区利益相关者协同共生的理论框架，从思想理论建设方面与时俱进地回应了支持民族地区加快发展的时代要求。四是运用多学科的理论成果形成学科交叉后的新成果。本书是在多学科知识和方法运用的基础上进行的现实问题分析与探索。本书所形成的相应成果是多学科成果交叉融合后的产物。相较于其他成果，本书所提出的相应机制和路径，能够更加适应多元化的、综合的现实问题的需要。

综上所述，本书将"共生理论"引入可持续发展研究中，采用多学科的相关知识和相关方法对极具特殊性地位的民族旅游社区的可持续发展展开研究。本书中所建立的民族旅游社区利益相关者协同共生理论框架，所提出的民族旅游社区利益相关者共生系统和民族旅游社区 REGT 共生系统作用模型，所构建的民族旅游社区利益相关者协同共生机制和实现路径，为民族旅游社区利益相关者协同共生提供了理论框架，为化解民族旅游社区的利益冲突实践提供了理论依据，从而为民族旅游社区和谐社会建设提供新思路，促进民族旅游社区的可持续发展。

目　录

第一章　绪　　论

第一节　研究背景

一、和谐社会是国家发展的战略目标

和谐社会是人类孜孜以求的一种美好社会。2002 年，党的十六大报告第一次将"社会更加和谐"作为重要奋斗目标提出。2004 年 9 月 19 日，中国共产党第十六届中央委员会第四次全体会议上正式提出了"构建社会主义和谐社会"的概念。随后，"和谐社会"便常作为这一概念的缩略语。2005 年以来，中国共产党从全面建设小康社会、开创中国特色社会主义事业新局面的全局出发，提出将"和谐社会"作为国家发展的战略目标，作为中国共产党执政的战略任务。党的十七大报告指出，深入贯彻落实科学发展观，要求我们积极构建社会主义和谐社会。党的十八大报告再次重申，社会和谐是中国特色社会主义的本质属性，必须坚持人民主体地位、坚持促进社会和谐是在新的历史条件下夺取中国特色社会主义新胜利的基本要求。社会和谐的促进需要强化和创新社会管理。早在 2006 年，时任浙江省委书记的习近平同志就在《加强基层工作，夯实社会和谐之基》一文中指出："基础不牢，地动山摇。"社区作为社会的基本单元，是任何一个国家建设和管理的基础环节，可以说，社区的建设与管理是中国和谐社会建设的基础。作为一个统一的多民族国家，中国的民族社区在国家发展进程中具有特殊地

位，民族社区的发展和社会关系的和谐在国家建设和管理中具有举足轻重的地位。

二、发展旅游业是民族地区发展的重要途径

中国的民族地区大多数属于经济欠发达地区，社会经济发展相对滞后。同时，由于中国的民族地区大多数地处边远地区，地处乡村，交通相对闭塞，往往保存着完好的自然生态环境和原生态的民族文化。根据国家民族事务委员会网站公布的最新数据，我国民族自治地方重要旅游资源有：世界文化遗产 2 处，自然遗产 5 处，人类口述和非物质遗产 2 处；国家历史文化名城 18 个，国家历史文化名镇 32 个，国家历史文化名村 29 个；国家级重点风景名胜区 47 处；国家重点文物保护单位 373 个；国家 5A 级旅游区 12 个，4A 级旅游区 180 个，3A 级 146 个，2A 级 212 个，1A 级 43 个；国家重点自然保护区 125 个，保护区面积达 8158 万公顷。国内旅游达到 82 亿人次，比上年增长 14.7%；实现国内旅游收入 7528 亿元，比上年增长 20.3%，国际旅游 1525 万人次，比上年增长 24.4%；实现国际旅游外汇收入 58 亿美元，比上年增长 27.7%，增幅提高 2.8 个百分点。近年来，依托民族文化资源和自然景观资源发展旅游业，已经取得了很大的成效，民族地区的旅游人次和旅游收入不断的快速增长。在自治区方面，以西藏自治区为例，据西藏自治区旅游发展委员会介绍，从 1980 年至 2014 年，西藏自治区旅游累计收入 909.3 亿元，旅游收入增幅高于全区 GDP 增幅 28.1 个百分点。[①] 2018 年 1 月至 4 月，西藏自治区累计接待国内外游客 266.7 万人次，同比增长 63.5%；实现旅游总收入 35.2 亿元，同比增长 62.8%。2018 年西藏自治区累计接待国内外游客 3368.7 万余人次，同比增长 31.5%，实现旅游收入 490.1 亿元，同比增长 29.2%。西藏 2019 年全年接待国内外游客突破 4000 万人次，收入达 560 亿元。40 万农牧民参与旅游产业，进一步助力脱贫攻坚。[②] 疫情后，2023 年西藏全年接待国内外游客突破 5500 万人次，收入达

---

① 中国民族宗教网。
② 中国西藏新闻网。

650 亿元。① 在自治州方面，根据西双版纳傣族自治州旅游发展委员会官网 2019 年 2 月公布的信息，在"十二五"期间全州累计接待国内外游客 7461.55 万人次，是"十一五"期间（3072.16 万人次）的 2.43 倍；累计实现旅游总收入 911.17 亿元，是"十一五"期间（245.1 亿元）的 3.72 倍。2019 年 2 月 4 日至 10 日，全州共接待旅游者 202.09 万人次，同比增长 14.63%，其中，边境一日游人数 1.36 万人次，同比增长 70%。旅游总收入 14.43 亿元，同比增长 30.83%。② 疫情过后，在 2023 年泼水节期间，西双版纳共接待游客 200.21 万人次，同比增长 310.35%；旅游总收入 21.16 亿元，同比增长 291.13%。③ 依托良好自然生态环境和绚丽的民族文化，民族地区吸引了大量的旅游者，民族地区因旅游活动的开展获得了良好的经济收益。随着民族地区旅游人次和旅游收入的快速增长，民族地区的居民收入得到了提高，民族地区的公共建设得到了进一步的发展，民族地区农村的城市化进程得到了进一步的推进，民族地区居民的生活发生了巨大的改变。运用民族文化资源和优美的自然资源发展旅游业，已经被认为是促进民族地区地方经济发展、推进民族地区乡村的社会转型、促进共同富裕和实现跨越式发展的有效手段。

三、利益冲突是民族旅游社区急需解决的问题

当前，我国的大部分民族旅游社区正处于从以农业为基础的传统乡土社会转变为一个以其他产业为基础的现代社会的进程中。在这一进程中会涉及多个利益相关者的协调和多种关系的整合。随着民族地区旅游活动的不断深入，民族地区旅游活动利益相关者的多元化、利益需求的多样化等构成了民族地区旅游活动错综复杂的利益关系网，民族地区的利益相关者问题日益突出，一些民族地区围绕着盈利的分配也出现了一些纷争和争议，民族地区与旅游活动有关的纷争日益增多（白凯和郭生伟，2010），影响了民族地区的形象，阻碍了民族地区社区持续发展的进程，影响了民族地区社会关系的和

---

① 西藏自治区人民政府驻上海办事处网。
② 西双版纳傣族自治州人民政府网。
③ 云南网。

谐。利益冲突问题成为影响民族旅游社区可持续发展的关键性问题。如何在发展旅游业的前提下，化解民族旅游社区利益相关者之间的利益冲突，消除不利影响，建设和谐的民族旅游社区，以旅游带动民族社区社会、经济、文化和城镇化发展，成为迫切需要解决的问题。

四、"共生理论"引入旅游管理领域

"共生"是一个生物学领域的概念，指不同种属的生物按某种物质联系共同生活的现象（Bary, 1879）。共生不但是一种生物共存的现象，也是一种识别生物的社会科学方法，还是一种生物识别的机制，更是一种社会现象。竞争与共生是不相互排斥的，在共生中有竞争，共生中的竞争是一种通过合作竞争的方式来实现的、相互促进的相互合作关系。这种关系是通过对共生单元的基本结构和相应功能进行创新以及重新分工定位的共生单元功能，开展相互合作来实现的。共生中的竞争往往追求"双赢"或"多赢"局面的实现（吴泓和顾朝林，2004）。协同与合作是共生的本质，共生不是相互排斥，而是在相互合作中共同进化。中国传统文化中一直重视和谐理念，共生这一与和谐共融相一致的理论，受到了国内学者的极大关注。在民族旅游社区利益冲突化解的过程中，并不仅仅是靠把生产用地变为景区用地、把农民变为旅游生意人、完成一系列经济指标等方式就可以实现。民族旅游社区利益冲突化解是一项艰巨而复杂的社会工程，在化解冲突和可持续发展需求的驱动下，共生理论被研究者引入到旅游领域。在旅游社区治理中，共生理念所带来的关于决策的讨论使得旅游发展决策更为科学、民主。

五、云南省民族旅游社区极具代表性

云南省是中国少数民族居住最多的省份。在云南，52 个民族共同居住在这片土地。其中，有固定的分布范围且人口在 5000 人以上的民族有 26 个。同时，云南省是旅游大省、旅游强省，以优美的自然风光、绚丽多彩的民族文化吸引了来自世界各地的旅游者。云南省的旅游人次和旅游收入多年来位居中国前列。以 2019 年为例，云南省旅游总收入 11035.2 亿元，接待海外入境旅客 1484.9 万人次，接待国内旅客 79977.8 万人次。① 云南省是一个典型的多民族聚居的旅游强省。云南省的民族旅游社区众多，各具特色。云南省的民族旅游社区是我国民族旅游社区的缩影。全国各地民族旅游社区发展面临的绝大部分问题，云南省民族旅游社区也同样遇到。云南省民族旅游社区利益冲突问题具有很强的典型性，相应的研究方案和对策建议更具普适性。

第二节 研究意义

一、理论意义

本书以化解民族旅游社区利益相关者的利益冲突，促进民族旅游社区的可持续发展为目标，根据我国民族社区众多、旅游业作为战略性支柱产业作用显著的实际，尝试将民族旅游社区作为一个有机的系统来考察。基于"利益冲突风险的潜在性—利益冲突原因的多重性—防止利益冲突的迫切性—防止利益冲突的长效性和战略性"的逻辑思路，在深入研究可持续发展理论的基础上，借鉴生物学的共生理论资源，以民族旅游社区利益相关者为研究对象，探寻民族旅游社区利益相关者协同共生机制与实现路径，以推动民族旅游社区的可持续发展。本书既让共生获得民族旅游社区可持续发展的延展，也激活了可持续发展理论在所面对新问题时的理论张力。基于共生的视角所展开的民族旅游社区协同发展及实现路径研究可以为民族旅游社区的可持续发展研究提供新的分析思路和理论基础。

二、现实意义

党的十八大报告指出，加强社会建设，是社会和谐稳定的重要保证；

---

① 搜狐焦点网。

必须从维护最广大人民根本利益的高度，加快健全基本公共服务体系，加强和创新社会管理，推动社会主义和谐社会建设。社区发展、社会关系和谐是建设中国特色社会主义道路的重要内容。党的十九大报告、二十大报告提出，支持民族地区加快发展。民族社区是民族地区社会的基本单元，是民族地区社会治理的基础环节。党的二十大报告提出，我们要实现好、维护好、发展好最广大人民根本利益，紧紧抓住人民最关心最直接最现实的利益问题，坚持尽力而为、量力而行，深入群众、深入基层，采取更多惠民生、暖民心举措，着力解决好人民群众急难愁盼问题，健全基本公共服务体系，提高公共服务水平，增强均衡性和可及性，扎实推进共同富裕。

本书从共生的视角来探讨民族旅游社区发展的对策与建议，构建民族旅游社区利益相关者协同共生的理论框架，从思想和理论建设方面与时俱进地回应了支持民族地区加快发展的时代要求。

本书以多民族省份、旅游强省为例，立足于民族旅游社区各利益相关者的诉求和利益冲突问题的研究，通过了解民族旅游社区各利益相关者的诉求和利益冲突产生的根源，找出产生利益冲突的关键节点和控制或改善这些关键点的方式，在深入研究可持续发展理论的基础上，借鉴生物学的共生理论资源，以民族旅游社区利益相关者为研究对象，探寻民族旅游社区利益相关者协同共生机制与实现路径，以推动民族旅游社区的可持续发展。相应对策建议更具普适性，将推动我国民族旅游社区的可持续发展，有助于促进我国民族地区和谐社会建设。

第三节　研究基础与方法

一、研究基础

本书是在笔者的博士论文"共生视域下的民族旅游社区矛盾化解机制研究"的基础上进行的。同时，笔者在云南省大理、丽江、西双版纳、保山等地做了大量的调研工作，积累了一定数量的问卷设计、问卷调查和针对特定对象的访谈资料。在这些资料的基础上，结合已经收集的多篇民族社区发展、利益冲突、旅游地可持续发展研究的相关文献资料，展开分析和研究，对民族旅游社区利益相关者协同共生的研究框架、内容和方法进行了深入的思考。这些深入的思考和资料为本书奠定了扎实的理论研究基础和实践基础。

二、研究方法

（一）静态分析与动态分析相结合

用问卷调查和深度访谈对民族旅游社区利益相关者情况进行调研分析。一方面对具体案例点民族旅游社区的利益相关者的利益诉求进行分析；另一方面对处于不同开发模式的民族旅游社区的利益相关者的诉求进行比较分析，研究诉求特征，从而提出基于民族旅游社区利益相关者协同发展的对策建议。

（二）理论阐述与实证调研相结合

运用场景分析方法，对多个观测点的研究对象展开问卷调查和深度访谈，分析民族旅游社区利益相关者协同发展的实现情况，找出民族旅游社区利益相关者的利益诉求差异和关键性影响因素，寻找促进利益诉求实现的机制和路径。根据相关理论进行分析，并在案例研究的基础上，修正、完善相关理论。

（三）整体观测与个案剖析相结合

一方面把民族旅游社区作为一个整体来观测，分析民族旅游社区不同开发模式的情况；另一方面又深入实地选取有代表性的个案进行剖析，使研究结论的取得建立在实证的基础上，力求宏观视角和微观视角的互补。

（四）定性分析与定量分析相结合

运用社会科学统计软件 SPSS 进行分析。一方面通过对相关文献资料的研读，对民族旅游社区的调研资料进行研析，找寻问题产生的原因；另一方面通过对抽样调查数据样本的汇总处理和统计分析，找寻民族旅游社区利益诉求差异的演变机理。两相结合，使本研究在观点阐述和数据支持上相得益彰。

三、研究选点

本书根据直接参与旅游开发的利益相关主体规模情况，选取单个利益相关者参与的"居民自主"型民族旅游社区、两个利益相关者参与的"公司＋农户"型民族旅游社区、多个利益相关者参与的"政府＋社会公益机构＋农户"型民族旅游社区作为案例点，一方面对具体案例点民族旅游社区的利益相关者的利益诉求进行分析；另一方面对处于不同开发模式的民族旅游社区的利益相关者的诉求进行比较分析，研究诉求特征，从而提出基于民族旅游社区利益相关者协同发展的对策建议。

（一）曼回索——"居民自主"型民族旅游社区

曼回索美食村，是西双版纳最早做傣味美食的村寨，距离景洪市旅游综合体告庄西双景 7 公里，曼回索村小组位于云南省西双版纳州景洪市工业园区内，隶属于曼沙村委会，距离村委会 2 公里，距离西双版纳景洪工业园区管理委员会 0.5 公里。云南省西双版纳州景洪市因独特的民族人文风情和优美的自然风光吸引了旅游者，是著名旅游目的地。曼回索是景洪市有名的傣味农家乐村寨，是到西双版纳一定要来的傣味美食村，晚餐时间很多自驾游和自由行游客都会慕名而来。在网络媒体发达的今天，曼回索成为网红旅游餐饮打卡地，吸引着越来越多的旅游者。曼回索美食村不仅是旅游者聚集之地，也是当地居民享受美味的地方。曼回索村寨里家户户都做傣味美食，烤鸡、烤鱼、青苔、菠萝饭是傣味里的精华。曼回索村村民在家中招待远方的朋友，热情好客，纯朴的村寨特色，绝美的傣味美食。曼回索村小组共 82 户人家，其中 34 户都有着自己的特色傣味农家乐品牌，几乎半数以上村民在村里的各家特色傣味餐饮农家乐打工。曼回索是典型的"居民自主"型民族旅游社区。曼回索村自古以自烤酒闻名。随着旅游活动的开展，现如今的曼回索村因傣族美味和美酒，成为一个名副其实的美食村，成为傣家饭网红打卡地。这种"旅游 + 傣味餐饮"的融合为村民们提供了更多的创业就业选择，拓宽了增收的渠道，提高了经济收入。

（二）傣族园——"公司 + 农户"型民族旅游社区

傣族园位于云南省西双版纳傣族自治州景洪市勐罕镇曼听村委会。云南省是多民族省份，傣族园是云南省开发建设最早的以少数民族村寨为核心旅游的目的地之一，是西双版纳傣族州所有自然村寨中最能集中展示傣族文化特色的 4A 级旅游景区。截至 2024 年 3 月 31 日，傣族园景区由曼将、曼春满、曼乍、曼嘎、曼听五个保存完好的傣族自然村寨组成，共有村民 339户、1617 人。由于傣族园景区是集中展示傣族文化特色的景区，景区与当地社区在空间上具有完全重叠性，因此，孙九霞和保继刚（2004）、翁时秀和彭华（2011）、左冰（2012）、李渼等（2011）研究者直接把傣族园景区看作是一个社区——傣族园社区。本书采用这一观点。1998 年，傣族园有限责任公司（以下简称傣族园公司）成立，投资 1000 万元。傣族园最初的投资人是云南省农垦总局西双版纳州农垦分局国营橄榄坝农场。该公司通过建立傣族园有限责任公司，开发以傣族传统文化和版纳地区独特的自然风光为核心资源的旅游产品。傣族园具有景区与社区高度重叠的特点。根据这一特点，傣族园景区创造了"公司（即傣族园景区）+ 农户"的发展模式，即傣族园公司进行旅游开发所占用土地以租赁的形式从村小组和村民手中获取，傣族园的门票收入和其他收入由傣族园公司全权支配，傣族园公司优先吸纳傣族园社区居民参与景区内的各项工作，也允许傣族园的社区居民开展旅游经营服务活动。目前，旅游活动已经成为傣族园社区居民生产生活中的重要组成部分，成为除了农业之外的第二生活重心和事件。

（三）阿者科——"政府＋社会公益机构＋农户"型民族旅游社区

"阿者科"为哈尼语，"阿者"意为滑竹，"科"为茂密，即滑竹成片之地。阿者科村始建于1855年，是云南省红河州元阳县新街镇爱春村委会下的一个自然村，海拔1880米。阿者科村至今仍与其发源地村寨——大瓦遮阿者科村，共用同一个村名。族谱显示，大约210年前，因人口增长，部分村民从峡谷对面的大瓦遮阿者科搬迁至大鱼塘村，随后又迁至现在的阿者科村。当时村内只有普姓人家，后来加入了马姓、高姓和卢姓，形成了现在的"普马高卢"四大家族。目前村内有65户，481人，全村皆为哈尼族。阿者科村是红河哈尼梯田遗产的5个重点村寨之一，保存着最为完好的蘑菇房和哈尼族文化。阿者科村也被称为蘑菇村，因其成规模的蘑菇房而著名。蘑菇房的底座由石头砌成，墙体由土砖构成，以木为梁，以草作顶，是哈尼族的传统民居。蘑菇房分为三层，一层养牲畜，二层住人，三层用以晾晒和堆放粮食。蘑菇房二层一般设有火塘，既可用于简易加热，又具有原始宗教含义。火塘上方的竹篾，只用来祭祀祖先。火塘前面三块木板也有禁忌，老人在世时，儿媳不可经过那三块木板，只能绕行。蘑菇房是哈尼族人民因地制宜，就地取材建造出来的特色民居建筑。蘑菇房为建筑群，成群连片，十分壮观。现在的阿者科还没有修通公路，只靠着一条百年石道与外界相连。石道蜿蜒崎岖，不能行车，只能徒步而下。这条百年石道既拒绝了外世的繁华与发展，也守护了村子的平和与静谧。在阿者科，保留着淳朴哈尼族的传统文化，是国家批示的第三批传统村落。阿者科村是红河哈尼梯田文化景观哈尼梯田世界文化遗产的重要组成部分，是5个遗产重点村寨（阿者科村、垭口村、牛倮普村、全福庄中寨、上主鲁老寨）之一。而红河哈尼梯田文化景观哈尼梯田也是我国第一个以民族名称命名、以农耕文明为主题的活态世界遗产。但近些年村落人口空心化严重，传统生产生活方式难以为继，且经济发展缓慢。2018年6月，中山大学发挥旅游学科优势，联合当地政府，发起了"阿者科计划"公益援助项目。"阿者科计划"以实现遗产保护、乡村振兴和脱贫致富为目标，通过培训的方式帮助村民，帮助村民发展乡村旅游。阿者科成为典型的"政府＋社会公益机构＋农户"型民族旅游社区。

第四节　研究思路与框架

一、研究思路

利益问题既是当代中国社会高度关注的重要话题，亦是民族旅游社区可持续发展的关键性问题。为化解民族旅游社区利益相关者的利益冲突，促进民族旅游社区的可持续发展，本书根据直接参与旅游开发的利益相关者的不同，选取单个利益相关者参与的"居民自主"型民族旅游社区、两个利益相关者参与的"公司＋农户"型民族旅游社区、多个利益相关者参与的"政府＋社会公益机构＋农户"型民族旅游社区作为案例点，基于"利益冲突风险的潜在性—利益冲突原因的多重性—防止利益冲突的迫切性—防止利益冲突的长效性和战略性"的逻辑思路，在深入研究可持续发展理论的基础上，借鉴生物学的共生理论资源，以民族旅游社区利益相关者为研究对象，探寻民族旅游社区利益相关者协同共生机制与实现路径，以推动民族旅游社区的可持续发展。

二、研究的主要内容

（一）民族旅游社区利益相关者协同内涵及其表征的理论阐释

基于利益冲突风险的潜在性，本部分从以下三个方面进行研究。

（1）对民族旅游社区、民族旅游社区利益相关者的内涵、表征进行理论研判，主要采用文献研究和理论归纳法。

（2）根据直接参与旅游开发的利益相关者的不同，选取单个利益相关者参与的"居民自主"型民族旅游社区、两个利益相关者参与的"公司＋农户"型民族旅游社区、多个利益相关者参与的"政府＋社会公益机构＋农户"型民族旅游社区作为案例点，主要运用场景分析方法，对多个观测点的研究对象展开问卷调查和深度访谈，分析民族旅游社区利益相关者协同发展的实现情况。

（3）对民族旅游社区的经济、社会、民生等环境背景进行系统梳理，识别形成利益冲突风险的宏观因素。

（二）诱发民族旅游社区利益相关者利益冲突结构性因素的梳理与识别

基于利益冲突原因的多重性，本部分从以下两个方面进行研究。

（1）民族旅游社区利益相关者诉求及其特征的梳理与辨析。通过对"居民自主"型民族旅游社区、"公司＋农户"型民族旅游社区、"政府＋社会公益机构＋农户"型民族旅游社区的利益相关者诉求进行分析，以把握民族旅游社区利益相关者诉求的特征。

（2）对诱发民族旅游社区利益冲突因素的识别。在民族旅游社区利益相关者诉求分析的基础上，运用统计分析的方法，从经济因素、政策制度因素、文化因素、资源价值因素、环境安全因素等多个维度辨析诱发民族旅游社区利益冲突的结构性因素，以把握诱发民族旅游社区利益相关者利益冲突的结构性原因。

（三）民族旅游社区利益相关者协同共生系统构建研究

基于防止利益冲突的迫切性，本部分从四个方面进行研究。

（1）厘清民族旅游社区利益相关者协同共生系统的要素和协同共生的条件。

（2）分析民族旅游社区利益相关者协同共生系统的特征。

（3）确立民族旅游社区利益相关者协同共生系统的结构。

（4）明确民族旅游社区利益相关者协同共生系统的功能。为民族旅游社区利益相关者协同共生机制的构建和实现路径的选择奠定基础。

（四）动态多维民族旅游社区利益相关者协同共生机制构建研究

基于防止利益冲突的长效性，本部分从两个方面展开研究。

（1）厘清民族旅游社区利益相关者利益冲突的"时空演变、多维路径"与协同共生目标的内在关联，准确把握"动态"与"多维"的核心要领，研判"动态""多维"的多元性和差异性特征。

（2）构建包括时空维度、经济维度、政策制度维度、文化维度、资源维度、环境安全维度等在内的动态协同共生机制，建立民族旅游社区利益相关者协同共生机制，将具有动态多维路径的协同共生机制与民族旅游社区可持续发展的紧密衔接，推动民族旅游社区可持续发展目标的实现。

（五）民族旅游社区利益相关者协同共生的实现路径研究

基于民族旅游社区利益相关者协同共生系统的研究，在构建基于动态多维民族旅游社区利益相关者协同共生机制基础上，在考虑民族旅游社区政治、经济、文化、资源、环境等方面总体发展状况的基础上，研究民族旅游社区利益相关者协同共生的实现路径，为民族旅游社区社会经济发展提供化解民族旅游社区利益冲突、推进民族旅游社区的可持续发展的管理对策，扎实推进民族地区社会经济发展。

三、研究框架

本书的研究框架如图 1-1 所示。

本书共包括四部分 9 章。

第一部分为基础理论研究，包括第一章至第三章。第一章为绪论，主要介绍本书的研究背景、研究基础和选点依据、研究意义、研究方法、研究思路、研究的技术路线和研究的框架与内容。第二章为研究进展与评述。本章对与研究有关的民族社区研究、旅游领域中利益相关者研究、旅游领域中的民族社区研究、旅游领域中的协同共生研究进行评述。第三章为民族旅游社区利益冲突化解的理论基础。本章对民族旅游社区利益相关者协同共生研究的核心理论和核心概念进行研究。民族旅游社区利益相关者协同共生的核心理论包括：可持续发展理论、共生理论、利益相关者理论、冲突理论等民族旅游社区利益相关者协同共生研究的核心理论。民族旅游社区利益相关者协同共生研究的核心概念研究包括民族旅游社区、民族旅游社区利益相关者等核心概念的内涵和表征研究。

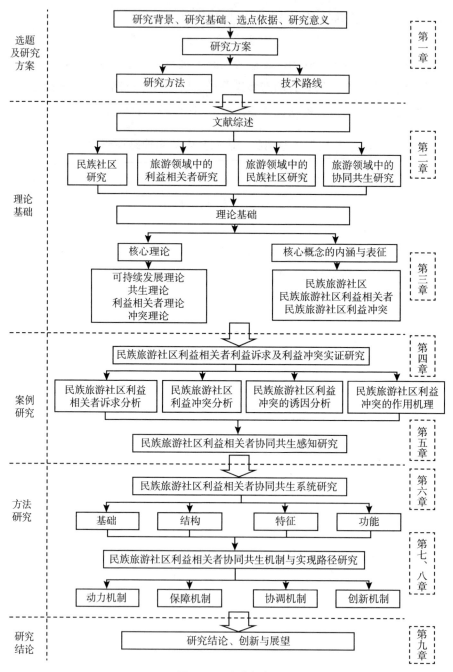

图 1-1 研究框架

第二部分为案例研究，包括第四章和第五章。第四章为民族旅游社区利益相关者利益诉求及利益冲突实证研究，第五章为民族旅游社区利益相关者协同共生感知研究。这两章以单个利益相关者参与的"居民自主"型民族旅游社区、两个利益相关者参与的"公司＋农户"型民族旅游社区、多个利益相关者参与的"政府＋社会公益机构＋农户"型民族旅游社区作为案例点详细剖析民族旅游社区主要利益相关者的利益诉求、利益冲突和协同共生感知。案例研究为民族旅游社区利益冲突化解的选择打下实证基础。

第三部分为方法研究，包括第六章至第八章。第六章进行民族旅游社区利益相关者协同共生系统的构建，并从构建基础、结构、特征、功能等方面对其进行阐释。第七章和第八章为民族旅游社区利益相关者协同共生机制与实现路径研究。在对诱发民族旅游社区利益相关者利益冲突结构性因素的梳理与识别的基础上，力争全面认识诱发民族旅游社区利益冲突的因素，构建包括时空维度、经济维度、政策制度维度、文化维度、资源维度、环境安全维度等在内的动态协同共生机制，并在考虑民族旅游社区政治、经济、文化、资源、环境等方面的总体发展状况的基础上，研究民族旅游社区利益相关者协同共生的实现路径。

第四部分为研究结论，包括第九章。第九章为研究结论、创新与展望，全面地总结，并对研究的创新之处、不足之处和进一步的研究方向作出说明。

第二章 研究进展与评述

第一节 民族社区研究进展与评述

一、研究概况

（一）研究历程

"社区"一词，由德国社会学家汤尼斯（Tönnies）于 1887 年提出（Bachleitner & Zins，1999），是社会学研究中的重要术语。20 世纪二三十年代，以帕克（Park）、伯吉斯（Burgess）、麦肯齐（Mckenzie）为代表的芝加哥学派社会学家发展出了一系列社区研究理论，并以都市社区为研究对象，对"社区"一词的内涵进行了重新的阐释（费孝通，1998）。也就在这一时期，费孝通等燕京大学社会学系的学生首次将"社区"这一概念引入中国。

民族社区的研究，最初开始于社会学家、民族人类学家对初民社会原始部落的社会结构与社会生活的研究（Nunez，1963）。在这之后，民族社区研究出现了主要通过定性描述来分析乡村少数民族社区的历史和社会现象，以乡村社会学和乡村地理学为理论基础的乡村地区少数民族社区研究（陆翔兴，1989）。在第二次世界大战（以下简称二战）前后的这段时间，乡村民族社区研究出现了一段时间的停滞，民族社区研究的重心转移到城市民族社区研究（Willbern，1966）。20 世纪 30 年代以来，国外的民族社区研究以分析城市中本土少数民族和外来民族移民聚集地的生存状况、存在问题和未来发展方向的城市民族社区研究为主导（Rosenblum & Brick，2011）。20 世纪 70 年代以来，随着城市生活环境的恶化，以分析乡村少数民族社区的历史和社会现象为主的乡村社区研究逐渐复兴，乡村民族社区的变迁研究成为研究热点（Rice，1977）。在这一阶段中，地理学结合到民族学、社会学研究中，城市民族社区研究和乡村民族社区研究的全面性和科学性得到了进一步的提升。

（二）文献年份数量分析

以民族社区为题名或关键词，在 CNKI、维普、万方三大数据平台进行检索，得到的文献分别是 2924 篇、790 篇、20382 篇，见表 2 - 1。

表 2 - 1 民族社区研究的文献统计 单位：篇

检索词		检索数据平台	
民族社区	CNKI	维普	万方
数量	2924	790	20382

以 CNKI 为例，这些文献的年份分布数量如图 2 - 1 所示。这些数据表明，在国内，从 2003 年开始，研究者在对民族社区的关注越来越多。自 2013 年以来，对民族社区的研究越来越受到关注，并成为研究热点。

（三）涉及的研究对象和研究兴趣

对题名或关键词检索得到的文献进行分析，民族社区研究涉及的对象是发展、民族关系、民族文化、旅游开发、社区参与、文化变迁、民族工作、社区管理、社区建设、社区文化等诸多方面。从研究关注的兴趣来看，民族社区发展、旅游开发、民族关系、民族文化、社区参与、民族工作出现的概率较高，民族社区发展的出现频率最高，这反映出民族社区发展是民族社区的研究兴趣所在。民族社区研究主题如图 2 - 2 所示。

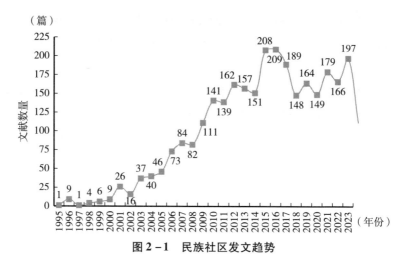

图 2-1　民族社区发文趋势

资料来源：中国知网资源总库。

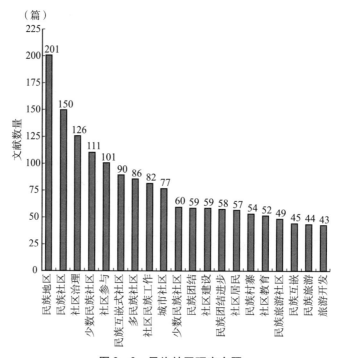

图 2-2　民族社区研究主题

资料来源：中国知网资源总库。

二、国外民族社区研究的主要内容

通过对国外民族社区研究历程的观察，可以发现，国外的民族社区研究主要集中在初民社会、乡村民族社区、城市民族社区、民族社区保护四个方面，见表2-2。

表2-2　　　　　　　　　国外民族社区研究的主要内容

研究内容	研究领域	代表性文献
初民社会研究	民族学、社会学和人类学	Morgan，1877；Haddon，1895；Brown，1958；Boas，1974；White，1979；Malinowski，1979
乡村民族社区研究	乡村社会学和乡村地理学	Tönnies，1999；Pacione，1984；MacKinnon，2002；Rogers et al.，1972；Cate & Jones，1989；Pacione，1984；Nelson，2001；Bachleitner & Zins，1999；Liu et al.，2023
城市民族社区研究	社会学、人类生态学、城市地理学	Hoyt，1939；Harris et al.，1945；Northam，1979；Wirth，1938；Robert，1961；Gans，1962；Fischer，1975；Lynd R S & Lynd H M，1999；Dahl，1961；Lewis & Sullivan，1979；Covey & Menard，1984；Friedman et al.，1987；McDonald，1989；Moser，1989；Menge & Farrell，1989；Roseland，2000；Eitle，2006；Farrell & Lee，2011；Seaton & Gilbert，2011；Smalls & Cooper，2012；Battu et al.，2011；Kim et al.，2011；Lott & Bennett，2010；Margaret et al.，2006
民族社区保护研究	管理学、社会学、人类学	Szabo & Smyth，2003；Brown et al.，2005；Bernbaum，1997；Park et al.，2024

关于民族社区的研究，起源于从民族学、社会学和人类学的研究。这些研究通过社会学调查方法，以初民社会的原始部落为研究对象，在对这些社区的经济、文化、社会结构等方面的信息分析的基础上，对初民社会原始部落的社会结构和社会生活进行研究。最早进行初民社会研究的是美国民族学家摩尔根（Morgan，1877）。1846年在深入调查了易洛魁人的社会情况之后，摩尔根以联盟的组织结构为主题，全面地描述了易洛魁人的氏族社会、历史、语言、经济生活、社会组织、家庭婚姻、习俗和宗教。人类学家汉顿

（Haddon，1895）成立了人类学史上的第一支人类学综合调查队，并于1898年进行了半年多墨累岛的实地调查和亲身体验。博厄斯和斯托金（Boas & Stocking，1974）以加拿大巴芬岛爱斯基摩人为研究对象，分析了因纽特人的生活方式及民族文化。博厄斯和斯托金的历史特殊论和文化相对论为民族人类学的发展奠定了理论基础。英国学者布朗（Brown，1958）以安达曼群岛的原始部落社区为研究对象，在对安达曼群岛的原始部落社区初民社会社区内部结构和传统文化分析的基础上，完成了结构功能主义的开山之作——《安达曼岛民》。接下来，英国学者马林诺斯基（Malinowski，1979）在对西太平洋上的特罗布里安德岛进行的两年的田野调查基础上，首创了参与观察法。这种主张人类学研究人员学习当地语言、在所研究地区长期居住、完全融入当地社会的研究方法引发了人类学、民族学研究方法的一场革命。马林诺斯基也因此和布朗一起被称为功能主义学派人类学的研究方法的代表人物。

二战前乡村民族社区研究出现。乡村民族社区研究以乡村社会学和乡村地理学研究为基础，主要研究乡村民族社区的起源、结构、类型和社会现象。二战后，在世界各国因为城市重建和经济发展而引发的城市化浪潮中，城市民族社区研究成为民族社区研究重点。这种状况在一定程度上造成了乡村民族社区的研究的忽视和弱化（张小林，1999）。

然而，20世纪70年代以后，由于城市生活环境的不断恶化，人们开始思考如何可持续发展的问题。在这种状况下，乡村社区（包含乡村民族社区）可持续发展问题，特别是关于乡村民族社区相应演变及其发展模式，受到了学者们关注，成为研究热点。在这段时期，越来越多的方法出现，特别是乡村民族社区变迁的测度方法，更是呈现出多样化的特点（Pain，2003）。例如，乡村人口密度、农业雇用比例和通勤比例为指标的"三变量测度"法被英国环境部使用（陈晓华和张小林，2007）；德国社会学家汤尼斯（Tönnies，1999）基于社会学角度，用礼俗社会和法理社会进行区分的"二分法"来测度；乡村地理学派运用"空间结构法"来定量研究交通和机动性问题的"可进入性法"等（龙花楼和张杏娜，2012）。同时，出现了城乡连续统（Pacione，1984）、三维动力模型（MacKinnon，2002）、乡村城市化的区位理论、二元经济理论、极化理论、反磁力理论（郑弘毅，1998）

等用于指导乡村民族社区变迁研究的大量创新性理论和乡村民族社区演化模式理论（张小林，1999）。在这段时期，学者们从不同的视角，将乡村社区分为不同的类型。例如，从乡村地域结构层面，美国罗吉思（Rogers）等学者将乡村社区分为散居型社区、集居型社区和条状型社区（Rogers & Burdge，1972）；基于乡村性、社会组织结构等要素，英国学者凯特（Cate）等将乡村分为保护的社区、竞争的社区、家长范式的社区和委托的社区四类（Pain，2003）；基于改变趋向和综合指数，研究者将村落社区分成开放而整合、开放而分散、封闭而整合、封闭而分散这四种类型（Pacione，1984）。在研究的基础上，学者们认为工业化（Pacione，1984）、逆城市化（Nelson，2001）、乡村旅游活动（Bachleitner & Zins，1999）、全球化（MacKinnon，2002）、新闻媒体和互联网（Murdoch，2000）等因素在乡村民族社区的变迁过程中起到了重要的作用。同时，学者们也研究了 COVID - 19 与社区的相关情况（Kimen et al.，2023）。

城市民族社区研究深受以布朗为代表的结构功能主义的影响（高永久和朱军，2009），以 20 世纪 30 年代发轫于美国的芝加哥大学社会学派为代表。在人类生态学派和城市地理学的不断发展中，城市民族社区研究诞生，并开始向人类社会与其生存环境之间的相互关系研究过渡，一些具有创新性的理论开始出现，霍伊特（Hoyt，1939）的扇形模型、哈里斯和乌尔曼（Harris & Ullman，1945）的多中心模型、伯吉斯（Northam，1979）同心圆模式等研究城市内部结构模型纷纷出现。伴随着这些模型的出现，学者们能够更加深入地研究城市的民族社区，并且逐渐意识到：城市环境因素和社会文化因素对城市民族社区形成和演变有着重要的影响。沃尔斯（Wirth，1938）提出了"社区消失论"或"社区失落论"的观点，认为城市中的民族社区是最具有异质性的群体，城市化引起的城市社会生活方式的变革将会动摇甚至摧毁城市社区的存在基础（程玉申和周敏，1998）。帕克将社区内部资源竞争关系作为社区动态均衡的根源，并提出了共生与竞争理论（Holland，1961）。肯思（Cans，1962）将城市区域划分为城市内部、城市外部和郊区，在对城市民族社区进行考察的基础上，对生活于波士顿的乡村意大利人进行了研究，并对不同区域的社会和文化特点进行比较（引自高永久和朱军，2009）。随着美国大城市内多民族社区之间的冲突日渐增多，针对民族社区权力的问题得到了较多关注。在肯思的研究中，就将内城居民分为包含有少数民族群体的 5 种类型。肯思认为，城市中的少数民族群体形成了自己的社区，他们以设立社会栅栏的方式来避免与周边社区居民的联系和受到城市异质性的影响。菲斯奇尔（Fischer）定义了不同亚文化群体所形成的社会共同体即民族社区，并于 1975 构建了城市性—群体聚集—亚文化—社会问题的关系链条。菲斯奇尔认为不同亚文化群体之间的矛盾和冲突是美国城市民族社区问题的关键。以林德夫妇（Lynd，1999）对"中镇"（middletown）的研究为代表的精英论和以亨特（Hunter，1961）对纽黑兰社区研究的多元论是最具影响力的民族社区权力研究。

20 世纪 70 年代以来，地理学研究更加深入地契入城市民族社区研究中。这段时期，民族社区研究主要是社区犯罪（Lewis & Sullivan，1979）和社区矫正（Covey & Menard，1984）。20 世纪 80 年代后，扩展到社区服务（Friedman et al.，1987）、社区人口（McDonald，1989）、社区参与（Moser，1989）和社区结构系统（Menge & Farrell，1989）等。20 世纪 90 年代，民族社区稳定和可持续发展（Roseland，2000）成为民族社区研究的主题。其中，民族结构系统研究和社区种族研究受到了广泛的关注（Eitle，2006；Farrell & Lee，2011）。学者们认为，种族偏见、种族歧视和种族隔离等问题（Smalls & Cooper，2012），是影响少数民族人群就业、福利问题（Battu et al.，2011；Kim et al.，2011）、少数民族儿童教育（Lott & Bennett，2010）、健康问题（Margaret et al.，2006）等的重要因素，极大地影响了民族社区的稳定和可持续发展。

民族社区具有仍在为当地少数民族居民服务的、丰厚的物质与非物质文化遗产。地域特征的鲜明性和生态文化的脆弱性是民族社区的典型特点。迄今为止，国外对民族社区保护的研究几乎涵盖了民族社区社会生活的各个方面，传统习俗、建筑、生计、节庆等均有涉及。由此，也产生了一些著名的民族社区保护研究，取得了较多成果，并在实践中得到良好应用。例如，澳大利亚于 20 世纪 90 年代中期发起的通过构建土著人社区来保护本民族的文化的土著保护区计划（Indigenous Protected Areas，IPAs）（Szabo & Smyth，2003）；美国的社区森林（Community Forests，CF）保护模式（Brown et al，2005），此模式源于意识到森林资源对于当地经济、文化和社会发展的重要意义，为了保护森林资源所提出的以社区为基础的森林资源管理，从而保护了社区居民生计和生存环境；南美和南亚采用一系列措施，通过建立民族乡村地区社区保护区（Community Protected Areas）、颁布了相关政策法规等方式来保护民族乡村的传统生产方式和知识传承，从而推进社区保护区的有序发展（Bernbaum，1997）。

三、国内民族社区研究的主要内容

国内的民族社区研究主要集中在民族社区的内涵、社区演变、民族社区发展三个方面（见表2－3）。其中，民族社区内涵研究以民族学派为代表，民族社区演变研究以地理学派和社会学派为代表，民族社区发展研究以社会学派、民族学派和旅游学派为代表。

表2－3　　　　　　　　国内民族社区研究的主要内容

研究内容	研究领域	代表性文献
民族社区内涵研究	民族学	高永久和刘庸（2006）；高永久和朱军（2009）；岳天明和高永久（2008）；李晓霞（2009）；张慧（2011）；李林凤（2012）
民族社区演变研究	社会学、民族学	杨正文（1997）；王金亮等（2000）；戴庆厦和邓佑玲（2001）；周尚意等（2002）
民族社区发展研究	社会学、民族学、旅游学、管理学	王铁志，1996；王洁钢，2001；胡鞍钢和温军，2004；马晓京，2000；唐晓云和闵庆文，2010；罗永常，2006；吕宛青和成竹，2010；李强，2010；贺能坤，2010；李志英，2002；王海涛，2010；肖琼和赵培红，2012；Li C Y et al.，2012；高珊，2008；张春然，2009；郑洲，2023

（一）民族社区内涵研究

在对民族社区内涵的研究方面，以民族学派为代表，从地域空间、民族群体、民族聚落、社会关系，以及社会意识和文化这五个方面对民族社区内涵进行了研究。孙立平（2001）认为，民族社区是具有民族性、地域性和社会性的社会共同体。高永久和刘庸（2006）认为，社区意识和文化是民族社区形成的一整套价值观念、行为准则和思维方式等内容，这些内容被社区成员所公认和传承，并最终成为维系社区存在的持久动力。为了更好地分析民族社区的内涵，高永久和朱军基（2009）于社会现象、社会类型、研究方法和行动对象，从民族社区产生时间、社区规模、社区要素、社区形态四个方面分析了民族社区的不同内涵特征。岳天明和高永久（2008）发现，民族社区是具有一定的规模的、在特定地域空间开展生计活动的少数民族群体，民族社区的社会结构以血缘、亲缘为纽带，且人与人之间具有复杂联系。李晓霞（2009）认为，民族社区具有不同于一般群体的生计方式、文化、传统、信仰和意识的少数民族群体。刘沛林等（2010）认为，在与所处地域空间相互作用过程中，民族社区居民形成居民聚集地，这种聚集地表现为独特的聚落景观和聚落形态。张慧（2011）认为，人们的一致的利益追求是在开展社会交往和维系社会关系的过程中产生的，在这一过程中，形成了一定的规范和制度，为人们的社会活动提供了行为准则和目标预期，这些规范和制度保障着社区的正常运行。李林凤（2012）认为，民族社区具有相对封闭、完整的区域环境和完善的生态系统，是存在于特定的地域范围内的。

（二）民族社区演变研究

国内学者于20世纪末开始展开民族社区演变的研究。民族社区演变的研究内容主要包括演变阶段及特征分析、土地利用变化、民族语言变迁以及交通发展带来的社区空间变化等方面，这一方面的研究以地理学派、社会学派为代表。杨正文（1997）在对黔东南苗族社区社会文化变迁研究的基础上，通过历史对比法，将社区划分为"狂热复位"、转型重构和复兴发展3个阶段，总结了宗族、价值观、婚恋观、节日、语言5项社区变迁的趋势特征。王金亮等（2000）从土地权属、土地开发利用、土地利用结构、土地利用的空间变化、农作物种类与土地利用技术这5个方面，以地处三江并流区的怒江州的6个民族社区为研究对象，分析了民族社区在改革开放以来的土地利用的演变。通过研究，他们认为人口增长、技术进步、政策变动、市场经济发展、认知水平提高和基础设施建设等是民族社区土地利用变化的驱动因子。戴庆厦和邓佑玲（2001）从民族语言变迁的角度来分析城市化给少数民族语言使用功能所带来的变化。他们发现：少数民族都兼用国家交际共同语；在使用方面，少数民族母语出现代际差异；杂居的分布格局及语言使用者自身观念的改变等是造成城市少数民族母语使用能力弱化的主要原因。周尚意等（2002）从城市地理学的视角来解释民族社区演化的影响因素，在对北京城区的马甸回族社区进行研究之后，提出当地居民传统生计方式（经营牛羊肉）、社区的居住区位受到社区周边交通干线的建设的影响，由于这种影响，使得民族社区从之前的兼具商业型和居住型的低收入区演变为以居住型为主的中高收入社区。在这种改变中，社区居住功能的提升，而经济功能的丧失。伴随着这种改变，当地居民外迁现象增多。居民职业构成趋于多样化。

（三）民族社区发展

民族社区发展方面的研究，是以社会学派、民族学派、旅游学和管理学派为代表的。引进国外民族社区发展的成功经验是早期的民族社区发展的主要方式。例如加拿大学者帕里哈（Pariha，1985）对本国民族社区经济的探讨，澳大利亚民族社区和社区服务被翻译、引进到国内的研究（王铁志，1996）。自2000年实施西部大开发政策以来，不同领域的学者对民族社区的发展进行了研究。多民族聚集的西部地区民族社区的开发和建设成为政府和学者关注研究的重点（胡鞍钢和温军，2004）。在"民族社区经济与社会协调发展"学术研讨会中，国内学者探讨了民族社区发展中的少数民族的脱贫解困与现代化问题、社会结构及社会网变迁问题、西部大开发与民族经济社会协调发展问题、少数民族的人口控制与人口素质的提高问题、少数民族人口流动问题、少数民族社区的文化及精神文明建设等问题（王洁钢，2001）。马寿荣（2003）在对昆明市顺城街回族社区城市化进程、演变进行了研究，指出当前民族社区生计方式主要受到城市规划、区位优势、宗教中心中转站、社区定位的影响。旅游领域的学者从民族旅游业发展入手，探讨了民族社区旅游的产业发展模式（马晓京，2000；唐晓云和闵庆文，2010），探讨了社区参与（罗永常，2006；吕宛青和成竹，2010），探讨了民族社区文化保护（李强，2010）和民族社区旅游可持续（贺能坤，2010）；通过对比旅游业发展前后带来的空间变化，从空间布局角度对民族社区的空间布局演变进行研究，并在此基础上，尝试设计合理的空间布局结构模式来适应旅游业的飞速发展（李志英，2002；王海涛，2010）；从利益相关者的角度来探讨相关利益群体的地位和关系，探讨民族社区的旅游管理机制（罗永常，2006；肖琼和赵培红，2012；Li et al.，2012）。与此同时，建筑领域、美术领域和规划领域的学者对民族社区的传统建筑、原始规划布局和景观美感等进行了研究，并为民族社区旅游的保护研究提供了对策性建议（高珊，2008；张春然，2009），在对民族互嵌式社区治理共同体进行系统审视的基础上，提出了构建民族互嵌式社区治理共同体的建构路径（郑洲，2023）。

四、民族社区研究小结

综观国内外关于民族社区的研究，表现出以下几个方面的特点。

（1）在研究对象上，国外的民族社区研究以欧美国家的研究者为代表，研究的对象比较广泛，有对初民社会、乡村民族社区、城市民族社区、民族保护区的研究，对城市民族社区研究关注度较高，且远远高于乡村民族社区；由于中国的民族地区大多数处于经济欠发达地区，民族众多，社会经济发展相对滞后，国内的民族社区研究多关注于乡村地区的民族社区。

（2）在研究视角上，国外的民族社区研究者主要从社会学、人类学视角对民族社区给予关注，对特定民族社区的社会形态、组织和社会问题等微观尺度的研究比较侧重；中国的民族社区研究者主要从民族学、社会学、地理学、旅游学视角对民族社区给予关注，侧重于社区类型、影响因素、空间结构和发展问题等中观尺度的研究。

（3）在研究内容上，国外的民族社区研究主要集中在初民社会、乡村民族社区、城市民族社区、民族社区保护等内容的研究，聚焦于不同种族社区内居民的教育、医疗、就业和健康问题、社区间文化冲突、犯罪问题，从社会学和政治经济学角度探讨有利于民族社区发展的制度和政策；国内对民族社区的相关研究主要包括民族社区的内涵研究、社区演变研究、民族社区发展和旅游影响研究等方面，聚焦于传统文化、土地利用、生计方式、民族语言、影响因素等方面，并从社会学、民族学和旅游学的角度探讨有利于民族社区发展的制度和政策。

对于民族地区因旅游发展而引起的各种社会问题与社会矛盾，国内外学者从社区参与和社区增权的角度，开展了一系列研究。

国内与国外民族社区研究相比之后发现，国内民族社区研究对社会文化因素和政治因素关注程度不够，比较侧重于地理因素和历史因素等研究内容。在研究视角上，国内的研究还没有完成从自然要素到经济社会要素的转变。在研究范式上，国内研究还停留在空间分析方面，并未向人文方向转变。在探讨发展的制度和政策方面，国内的民族社区研究对于"人"的发展的研究还不够，民族社区研究的深度还不够。

第二节　旅游领域中的利益相关者研究与评述

弗里曼（Freeman，1984）指出，利益相关者（stakeholder）指"任何能影响组织目标实现或被该目标影响的群体或个人"。在旅游活动的开展过程中，旅游活动所带来的经济发展问题、环境问题、社会影响等问题出现在人们的视野中，从利益相关者的视角来研究旅游业发展中出现的问题受到了越来越多的研究者的认同。

一、研究概况

（一）研究历程

如前所述，利益相关者是管理学研究中的重要术语。利益相关者理论是20世纪60年代以来出现在西方国家经营管理中的一种理论。1984年，弗里曼对利益相关者的定义成为经典定义。在中国，旅游领域中第一篇涉及利益相关者的论文是夏赞才的《旅游伦理概念及理论架构引论》。（夏赞才，2003）指出，旅游者与旅游的利益相关者组成了旅游伦理的主体，旅游伦理问题基本上是旅游的利益问题和旅游的道德问题。

（二）文献年份数量分析

以利益相关者与旅游为题名、关键词，在 CNKI、万方、维普三大数据平台进行检索，分别得到的文献是 150 篇、5403 篇、1260 篇，如表 2 − 4 所示。

表 2 − 4　　　　　　　　旅游领域利益相关者研究的文献统计　　　　　单位：篇

检索词	检索数据平台		
利益相关者与旅游	CNKI	万方	维普
数量	150	5403	1260

这些文献的年份数量分布如图 2 − 3 和图 2 − 4 所示。这些数据表明，在国内，从 2003 年开始，研究者在旅游领域对利益相关者的关注越来越多。

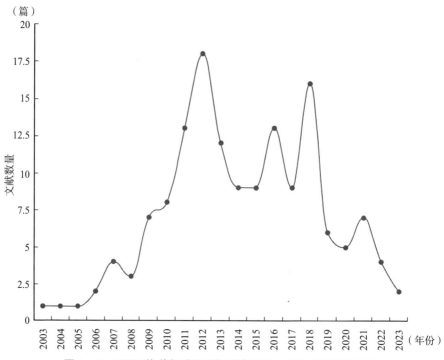

图 2 − 3　CNKI 旅游领域利益相关者研究文献的年份数量分布

资料来源：中国知网资源总库。

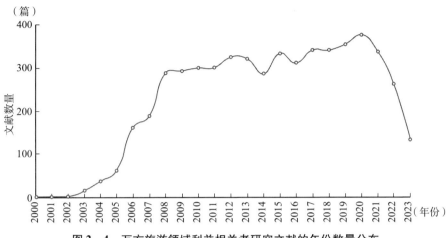

图 2-4　万方旅游领域利益相关者研究文献的年份数量分布

资料来源：万方数据知识服务平台。

从 CNKI、万方的发文数量可以看出，旅游中的利益相关者研究经历了研究起步阶段（2003—2005 年）、研究快速发展阶段（2008—2018 年）、寻找突破阶段（2019—2023 年）。

（三）涉及的研究对象和研究兴趣

通过对题名或关键词检索得到的文献进行分析，旅游领域中，利益相关者研究涉及的对象是乡村旅游、生态旅游、传统村落、旅游产业、自然保护区、遗产地、民族地区、旅游者满意度、可持续发展、产业融合等诸多方面。从研究关注的兴趣来看，旅游利益相关者、乡村旅游、生态旅游、协调机制、民族地区出现的概率较高，反映出利益相关者研究是旅游领域的研究兴趣所在。

二、旅游领域中利益相关者研究的主要内容

旅游领域中，利益相关者的研究主要集中旅游利益相关者的界定与划分、利益相关者对旅游管理的影响、利益相关者对旅游地生态可持续发展、利益相关者的冲突与协作问题四个方面。

（一）旅游利益相关者的界定与划分研究

在旅游领域中，研究者从各自的研究对象出发，在管理学中关于利益相关者界定的基础上，对各自研究的旅游利益相关者进行了界定与划分。由于旅游业涉及食、住、行、游、购、娱等多个要素，涉及多个产业，因此，旅游利益相关者的界定和划分较为复杂。旅游形态、旅游目的地属性、旅游产品生命周期等不同，都会带来或者涉及不同的利益相关者。其中，研究者以旅游经营商为核心，将旅游利益相关者划分为旅游经营商、员工、集团、区域旅游者协会、宾馆、游客、旅游代理商、国家旅游组织、中央政府、地方政府旅游营销机构、媒体、旅游交通运营商、地方国家级旅游景区等（Robson J & Robson I，1996）；研究者以旅游规划师为中心，将旅游利益相关者划分为本地商户、本地市民、积极团体、游客、国家商务链、竞争者、政府部门、员工（Yuksel et al.，1999）；研究者以旅游目的地为中心，将旅游利益相关者划分为居民、酒店、餐馆、地方政府、大学、商业协会、旅游景点、董事会、会议中心等（Sheehan & S Ritchie，2005）；研究者根据旅游地的功能，将旅游利益相关者划分为旅游者、居民、旅游企业、支持者、其他利益相关者（陈昕，2012）。

（二）利益相关者对旅游管理的影响研究

研究者探讨了利益相关者理论对旅游管理的重要性。墨菲（Murphy，1985）提出使用能够体现利益相关者理念的方法来进行旅游规划，从而尽可能寻求社会、经济、文化和生态之间的平衡。尤科斯等（Yuksel et al.，1999）指出利益相关者的相应调查是反复的、连续的，这样才能提出有益的参考信息。马克威克（Markwick，2000）对高尔夫球场建设项目中出现的支持者和反对者（个人和旅游企业）进行了调查。雷切尔（Ritchie，1999）运用谈判和共同决策的方式，研究了多个利益相关者，以及在高尔夫球场的远景勾画与环境政策制定过程。研究者探讨了利益相关者理论在旅游活动中的重要性。在旅游的营销活动中，旅游利益相关者也很重要。研究者指出，利益相关者之间的复杂关系，导致了旅游营销联盟的产生。旅游营销联盟的建立需要考虑旅游利益相关者的需求，考虑旅游外部化解的相应限制

（Palmer & Bejou，1995）。利益相关者影响到旅游目的地的形象，影响到旅游目的地的品牌建立（Ryan & Cave，2005）。

（三）利益相关者对旅游地生态可持续发展的研究

孙九霞和保继刚（2006）认为，旅游利益相关者是可持续发展观念的延伸。研究者从不同层面研究了利益相关者与旅游地生态可持续发展：评估了利益相关者对自然界的行为，探讨了居民与森林保护之间的关系，分析了旅游发展所带来的负面影响对利益相关者的作用与影响。瑞安和凯夫（Ryan & Cave，2005）认为利益相关者关系的好坏是旅游目的地可持续发展的重要因素。在这些研究的基础上，白露（2004）扩展到不同的旅游目的地，从遗产地到风景区，探讨了旅游目的地的环境容量、管理模式，提出了调整旅游目的地环境容量的具体措施和利益相关者参与管理的模式。

（四）利益相关者的冲突与协作研究

在旅游开展过程中，由于诉求的差异，旅游利益相关者因各种利益纷争问题而发生冲突，这种冲突出现在遗产地（周裴妍等，2022）、生态旅游（石娟，2022）、乡村旅游（王克岭和李刚，2023）、节事旅游（杨婕和孙春艳，2021）、民族村寨（陈倩和邓敏，2021）、矿山公园（李积普，2021），以及民营旅游企业（张红喜等，2019）中，研究者将通过分析旅游活动中的利益相关者的冲突，来寻求解决冲突的途径和机制。研究者们分别从均衡的角度（白晓文，2020）、可持续发展的角度（李积普，2021）、生态系统的角度（付鹏飞，2021）、利益相关者感知的角度（崔肖雪，2021）、包容性增长的角度（陈倩和邓敏，2021）、生态补偿的角度（胡欢等，2022），以及共生的角度（王克岭和李刚，2023）提出了解决冲突与协作的途径和机制。

三、旅游领域中利益相关者研究小结

总结国内外旅游领域中利益相关者研究的历程、兴趣点和内容，可以发现此领域的研究呈现出以下特点。

（1）在研究内容上，旅游领域中国内外的利益相关者研究主要集中在旅游利益相关者的界定、利益相关者对旅游管理的影响、利益相关者对旅游地生态可持续发展、利益相关者的协作问题等方面。

（2）在研究对象上，旅游领域中国内外的利益相关者的研究对象是乡村旅游、生态旅游、传统村落、旅游产业、自然保护区、遗产地、民族地区、旅游者满意度、可持续发展、产业融合等诸多方面。

（3）在研究方法上，国内旅游领域对利益相关者的研究都比较多地使用描述、定性和逻辑推理的方式，国外研究者常采用案例分析，并在案例分析的基础上展开实证研究。

与国外旅游领域利益相关者研究对比之后发现，国内旅游领域缺乏对民族旅游社区的研究，对民族旅游社区利益相关者的研究鲜少，没有关注利益相关者诉求演变和因诉求演变所带来的诉求差异，需要进一步提出适应利益相关者诉求时空演变的对策与建议。

第三节　旅游领域中的民族社区研究与评述

随着旅游活动的不断深入，民族社区旅游活动利益相关者的多元化、利益需求的多样化等构成了民族社区旅游活动错综复杂的利益关系网，民族地区的利益相关者问题日益突出，一些民族地区围绕着盈利的分配也出现了一些纷争和争议（赵书虹和吕宛青，2007）。越来越多的学者开始关注民族社区旅游影响的问题，并产生了丰富的研究成果。

一、研究概况

（一）研究历程

由德国社会学家汤尼斯（Tönnies）提出的"社区"一词是社会学研究中的重要术语。"社区"这一概念由费孝通等引入中国。南尼资（Nunez，1963）从人类学的视角，于20世纪60年代所进行的对墨西哥山村周末旅游研究是民族社区旅游的首次尝试。20 世纪 70 年代以来，随着旅游业的发展和各国政府对少数民族落后地区的关注，民族旅游成为乡村民族社区可持续发展的重要选择（陈鸣，1997）。在中国，依托民族文化资源和自然景观资源发展旅游业，已经被认为是促进民族地区地方经济发展、推进民族地区乡村的社会转型、促进社区脱贫和实现跨越式发展的有效手段（Li et al.，2012）。旅游业在促进经济发展、社会进步、设施改善和文化交流的同时，也产生了消极效应。这些消极效应对社区内少数民族居民的生活方式、传统观念和对外感知产生了重大的影响（Smith & Krannich，1998）。

（二）文献年份数量分析

以旅游与民族社区为题名或关键词，在 CNKI、维普、万方三大数据平台进行检索，得到的文献分别是 718 篇、179 篇、2206 篇，如表 2 - 5 所示。

表 2 - 5 　　　　　　　　旅游领域民族社区研究的文献统计 　　　　　　单位：篇

检索词	检索数据平台		
旅游与民族社区	CNKI	维普	万方
数量	718	179	2206

这些文献的年份数量分布如图 2 - 5 所示。这些数据表明，在国内，从 2003 年开始，研究者在旅游领域对民族社区的关注越来越多。

（三）涉及的研究对象和研究兴趣

对题名或关键词检索得到的文献进行分析，旅游领域中，民族社区研究涉及的对象是社区旅游、乡村旅游、生态旅游、归属感、旅游目的地管理部门、旅游营销、旅游政策制定、旅游目的地竞争力、可持续旅游、环境保护等诸多方面。从研究关注的兴趣来看，旅游影响、社区参与、民族参与、旅游利益分配、利益诉求、可持续、满意度、文化变迁机制出现的概率较高，反映出旅游影响是旅游领域中民族社区研究的兴趣所在（见图 2 - 6）。

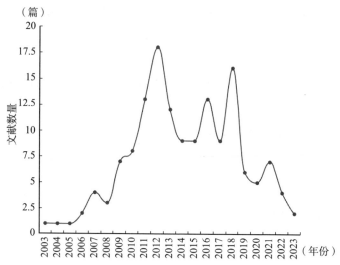

图 2 – 5　CNKI 旅游领域民族社区研究文献的年份数量分布

资料来源：中国知网资源总库。

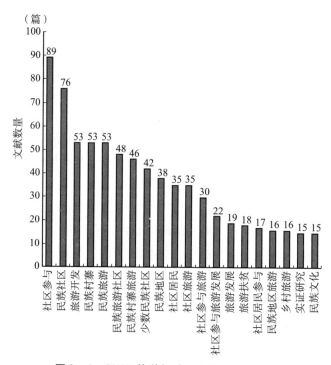

图 2 – 6　CNKI 旅游领域民族社区研究主题

资料来源：中国知网资源总库。

二、旅游领域中民族社区研究的主要内容

旅游领域中，民族社区影响的研究主要集中在旅游对民族社区发展的影响、民族社区居民旅游影响感知、民族社区游客旅游影响感知、民族旅游社区社会问题和冲突与纷争四个方面。

（一）旅游对民族社区发展影响研究

最早提出"民族旅游（ethnic tourism）"概念的史密斯（Smith，1989）在《东道主与游客：旅游人类学》一书中，描述了因纽特人、巴拿马圣·布拉斯印第安人和印度尼西亚的托六甲人等多个经济社会发展落后的民族在开展旅游活动之后，其主客关系的情况，以及旅游活动对当地文化、社区居民生活的影响。随后出现了科恩（Cohen，2001）的《东南亚：民族旅游》、布鲁诺的《民族旅游：同一族群，三种场景》、范登堡和凯斯的基于民族关系的旅游研究（徐建新，2000）等关注民族旅游及其影响的研究。研究者认为，旅游业的发展为民族社区带来了社区就业机会的增多（Ostrowski，1991）、民族意识的增强（Pitchford，1995）、居民经济收入的增加（Walpole & Goodwin，2000）及妇女地位的提高（Garcia-Ramon et al.，1995）等积极影响。陈东芝（2011）在分析1997—2008年少数民族地区入境旅游与经济增长间的关系时，运用 VAR 模型发现：民族地区旅游外汇收入每提高1%，民族地区地方经济就能够增长0.74%。刘韫（2007）在研究四川甲居藏寨景区藏族女性时发现，藏族女性在参与旅游业后，随着其经济独立性逐渐增强，消费结构、生活方式和观念也开始发生变化，这些变化对其子女的教育观产生了消极影响。陈丽坤（2011）则强调，旅游发展对民族社区的文化变迁有着积极作用。薛熙明和叶文（2011）发现不同的旅游地生命周期阶段、不同的客源市场、不同的文化借用方式，是导致不同社区生态文化变迁形态迥异的主要原因。

同时，研究者也发现，民族社区旅游地文化的独特性、独立性和封闭性一直是当地旅游业发展的主要吸引力（陈旖，2007）。刘旺和蒋敬（2011）在对费孝通（1998）的"差序格局"分析后，提出在分析旅游

对民族社区文化的影响时，应该在乡土特征视野下、基于差序格局理论进行分析，并在此基础上构建了乡土视野研究框架，归纳出受到旅游发展影响的主要是民族社区的社会关系、群己观念、居民传统价值观、商品经济交换关系、社区居民公私和传统礼治秩序五个方面。在大规模旅游活动的兴起之时，伴随着民族旅游项目的开发、外来游客的大量涌入，旅游业在促进经济效益和文化交流的同时，对民族社区的传统文化也构成了冲击（林龙飞和杨斌，2007），这种冲击造成了民族社区各相关利益群体之间的冲突和矛盾，特别是造成了当地政府、旅游企业与社区居民之间的矛盾和冲突（Wood，1984）。

随着旅游业的不断深入，社区的作用在不断增强。乔普（Joppe，1996）强调了社区在旅游业发展中的地位，阐述了社区与旅游发展的相互关系。研究者发现，提高社区居民参与旅游发展的程度，对均衡社区与其他相关利益群在旅游业发展中的地位十分重要（Inskeep，1991），社区居民参与旅游利益分配（Ying & Zhou，2007）、参与旅游发展决策（Hamilton & Alexander，2013）、参与旅游知识的教育培训（Wang et al.，2010）等是促进民族社区发展的重要方式。学者也进行了佐证，例如，加德里（Ghaderi & Henderson，2012）等通过对伊朗豪拉曼（Hawraman）村旅游发展的研究，揭示了社区参与程度过低是民族社区旅游发展产生消极影响的原因。

（二）民族社区居民旅游影响感知研究

在民族社区的感知研究方面，研究者十分注重相关学科理论的运用和解释。从早期的发展周期理论（Butler，1980），到后来社会交换理论（Ap，1992），再到社会表征理论（Pearce et al.，1996）、社会承载力理论（Long et al.，1990）和马斯洛需求层次理论（Tomljenovic & Faulkner，2000），都不断丰富了民族社区的居民感知和态度研究。

对经济、环境和社会文化的感知是民族社区居民对旅游影响的感知的主要内容。研究者通过将民族旅游研究的重点转向社区居民旅游感知和态度影响因素的研究，来分析民族社区居民对旅游影响产生不同的感知和态度的原因。通过分析，研究者发现：民族社区居民家庭与旅游中心的距离（Belisle

& Hoy，1980）、个人或社区经济对旅游的依赖程度（King et al.，1993）、民族社区居民居住时间长短、与游客的接触程度（McCool & Martin，1994）、旅游目的地生命周期阶段（Simth，1998）、民族社区居民人口统计学特征（Teye et al.，2002）、民族社区居民游憩参与度和旅游控制（Horn & Simmons，2002）、民族社区居民的社区归属与依附感和居民对社区关注度等，是民族社区居民旅游感知和态度差别产生的主要因素。

研究者认为经济利益、社会利益、社会成本、文化利益和文化成本是影响民族社区居民旅游感知的因素，在这些因素中，居民对旅游的支持态度与经济利益呈正相关关系，居民对旅游的支持态度与文化成本和社会成本不存在显著的相关关系（Gursoy & Rutherford，2004）。研究者采用聚类分析法将不同感知类型的民族社区居民划分为主类和交叉类型两大类，其中，主类包括热爱型、中立型和反对型3个主类，交叉类型是指介于3种类型之间的部分居民（Williams & Lawson，2001）。

研究者基于民族社区内外部感知来研究旅游业发展对社区居民的影响（黄震方等，2008）。在研究时，常常通过问卷调查（姚娟等，2008）和构建感知模型（黄燕玲等，2008；黄震方等，2008）来测度影响民族社区居民感知的因素。

（三）民族社区游客旅游影响感知研究

民族社区旅游目的地独特、独立和封闭的文化，一直是民族社区旅游业发展的主要吸引力。在大力发展民族旅游业的过程中，民族旅游产品失真（George，1995）、民族文化商业化（Pierre，1995）、民族文化庸俗化（Kneafsey，2001）等问题逐渐不断涌现。在民族社区旅游影响研究中，基于原真性的民族社区游客感知研究成为重点研究领域。研究者指出，追求原真性是旅游者的旅游动机之一（Harkin，1995）；游客的旅游过程是一个对原真性的体验的过程，呈现出增强认同、认知理解和追溯过去3个思维过程（Mcintosh et al.，2017）；泰勒（Taylor，2001）在研究了新西兰毛利族的旅游业之后，认为原真性在游客感知中具有重要的作用。

对民族社区的游客感知进行分析，研究者多采用问卷调查法进行研究。研究者在对澳大利亚土著文化公园进行了问卷调查，在分析了1500

个游客样本之后，将民族社区的游客划分为强民族性旅游组、文化被动体验组、民族产品活动组以及低民族性旅游组（Moscardo & Pearce，1999）。同时，一些研究者开始运用问卷调查的方式，分析旅游者对民族社区的旅游体验，根据问卷调查结果来获得旅游者在民族社区旅游中对旅游环境的感知（Hillery et al.，2001）；研究者运用问卷调查，获得旅游者对旅游文化与旅游产品的感知（Petrosillo et al.，2007），获得旅游者对旅游价格（Mmopelwa et al.，2007），获得旅游者对社区居民态度的感知（Byrd et al.，2009）；姚娟等（2008）通过问卷调查来获得影响居民和游客感知的因素；冯强和程兴火（2009）基于民族社区内外部感知对外来游客的民族社区旅游体验感知进行了研究；研究者运用问卷调查来获得旅游者对旅游服务等多方面的旅游体验感知，并在旅游者需求基础上，对民族社区的旅游开发进行了审视（Battu et al.，2011）。另外，黄燕玲等（2008）在构建感知模型的基础上，对影响民族社区居民、游客感知的因素进行测度，从而提出对策和建议。

（四）民族旅游社区社会问题和冲突与纷争研究

随着旅游活动的不断深入发展，民族社区社会问题增多，社会冲突与纷争加剧，民族旅游社区社会问题和冲突与纷争的研究成为研究热点。最初，在民族地区旅游发展过程中，研究者发现，由于普通居民常常被排除在旅游发展之外，旅游发展中的诸多不和谐现象频频发生。社区旅游（即社区参与旅游发展）由此进入旅游研究视野。1985年，慕菲（Murphy）在《旅游：社区方法》一书中，首次从社区的角度系统地研究旅游开发。爱德华（Edward，1991）把当地社区参与作为可持续旅游开发的前提（武晓英和李伟，2012）。研究者认为，社区参与旅游发展是旅游可持续发展宏观系统中不可或缺的机制，社区居民参与旅游发展是化解旅游社区冲突与纷争、实现旅游可持续发展的重要因素（刘纬华，2000；王云才和郭焕成，2002）。

在国外，研究者发现，由于发展中国家与西方发达国家在政治、经济、社会、文化等多个方面存在的差异，社区参与这一源于西方政治文明的理念在发展中国家进行实践时，常常存在着一系列的结构障碍、文化障碍和操作障碍。在影响发展中国家社区参与的众多条件中，政治结构是决定社区参与发展的前提条件（Tosun，2000）。研究者意识到，单纯在技术层面研究社区参与是远远不够的，须将目光转向权力关系、转向政治结构、转向社区增权（Tosun，2000；Scheyvens，1999，2002；Sofield，2003）。在此背景下，近年来国外就旅游发展中社区整合和社区支持中的权力问题展开了越来越多的讨论（Mitchell & Reid，2001；Hampton，2005；Nunkoo & Ramkissoon，2011）。

在国内，研究者也关注到旅游地各种力量（权利）的差异所产生的社会问题（或潜在威胁），为了使"旅游地"整体经济、社会实现可持续发展，就必须协调政府、投资商及社区居民之间的关系（唐顺铁，1998；刘纬华，2000；黎洁和赵西萍，2001）。研究者在一系列研究基础上逐渐认识到：由于民主化进程的不同、民间组织发育程度的不同、旅游发展阶段的不同等原因，在社区参与旅游发展方面，中西方呈现出明显差异（黄芳，2000；邓永进和郭山，2001；余青和吴必虎，2001；郑向敏和刘静，2002；李东和等，2004；吴忠军和叶晔，2005；宋章海和马顺卫，2004；邱云美，2004；连玉銮，2005；孙九霞和保继刚，2004，2005，2006）。这种差异体现为中国的社区几乎都是被动参与旅游（保继刚和孙九霞，2006）。在此情况下，国内研究者把社区居民参与旅游发展研究的注意力转向了社区增权。国外与社区增权的研究被介绍到国内（左冰和保继刚，2008），基于本土案例的实证研究相继出现（Li，2006；保继刚和孙九霞，2008；孙九霞，2008；左冰，2009；Wang et al.，2010；翁时秀和彭华，2011；左冰，2012）。国内学者开始积极探索基于中国实际的旅游社区增权之路。与此同时，相关学者还将目光聚焦于土地制度，就土地流转、城乡统筹与社区旅游发展问题做了深入研究（左冰和保继刚，2012；杨振之和李枫，2010）。研究者认为，社区增权为化解旅游社区社会冲突与纷争提供了一条可能途径。

三、旅游领域中民族社区研究小结

总结在旅游领域中的国内外民族社区研究历程、兴趣点和内容，可以发现该领域的研究呈现出以下特点。

（1）在研究内容上，旅游领域中国内外的民族社区研究主要集中在旅游对民族社区发展的影响研究、民族旅游社区居民旅游影响感知研究、民族旅游社区游客旅游影响感知研究、民族旅游社区社会问题和冲突与纷争研究等方面。

（2）在研究对象上，旅游领域中国内外的民族社区的研究对象为社区旅游、乡村旅游、生态旅游、归属感、旅游目的地管理部门、旅游营销者、旅游政策制定、旅游目的地竞争力、可持续旅游、环境保护等诸多方面。

（3）在研究方法上，在民族社区的感知研究方面，国外学者十分注重相关学科理论的运用和解释，在对民族社区的游客感知进行分析时，研究者多采用问卷调查法进行研究，并通过构建感知模型来测度影响民族社区居民、游客感知的因素。

特别需要说明的是，随着旅游活动的不断深入发展，旅游活动对民族社区的影响日益增强，民族地区因旅游发展而引起的各种社会问题与社会冲突与纷争日益激烈，民族旅游社区冲突与纷争的疏解已经成为中国社区建设中急需解决的问题。国内的民族旅游社区研究急需加强民族旅游社区演化的影响因素、利益相关者诉求演变分析、民族旅游社区冲突与纷争疏解的机制研究和可持续发展政策等方面的研究。从认识民族旅游社区的利益相关者和关系出发，将民族旅游社区作为一个有机的系统来考察，深入探讨民族旅游社区冲突与纷争产生的原因和作用机制，寻找一种切实可行的冲突与纷争化解方案是非常有价值的研究方向。

第四节　旅游领域中的利益相关者协同共生研究进展与评述

随着旅游活动的不断深入，因为旅游活动的开展所带来的冲突与纷争也日益凸显出来。越来越多的学者开始关注旅游活动中的冲突与纷争，关注如何疏解冲突与纷争，并努力探寻旅游目的地可能的持续性发展方案。在冲突与纷争化解和可持续发展需求的驱动下，共生理论被学者从生物学领域引入到旅游领域。

一、研究概况

（一）研究历程

"共生"一词最早源于生物学，来源于希腊语，1879年德国真菌学家德贝里（Anton de Bary）提出。德贝里指出，共生是指"不同种属的生物按某种物质联系共同生活"（吴泓和顾朝林，2004）。这些思想起源，在范明思（Feminism）、菲克纳（Phototoxic）的发展完善后，形成了系统理论。在共生理论中，共生单元、共生环境、共生模式是三个重要概念，是构成共生关系的核心要素。其中，共生单元指的是构成共生体或共生关系的基本能量交换单位，共生环境指的是除共生单元以外的一切影响因素的总和，共生模式指的是共生单元之间相互结合的形式。共生不仅是一种生物现象或生物识别机制社会现象，而且还是一种识别生物的社会科学方法。竞争与共生是不相互排除的，在共生中有竞争，而且此处的竞争是一种通过合作竞争的方式来实现的，共生中的竞争是一种相互促进、相互合作的关系。这种关系是通过对共生单元的基本结构和相应功能进行创新以及重新分工定位的共生单元功能，开展相互合作来实现的。共生中的竞争往往追求"双赢"或"多赢"局面的实现（吴泓和顾朝林，2004）。共生理论受到了广泛的关注，一些西方社会学家强调社会生产体系中各种因素的作用与关系，提出运用"共生方法"理论来设计社会生产体系的观点。我国学者袁纯清（1998）将共生理论引入中国，并运用相关理论来研究中国的小型经济。同时，袁纯清认为共生不仅仅是一种生物现象和社会现象，还是一种生物识别机制和社会科学方法。在冲突与纷争疏解和可持续发展需求的驱动下，共生理论被学者从生物学领域引入到旅游领域，并产生了丰富的研究成果。本书在对国内外相关文献进行查阅的基础上，从研究的历程、主要研究内容方面来分析旅游领域中共生研究的进展，以期从中得到有益启示，进而促进旅游目的地的可持续发展。

彼得等（Peter et al.，1984）呼吁旅游研究中要注意以人为本，达到社会心理与旅游研究的共生，首次将生物学领域中的共生引入到旅游领域中。

在国内，通过 CNKI 检索，1988 年第一篇谈到共生与旅游的论文是戴雄武的文章《深度开发湖泊资源，发挥多种功能效益——兼谈"千湖之省"的治湖战略》，文中谈到通过莲菱稻鱼共生，形成良性循环的湖泊生态系统，从而发展旅游，并未对旅游与共生进行进一步讨论。2001 年钟俊撰写的《共生：旅游发展的新思路》是第一篇真正意义上与旅游共生有关的国内论文。在这篇文章中，作者开创性地指出了旅游业范畴下的共生含义，并分析了旅游共生的特质、主要表现形式和实现关键措施。由于和谐理念一直备受中国传统文化重视，因此，共生理论这个与我国的和谐共融理念相一致的理论受到了国内学者的极大关注。在旅游共生研究中，在时间上，虽然国内研究滞后于国外，但是，在数量上，国内研究却呈压倒之势。其中在 CNKI 下载量和被引频次较多的为《基于共生理论的区域旅游竞合研究——以淮海经济区为例》，这是由吴泓和顾朝林于 2004 年发表的。接下来是 2004 年由王凯发表的《旅游开发中的"边界共生"现象及其区域整合机制》和 2006 年由申秀英和卜华白发表的《中国古村落旅游企业的"共生进化"研究——基于共生理论的一种分析》。

（二）文献的年份数量分析

以共生和旅游为题名或关键词，在 CNKI、维普、万方三大数据平台进行检索，得到的文献分别是 3552 篇、1241 篇、3659 篇，如表 2 - 6 所示。

表 2 - 6 旅游领域共生研究的文献统计 单位：篇

检索词	检索数据平台		
共生和旅游	CNKI	维普	万方
数量	3552	1241	3659

CNKI 旅游领域中共生研究文献的年份数量分布如图 2 - 7 所示。这些数据表明，在国内，从 1988 年开始，研究者开始关注旅游领域中的共生，并且关注者越来越多。近十年来，旅游领域对共生的研究越来越受到关注，并成为研究热点。

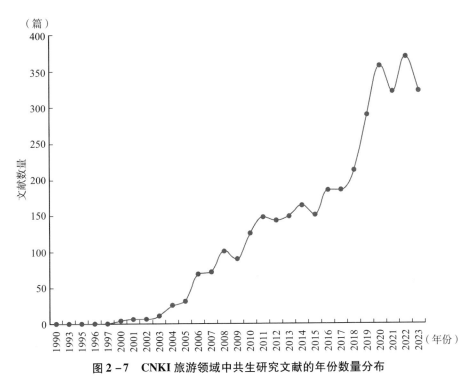

图 2 - 7　CNKI 旅游领域中共生研究文献的年份数量分布

资料来源：中国知网资源总库。

（三）旅游领域共生研究涉及的研究对象和研究兴趣

对题名或关键词检索得到的文献进行分析，旅游领域共生的研究对象涉及生态旅游、乡村旅游、区域旅游、红色旅游、旅游开发、生态环境、旅游经济等众多方面。从研究关注的兴趣来看，共生理论、共生、旅游、生态旅游出现的概率较高，反映出共生研究是在旅游领域的研究兴趣所在（见图 2 - 8）。

二、旅游领域中协同共生研究的主要内容

进入 21 世纪以来，我国旅游活动发展十分迅猛，许多原来不起眼的差异越来越突出，由于差异引发的冲突与纷争频繁发生。如何化解矛盾和纷争，如何发展等问题受到了研究者的广泛关注，共生理论应用于旅游研究中

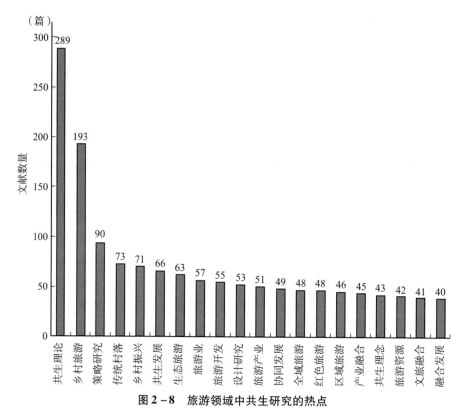

图 2－8　旅游领域中共生研究的热点

资料来源：中国知网资源总库。

的文章日益增多。从研究的热度来看，旅游领域中的共生研究主要集中在内涵研究、具体要素的研究、模式研究和共生机制研究等方面。

（一）旅游中共生的内涵研究

共生是生活在一起的生物体之间的某种程度的、永久性的联系，是相互性活体之间的营养性联系。共生理论对不同领域的不断渗透，不同的领域对共生的界定也不同。就旅游业而言，由于目的各有不同，"共生"一词的定义也众说纷纭。钟俊（2001）认为共生是旅游地区内和区际出于对整个（或局部）市场的预期目标和总体经营目标的意愿而自愿采取的一种合作的经营方式，吴泓和顾朝林（2004）、张健华等（2008）认为共生是指共生单元之间在一定的共生环境中，通过共生介质和共生界面所形成的、具有一定形式的关系。黄细嘉和邹晓瑛（2010）认为共生包括同质共生和异质共生两个层面。袁纯清（1998）认为共生不仅仅是一种生物现象和社会现象，还是一种生物识别机制和社会科学方法。与其他共生的内涵相比，袁纯清所提出的共生概念更具有普适意义，他所确定的共生概念得到普遍的认可，大量学者引用此概念。

（二）旅游中共生的模式研究

很多研究者从共生单元、共生环境和共生模式着手，对旅游共生进行探究。钟俊（2001）、吴世辉（2008）阐述了旅游共生的主要表现形式，将"共生"的思想和内涵用来解释旅游共生的实质，并在此基础上提出实现旅游共生的关键措施。宋瑞（2003）、杨桂华（2005）等将共生理论引入生态旅游利益主体的研究中，探讨了多目标、多受益主体的和谐共生。李向农和丁艳平（2007）在对旅游经济发展和生态环境之间的共生互动关系进行探讨的基础上，提出确保系统向对称性互惠共生方向进化是旅游经济与生态环境良性互动与持续发展的关键。吴泓和顾朝林（2004）、韩芳等（2005）、王维艳等（2007）、张健华等（2008）、陈学强等（2009）、王东红（2009）等将共生理论应用于区域旅游的竞争与合作的研究中，在对区域旅游资源整合开发进行分析的基础上，提出了区域旅游开发与合作的建议。邹统钎和陈序桃（2006）将经营者的共生模式分为：分工性共生模式和合作性共生模式。申秀英和卜华白（2006）运用共生理论来研究中国古村落旅游企业之间及其与其他关联企业之间的"共生进化"问题。黄细嘉和邹晓瑛（2010）将江西南昌地区作为城乡红色旅游区案例地开展研究，在对互动合作共生模式进行探讨后，对城乡互动型红色旅游区提出了理想共生模式。郭永昌（2011）梳理了社区—景区共生模式的基本运作过程，对社区—景区共生模式的内涵进行了阐释，分析了此模式的演化过程和构成，进而评估了社区—景区共生模式的效益。陈玉涛（2011）探索黄河三角洲区域旅游的共生模式。唐仲霞等（2012）采用青海和西藏的数据，研究两个共生单元间的共生关系。孙长青和孙冬玲（2012）采用旅游资源、人均 GDP、人均旅游产出、旅游收入占 GDP 的相关数据，对长江三角洲各城市的共生单元进行了研究。王金伟和王士君（2010）将共生理论引入黑色旅游中，以四川灾区为例，研究黑色旅游的"共生"模式，希望能唤起人们对黑色旅游的关注，促进人们更科学地认识黑色旅游及其内部规律，同时也期望对四川震后旅游业恢复重建工作有所启示。文瑚霞（2015）运用基于共生理论对江西省萍乡市红色旅游开发模式进行了探讨。朱生东（2015）运用共生理论来对古村落遗产旅游整体开发模式进行了研究。班倩倩（2013）在对长江三峡的研究中，将旅游景区的共生空间结构作为研究对象，从共生单元、共生模式、共生度三个层面进行分析和阐释。经过研究，研究者们几乎无可争议地认为"一体化共生"是最佳的旅游共生组织模式；"对称互惠共生"是共生系统进化的基本方向和根本法则，是理想的旅游共生行为模式（郭旸，2011；丁艳平，2010）。

（三）旅游中共生的机制研究

马勇和何莲（2010）在对鄂西生态文化旅游圈进行研究之后，将共生的动力机制分为内在动力机制和外在动力机制，并进一步指出：内在动力机制包括基础推动力经济促进作用、核心推动力文化整合作用、主体推动力社会整合作用和重要推动力环境调控作用，其中，外在推动力机制包括外部竞争力、政策推动力和科技创造力。张健华等（2008）对闽台旅游共生的环境诱导机制、共生动力机制与共生阻力机制进行了分析。李等（Li et al.，2012）认为保障机制、动力机制、协调机制有利于民族旅游地区各利益相关者的和谐发展，是保障民族地区旅游活动良性运行的基础。在构建旅游核心利益相关者的共生机制方面，纪金雄（2011）提出采用从利益表达机制、利益分配机制、利益补偿机制和利益保障机制来构建。

（四）旅游中共生的主体研究

研究者对加拿大阿尔伯塔的坎莫尔山社区进行了探索性的个案研究，在传统旅游规划的过程及模式分析的基础上，找出传统旅游规划的不足，倡导进行新规划，强调公共、私营部门、社区、环境等不同利益相关者共生的方式来规划，从而实现旅游业的可持续发展（Donald & Tazim，1994）。杨桂华（2005）根据生态旅游可持续发展目标内涵的多维性、状态的差异性、受益者的多主体性的特点，论述了生态旅游可持续发展的静态模式和动态模式。在研究中指出，实现生态旅游可持续发展的动力源于生态旅游的多主体受益者。将生态学的"共生理论"引入，得出多目标、多受益主体的和谐共生是生态旅游可持续发展目标实现的最佳途径的最终结论。阿韦德（Arvid，2011）在对自 1990 年以来挪威斯瓦尔巴（Svalbard）旅游业状态、实行的各种政策、管理机构的变迁以及相关学术研究论文分析的基础上，指出目的地中存在一个由旅游业、研究与管理机构三者共生（TRG-triangle）模式，即旅游业、研究与管理机构三者之间相互影响、共同发展。研究者对曲江唐文化主题景区内大雁塔和大唐芙蓉园进行了景区形象分析，并对西安曲江唐文化主题旅游景区内共生景点旅游形象和主体形象之间的关系进行了研究（白凯和孙天宇，2010；白凯和郭生伟，2010）。

（五）旅游中共生条件的研究

袁纯清（1998）认为，共生体质参量兼容是共生关系产生的条件，共生体能够产生一定的共生能量，共生要有适当的共生界面。据此，吴泓和顾朝林（2004）认为，旅游共生条件包括：旅游资源的相似性、旅游资源互补性、空间的接近性、联系的便利性、文化或政治上关联等。该观点得到了众多学者的支持。肖海平等（2010）在对湘粤赣省际边界区红色旅游的共生关系研究后认为：湘粤赣省际边界区红色旅游共生关系产生的基础是由认识的同一性、文化的同源性、资源的相似性、市场的共享性、区位的邻近性和交通的便利性等组成的。关于共生的条件，其他学者也做过相应的讨论。例如，王凯（2004）、宋秋（2005）、吴国清（2006）等对边界旅游共生的研究和毛长义等（2012）对资源相似的重庆 16 个古镇旅游共生发展的探讨等。李耀锋（2015）对旅游地文化生产的结构性困境进行了分析，提出在博弈中共生。牛文俊和李江宏（2015）探讨了区域旅游竞合中共生的条件。龚有坤等（2015）对福建省乡村旅游综合体构建过程中的共生条件。

三、旅游领域中协同共生研究小结

总结国内外旅游领域中的共生研究的历程、兴趣点和内容，可以发现此领域的研究呈现出以下特点。

（1）在研究内容上，旅游领域中国内外的共生研究主要集中在共生内涵研究、共生模式研究、共生机制研究、共生主体研究和共生条件研究等方面，但对协同共生研究较少。

（2）在研究对象上，旅游领域中国内外的共生研究涉及生态旅游、乡村旅游、区域旅游、红色旅游、旅游开发、生态环境、旅游经济等诸多方面。

（3）在研究方法上，国内外旅游领域中的共生研究主要是依托原学科理论方法进行研究，定性研究方法在相关研究中呈现出绝对优势。

特别需要说明的是，随着旅游活动的不断深入发展，旅游活动对民族社区的影响日益增强，民族地区因旅游发展而引起的各种社会问题与社会冲突与纷争日益激烈，民族旅游社区冲突与纷争的疏解已经成为急需解决的问题。从认识民族旅游社区的利益相关者和关系出发，将民族旅游社区作为一个有机的系统来考察，深入探讨民族旅游社区冲突与纷争产生的原因和作用机制，寻找一种切实可行的冲突与纷争化解方案是非常有价值的研究方向。在以社会关系和谐为主要建设目标的中国当代社会，民族旅游社区各利益相关者的共生研究是这种研究方向的有益探索。

第三章　民族旅游社区利益冲突化解的理论基础

第一节　民族旅游社区利益相关者协同共生研究的核心理论

一、可持续发展理论

（一）可持续发展理论的背景

可持续发展概念是 1987 年由挪威首相布伦特兰夫人及其主持的联合国环境与发展委员会所作的报告《我们共同的未来》中提出的。这次会议，由联合国世界环境与发展委员会和来自 21 个国家的著名环境与发展问题专家所组成。在会议的长篇调查报告《我们共同的未来》中，系统地阐述了人类面临的一系列重大经济、社会和环境问题，提出了可持续发展概念。1980 年 3 月，《世界自然资源保护大纲》（以下简称《大纲》）初步提出了可持续发展的思想。《世界自然资源保护大纲》是由联合国环境规划署（UNEP）、国际自然资源保护同盟（IUCN）和世界野生生物基金会（WWF）共同组织发起、多国政府官员和科学家参与制定的。《大纲》强调"人类利用对生物圈的管理，使得生物圈既能满足当代人的最大需求，又能保持其满足后代人的需求能力"（牛文元，2012）。可持续发展指的是满足当代人的需求，又不损害子孙后代满足其需求能力的发展。可持续发展理论特别强调整体、系统和综合。现阶段，人们认为可持续发展是一个由自然、社会、经济组成的复杂系统中的行为矢量，该行为矢量将促使国家或地区的发展朝向日趋合理、更为和谐的方向进化。1994年，中国第一部可持续发展理论专著《持续发展导论》出版。

可持续发展的概念自1972年联合国人类环境研讨会被提出后，可持续发展的相关研究逐渐成为研究前沿之一。旅游领域中的可持续性发展问题也受到了广泛的关注。早在20世纪70年代，一些有识之士已经开始认识到旅游所产生的负面影响，旅游领域中可持续思想出现。1993年，《可持续发展旅游》（*Journal of Sustainable Tourism*）杂志问世，标志着可持续旅游思潮已在旅游理论界形成规模（唐承财等，2013）。研究者从不同的角度对旅游和旅游地的可持续发展进行了探讨。葛瓦德和费亚（Garrod & Fyall，1998）、余向洋等（2009）从不同的理解视角与支撑点对可持续旅游概念界定、理念、主旨、内涵进行了探索。迪尔丹和亥伦（Deaden & Harron，1994）认为，旅游可持续是一种与环境相整合、兼容、协调、协同和平衡的旅游发展形式。研究者通过岛屿旅游地、湖泊旅游地、世界自然与文化遗产地等的生命周期的研究，探讨了旅游地发展演化的规律（Rodríguez et al.，2008；夏必琴，2007；吴剑豪，2008；Castellani & Sala，2012）。保继刚等（1999）认为旅游地的生命周期问题是旅游地演进过程中的基本问题，关系到旅游地可持续发展。余青和吴必虎（2001）、亨特（Hunter，2002）、章锦河和张婕（2004）、杨桂华等（2005）、亨特和肖（Hunter & Shaw，2007）在旅游生态安全与环境容量的研究中引入了可持续发展理念。在对可持续发展理念进行引用的同时，研究者也对旅游可持续发展的模式进行了探讨。安等（Ahn et al.，2002）在区域旅游规划实施的持续性研究中，运用LAC变化框架模式进行研究。钟林生和肖笃宁（2000）、李仁杰和路紫（2009）认为，生态旅游是旅游业可持续发展的最佳模式之一。目前，从旅游地各利益相关者入手，重视客体旅游资源的保护与主体间的利益博弈的相关研究将成为旅游领域可持续发展的重要研究内容之一。

（二）可持续发展理论的启示

可持续发展理论强调整体，强调系统，强调综合。可持续发展理论中强调的系统指的是由一系列相互作用、相互联系的要素组合而成的有机整体。可持续发展理论中强调的整体性是系统最基本的特征。任何事物都存在于与之相关的系统中。可持续发展理论从系统的整体和全局出发，把局部和全局、当下和未来、短期利益和长远利益结合起来，注重整体，注重社会系统各部分之间的协调发展，本着系统和整体原则，从全局出发来协调不同层次、不同利益、不同结构、不同功能的事与物，以求达到社会系统的全面进步。民族旅游社区是一个由社区中各利益相关者组成的系统，系统中的各要素——各利益相关者相互依存、相互制约、相互影响，且不断运动和变化。可持续发展理论所强调整体、系统和综合的观点，在民族旅游社区发展的进程中，能够促使民族旅游社区摆脱传统的社会发展模式，改变单纯的经济增长观念，在综合考虑局部和全部、现实和未来、眼前利益和长远利益之后，强调发展。可持续发展理论为社会的良性发展指明方向。在民族旅游社区的建设和发展中，必须运用可持续发展理念来开展，关注民族旅游社区社会系统的整体性和协调性，进而达到整体发展的目的，促进和谐发展，推动民族旅游社区社会的全面进步。

二、共生理论

（一）共生理论的背景

共生理论在范明特（Feminism）、布克纳（Phototoxic）的发展完善后，形成了系统理论。在共生理论中，共生单元、共生环境、共生模式是三个重要概念，是构成共生关系的核心要素。其中，共生单元指的是构成共生体或共生关系的基本能量交换单位，共生环境指的是除共生单元以外的一切影响因素的总和，共生模式指的是共生单元之间相互结合的形式（袁纯清，1998）。需要说明的是，共生单元处于共生环境中，他们之间的相互作用通常是以物质、能量、信息和人员的互相流动来实现；共生模式反映的是共生单元之间物质、能量和信息的交互关系，体现的是共生单元之间作用的方式和强度。共生单元、共生模式、共生环境组成的共生关系的三要素，共生单元是共生关系的基础，共生模式是共生关系的关键，共生环境是共生关系的重要的外部条件。协同与合作是共生的本质。共生不是相互排斥，也不排除竞争，而是通过合作性竞争来实现相互合作、相互促进，在相互合作中共同进化。共生关系中的竞争是通过共生单元内部结构和功能的创新以及共生单元之间功能的重新分工定位和合作实现的，最终实现"双赢"或"多赢"（吴泓和顾朝林，2004）。在日益激烈的竞争环境中，选择适合的共生模式是消除恶性竞争所带来的不利影响的重要方式。因此，一些西方社会学家强调社会生产体系中各种因素的作用与关系，提出运用"共生方法"理论来设计社会生产体系的观点。我国学者袁纯清（1998）在对小型经济的共生理论进行研究的过程中，提出了共生不仅仅是一种生物现象和社会现象，还是一种生物识别机制和社会科学方法的观点。

进入 21 世纪以来，我国旅游需求大幅增长，旅游收益增幅较大，因旅游经济交往而产生的冲突与纷争频发，将共生理论应用于旅游研究的文章日益增多，旅游共生研究逐步深入。

（二）共生的类型及特点

由于物质、信息、能量、人员的交流和联系方式的不同，共生单元之间的共生的类型和特点也有所不同。

按共生单元之间的组织程度不同，可将共生分为：点共生、间歇共生、连续共生和一体化共生（见表 3 - 1）。其中，点共生指的是共生单元仅仅只在某一个特定时刻、某一个方面发生作用的共生。点共生具有不稳定性和随机性，例如民族旅游社区的居民与旅游者之间的、偶尔的买卖关系。间歇共生是指共生单元按某种时间间隔多次相互作用的共生。间歇共生具有不稳定性和随机性，例如旅游企业与回头客之间的关系。连续共生是指共生单元在一段封闭时间内连续的、相互作用的共生。连续共生具有一定的稳定性和必然性，例如固定的供应商与旅游企业之间的关系。一体化共生是指在封闭时间区内共生单元之间全方位的相互作用的共生。一体化共生具有必然性和关系稳定的特点，例如旅游企业集团。

表 3-1 国外民族社区研究的主要内容

类型	点共生	间歇共生	连续共生	一体化共生
概念	共生单元只在某一特定时刻、某一方面发生作用的共生	共生单元按某种时间间隔多次相互作用的共生	共生单元在一封闭时间区内连续的、相互作用的共生	在封闭时间区内共生单元之间全方位的相互作用的共生
特点	不稳定性和随机性	不稳定性和随机性	比较稳定且具有必然性	关系稳定且有内在必然性

按共生单元的行为方式不同，可将共生分为（见表3-2）：寄生共生、偏利共生和互利共生。寄生共生是指在一起生活共生单元之间存在着一方受益、另一方受害的现象，受害者提供相应资源给受益者。寄生共生的特点是共生单元之间的物质与能量的流动是单向的，一般不产生新能量。偏利共生是指能够独立生存的共生单元之间以一定的关系生活在一起的现象。偏利共生的特点是共生单元之间的物质与能量流动是双向的，这种关系对其中一方更有利，而对另一方则无关紧要。互利共生是指生活在一起的共生单元之间，存在着彼此有利、分开以后都不能独立生活的现象。互利共生的特点是共生单元之间的物质与能量流动是双向的，对双方都有利。研究者认为，互利共生包括对称性互利共生和非对称互利共生两种方式。其中，在对称互利共生中，共生单元各有优势，能够优势互补，地位平等，分工不同，均有协作需求，缺一不可，每一个共生单元都主动，共生单元获得的利益是相对均衡的，共生单元之间的关系对共生单元的各方都有利，能够实现共赢。在非对称互利共生中，共生单元各有特色与优势，共生单元之间平等互利，按照分工产生新能量。在非对称互利共生中，能够实现共生单元的共同发展，存在一方主动、另一方跟随的现象。共生单元之间的新能量能够互利，但存在着分配不均衡的现象，主动的共生单元比随动共生单元获取的利益多。

表3-2　　　　　　　　　　根据行为化程度进行划分的共生的类型

类型	寄生	偏利共生	对称性互利共生	非对称性互利共生
概念	在一起生活共生单元之间，存在着一方受益、另一方受害的现象，受害者提供相应资源给受益者	共生单元能独立生存的共生单元以一定的关系生活在一起的现象	共生单元各有优势，能够优势互补，地位平等，分工不同，均有协作需求，缺一不可，都主动，获得的利益也相对均衡，对双方都有利，能够实现共赢	共生单元平等互利，各有特色与优势，按照分工产生新能量；一方主动，另一方跟随
特点	共生单元之间的物质与能量流动是单向的，一般不产生新能量	共生单元之间的物质与能量流动是双向的，对其中一方更有利，而对另一方则无关紧要	共生单元之间的物质与能量流动是双向的，对双方都有利	共生单元之间的物质与能量流动是双向的，但分配不均衡，主动的共生单元比随动共生单元获取的利益多，能够促进双方共同发展

（三）共生系统的基本特征

共生系统除了具有一般系统的主要特征外，还具有多重性、共同进化性、合作性、不可逆性和自主增容性等特征。

（1）共生系统的多重性。立体性、网络性和同时性的多重共生关系常常会出现在共生系统。共生系统的多重性是共生系统的复杂性和多样性的反映。某种必然联系一定存在于共生单元之间，共生单元因为这种联系而结成共生体，并使共生单元按内在的要求形成共生模式。在这一过程中，共生系统产生出新的能量，推进共生单元共同进化发展。

（2）共生系统的共同进化性。在共生系统中，共生单元之间、共生单元与共生系统之间存在着物质、能量和信息的流动与交换。在这一流动与交换的过程，相互促进、相互激发的作用是一种必然的存在，这种必然的存在作用会加快共生单元的进化与创新，从而提高共生单元的生存和发展能力。不过，共生单元的共同进化作用不一定是对称性的，表现的形式也是多种多样的。共生单元的共同进化现象反映了共生系统的本质，有序、协同的共同进化将加速共生系统整体的进化发展。进化是共生系统发展的总趋势和总方向（赵红等，2004）。

（3）共生系统的合作性。在共生系统中，无论是同类单元之间还是异类单元之间，存在着共生且竞争的关系。共生单元之间的关系并不相互排斥、相互厮杀，而是在一起相互吸引和相互合作。在共生系统中，每一个共生单元的自身性质和状态并不丧失，而是继承和保留；共生单元之间的关系并不是相互替代的关系，而是相互补充、相互促进的关系。共生单元之间具有极强的合作性。

（4）共生系统的不可逆性。共生系统是一个不可逆系统。一方面，一旦进入某一共生系统中，任何共生单元的进化发展就与共生系统紧密相联，即使这一共生单元退出该共生系统，原有的共生系统也不可能还原到原有状态。另一方面，在进化发展的过程中，共生系统一旦从一种状态转换到另一种状态后，任何共生系统都不可还原，不能再还原到原来的状态，即使资源的耗竭也不能复原。

（5）共生系统的自主增容性。自主增容性指共生系统所呈现出自主控制的增容特性。共生系统的自主增容包括维度增容、密度增容、维度缩容和密度缩容。维度增容主要发生在异类共生单元之间，密度增容发生在同类共生单元之间。共生系统的自主增容性反映系统的扩张能力或共生单元发展能力。共生系统的能量增长能够促使共生系统的增容。

（四）共生理论的启示

共生是指不同种类的生物共同生活在一起的现象，以及不同种类的生物之间有益的至少是无害的相互关系。正如前文所述，民族旅游社区是一个以民族社会成员的共同地缘和紧密的日常生活联系为基础，以少数民族成员为主体，以旅游接待活动为核心生产内容的民族地域性社会。在民族旅游社区中，社区居民是主体，以社区居民的生活环境和日常生活为基础的旅游活动注入了经济交往的内涵，使得以民族社区这一公共的地缘中产生了不同的社区居民、旅游者、旅游企业、当地政府等具有不同利益诉求、不同特点的利益群体。这些利益群体共同"生活"在民族旅游社区里，虽然他们之间有着不同，有着纷争，然而，他们之间互相依存。如果把民族旅游社区看作一个整体，那么，民族旅游社区一个由有着不同利益诉求的利益相关者组成的共生系统，同时，由于民族旅游社区自身的特点，民族旅游社区利益相关者共生系统除了具有一般共生系统的特点外，也有着自己独有的特性。

根据不同的划分方式，可将民族旅游社区利益相关者的共生划分为不同的类型。按共生单元之间的组织程度不同，可将民族旅游社区利益相关者的共生分为点共生、间歇共生、连续共生和一体化共生。例如，社区居民与旅游者偶尔的买卖关系属于点共生，旅游企业与回头客（旅游者）的关系属于间歇共生，旅游企业与社区居民之间是连续共生，旅游企业与成为其员工的社区居民之间是一体化共生。从组织程度方面来说，一体化共生无疑是民族旅游社区利益相关者共生系统的最佳选择。根据共生单元的行为方式，可将民族旅游社区利益相关者的共生分为：寄生共生、偏利共生和互利共生。寄生共生是民族旅游社区中在一起生活利益相关者之间，存在着一方受益、另一方受害的现象，受害者提供相应资源给受益者。偏利共生是在一起生活民族旅游社区利益相关者之间，存在着对其中一方更有利、对另一方则无关紧要的现象。互利共生是民族旅游社区利益相关者之间在一起生活，存在着彼此有利现象。

在我国一体化共生的组织方式、互利共生的行为模式无疑是民族旅游社区利益相关者共生的最佳选择。

三、利益相关者理论

（一）利益相关者理论的背景

利益相关者理论的基本思想起源于 19 世纪，是当时盛行一种协作或合作的观念（冯芙蓉和马锦，2010）。其核心思想是：任何一个企业的发展都离不开各种利益相关者的投入或参与，企业追求的是利益相关者的整体利益，而不仅仅是某个主体的利益。这些利益相关者包括企业的股东、债权人、雇员、消费者、供应商等交易伙伴，也包括政府部门、本地居民、当地社区、媒体、环境保护主义等压力集团，甚至还包括自然环境、人类后代、非人物种等受到企业经营活动直接或间接影响的客体（张素，2010）。1963年，斯坦福研究所（Stanford Research Institute）首次使用了利益相关者理论这一术语（何彪和马勇，2004）。弗里曼（Freeman，1984）指出利益相关者是影响组织目标实现群体或个人以及被该目标影响的任何群体或个人。

20世纪80年代中后期，国外旅游研究引入"利益相关者"概念。20世纪90年代中期，国外旅游领域的利益相关者研究开始逐渐增多。1999年，"利益相关者"这一概念出现在世界旅游组织制定的《全球旅游伦理规范》中，这一词汇在旅游官方文献中已经得到了认可（潘小玲和邓莹，2010）。根据施华德布鲁克（Swardbrooke，1999）的研究，可持续旅游的主要利益相关者包括：当地社区、政府机构、旅游业、旅游者、压力集团、志愿部门、专家、媒体等相关人员。其中，当地社区主要利益相关者包括直接在旅游业就业的人、不直接在旅游业就业的人、当地企业的人员；政府机构主要利益相关者包括超政府机构、中央政府、当地政府；旅游业主要利益相关者包括旅游经营商、交通经营者、饭店、旅游零售商等；旅游者主要利益相关者包括大众旅游者、生态旅游者；压力集团主要利益相关者包括环境、野生动物、人权、工人权利等非政府组织；志愿部门主要利益相关者包括发展中国家的非政府机构、发达国家的信托和环境慈善机构等；专家主要利益相关者包括商业咨询家、学术人员；媒体主要利益相关者包括新闻媒体机构和相关从业人员。吉雷布和韦拉德（Grimble & Wellard，1997）认为旅游景区开发利益相关者是指：任何能够影响旅游景区开发或者受到景区开发影响的个人或群体，这些利益相关者包括国家、属地政府、旅游投资商、社区居民、旅游者、旅游规划专家、竞争者、社会公众等。利益相关者理论用于企业治理领域，相关研究者主要从实现或影响组织目标实现的角度来对利益相关者进行界定。近年来，我国学者也开始在旅游规划与管理中引入利益相关者分析方法和理论（陈岩峰，2008）。在资源与环境保护领域，陈勇和吴人韦（2005）认为任何能够对于保护项目的目标实现产生影响，或者被保护项目的目标实现所影响的个人和群体，就是利益相关者。倪晓波（2011）在对历史街区旅游开发研究的基础上，认为利益相关者指的是在旅游发展中与历史街区有利益关系的行为主体。宋瑞（2005）从我国的现实国情和旅游发展的实际情况出发，将旅游产业的利益相关者分为旅游开发商、政府、当地社区、压力集团、旅游者五类。其中，政府指的是政府中的经济及旅游部门，当地社区指的是当地居民及当地民间组织，压力集团指的是政府环保局、媒体机构、科研院所、学校和环境、野生动物、人权、协会等非政府组织。

（二）旅游活动的主要利益相关者及其特点

旅游活动涉及食、住、行、游、购、娱等多个方面，涉及经济往来的诸多方面，旅游活动的开展涉及不同的利益相关者。因旅游活动具有涉及范围广、参与程度高、牵扯问题多等特点，旅游活动的利益相关者众多。关于旅游活动的主要利益相关者的类型划分，较为常见的是根据冈恩（2005）所指出的旅游的开发要综合考虑旅游者、当地居民、政府、旅游企业各方面的利益来进行划分的，即将旅游活动的主要利益相关者划分为旅游者、当地居民、当地政府和旅游企业四类。

其中，旅游者是旅游目的地旅游产品的需求方和购买者，是旅游活动的受益者，具有异地性、消费性、休闲性、体验性等特征；当地居民既是经营利益的分享者和共有者，又是民族旅游活动经营的参与者和服务者，具有身份上的双重属性；当地政府通常是旅游目的地旅游开发的主导力量，具有服务性、管理性、引导性等特征，对旅游活动的控制力度和管理导向对目的地旅游活动的发展具有重大的影响；旅游企业是旅游目的地旅游活动的开发者和执行者，是实现旅游资源价值转化的媒介，是实现旅游目的地旅游资源向旅游产品转化的主要力量。

（三）利益相关者理论的启示

民族旅游社区是以民族社会成员的共同地缘和紧密的日常生活联系为基础，以旅游接待活动为核心生产内容的民族地域性社会。民族旅游社区的旅游活动因其与民族社会成员的共同地缘和日常生活密切相联，其利益相关者众多。

1. 民族旅游社区利益相关者的类型及特征

根据冈恩（2005）对旅游活动利益相关者的划分方式，本书将民族旅游社区的主要利益相关者划分为旅游者、社区居民、当地政府和旅游企业四个群体。旅游者群体是民族旅游社区旅游产品的需求方和购买者，是民族旅游社区旅游活动的受益者。旅游者群体不仅为民族旅游社区带来丰厚的旅游收入和经济增长，其言行也影响着当地居民的意识形态。旅游者群体的满意度和消费的规模、结构和水平决定了民族旅游社区旅游活动的经营经济效益的实现程度。社区居民群体既是民族旅游社区经营利益的分享者和共有者，又是民族旅游活动经营的参与者和服务者。旅游者群体在民族旅游社区旅游体验的质量和对民族旅游社区的印象直接受到社区居民群体的行为和态度影响。而社区居民群体的行为和态度则受到当地政府、旅游者群体行为和旅游企业的影响。在民族旅游社区中，当地政府是旅游开发的主导力量。当地政府的行为直接影响到民族旅游社区的社区居民群体、旅游企业和进入民族旅游社区的旅游者群体的行为。旅游企业是民族旅游社区旅游活动的开发者和执行者，是实现民族旅游社区旅游资源向旅游产品转化的主要力量。旅游企业的行为受到当地政府行为的约束，其行为直接关系到民族旅游社区中的社区居民群体、旅游者群体利益的实现。民族旅游社区的这四个主要利益相关者的关系直接影响到民族旅游社区的社会秩序，影响到民族旅游社区和谐社会的建设，影响到民族旅游社区发展。为了简化语言，除特别说明外，本书中民族旅游社区的主要利益相关者——社区居民、旅游者、当地政府和旅游企业，均代表与之相对应的旅游者群体、社区居民群体、旅游企业整体、当地政府整体。

2. 民族旅游社区利益相关者的作用机理

民族旅游社区的各利益相关者之间相互影响、相互制约，其作用机理主要从制度性互动、经济性互动和社会文化互动方面加以体现。

民族旅游各利益相关者之间的制度性互动是通过社区中的相应制度有效执行来实现的。制度是要求成员共同遵守的、按一定程序办事的规程或行动准则。制度可分为正式制度和非正式制度。民族旅游社区的正式制度是国家机关、社会团体、企事业单位按照一定的目的和程序有意识制定的一系列行政法规、章程，具有一定的强制性；非正式制度是民族旅游社区居民在长期的实践中无意识形成的，包括价值信念、伦理规范、道德观念、风俗习惯及意识形态等因素，非正式制度的生命力较为持久，是世代相传的，非正式制度与社会文化有很强的交融性，本书将其互动机理归入社会文化互动方面。民族旅游社区中的正式制度激励和约束着社区的各个利益相关者的行为。一方面，作为正式制度的制定者，国家机关、社会团体、企事业单位通过行政法规、章程激励和约束着民族旅游社区中的社区居民、旅游企业、旅游者等利益相关者的行为；另一方面，国家机关、社会团体、企事业单位也广泛听取社区中各利益相关者的意见和建议，不断调整相关行政法规、章程，让正式制度能够真正激励和约束着社区的各个利益相关者的行为。在这一互动过程中，国家机关，即政府部门对民族旅游社区中的所有利益相关者进行监管，有着极其特殊的地位。同时，政府部门的行为也受到社区中各利益相关者的监督。

民族旅游社区各利益相关者之间的经济性互动是在民族旅游社区的社会物质生产和再生产中进行的，主要体现在民族社区的各利益相关者参与旅游产品的生产、交换和消费等经济活动中。一方面，民族旅游社区的政府部门和企事业单位组织社区居民进行旅游产品的生产，向旅游者交换，获得经济利益，投入新的生产；另一方面，政府部门和企事业单位通过组织生产，增加了社区居民的就业，增加了社区居民的经济收入，而旅游者通过消费获得旅游产品、获得旅游所带来的愉悦。

在民族旅游社区中，不同利益相关者之间在长期的实践中产生了互动，这种互动往往是文化性互动，主要体现在民族旅游社区各利益相关者的价值信念、伦理规范、道德观念、风俗习惯及意识形态等方面。其中，民族旅游社区中的社区居民的价值信念、伦理规范、风俗习惯是世代相传的结果。一方面，旅游者深受民族旅游社区文化的吸引，来到民族旅游社区游览、体验，民族旅游社区的风俗习惯、道德观念等影响着旅游者；另一方面，旅游者、外来经营者所带来的现代文化，影响民族旅游社区居民的价值观、生活方式，产生社区文化认同、社区归属感等方面的争议，民族旅游社区固有的社会文化悄然产生变化。

四、冲突理论

（一）冲突理论的背景

19世纪末20世纪初，冲突理论基本思想形成。冲突理论是社会学的重要理论视角。德国哲学家和社会学家齐美尔首先提出了"冲突社会学"这一名称，并形成了与"机体学派"相对立的"冲突学派"（卢野鹤，1986）。1907年美国社会学第一次年会将之作为主要议题进行讨论，马克思、韦伯、齐美尔、米尔斯、科塞、达伦多夫等都对社会冲突进行过论述（时昱，2011）。20世纪60年代到70年代，经济滞胀、种族冲突与纷争、民权运动再度使世界资本主义陷入进退维谷之境，社会冲突又一次成为社会学关心的对象。自20世纪70年代以来，西方社会学界内冲突研究之盛甚于结构功能研究，冲突社会学理论自此得到了迅速的发展，并逐步形成自己的理论（卢野鹤，1986）。在对社会学保守派的结构功能主义理论的反思的基础上，以美国的科塞和柯林斯、德国的达伦多夫、英国的赖克斯为代表的社会冲突理论，代表的是社会学的激进派。冲突的起因、制约因素、形式及影响是社会冲突理论研究的重点。社会冲突理论不排斥冲突，并强调冲突有积极作用，且对于社会的巩固与社会的发展起到积极作用。美国的科塞的冲突理论是最具代表性的冲突理论。

美国社会学家科赛（Lewis Coser）在《社会冲突的功能》（1956）中最早使用"冲突理论"这一术语。关于冲突的概念，科赛指出，冲突是一切从结构上产生出来的规范与期望、制度和群体的对立关系，冲突是有关价值、对稀有地位的要求、权力和资源的斗争，在这种斗争中，对立双方的目的是要破坏以至伤害对方。德国社会学家达伦多夫（Dahrendorf，1989）指出，主体之间目标存在不相容的一切关系都是社会冲突关系。米德、戈夫曼等学者认为：从根本上讲，每个人所追求的只是个人的利益，在许多情况下，特别是在涉及权力的情况下，有关的利益集团之间便会产生对抗（卢野鹤，1986），这种对抗就是冲突。

美国社会学家科赛认为正与负的功能都是冲突的功能。整合功能、稳定功能、促进功能、激发功能、平衡功能都是冲突的正功能。具体而言，冲突对社会与群体内部具有整合的功能，对社会与群体具有稳定的功能，对新社会与群体形成具有促进的功能，对新规范和制度建立具有激发的功能，对社会具有平衡的功能。科赛认为，一个社会系统中各种群体之间的冲突，可以促进社会群体之间保持相当的独立性，有利于保持社会系统的平衡，使社会系统不断分化与整合。从很大程度上来讲，社会冲突是社会变迁和发展的主要动力，社会发展是在社会冲突中实现的。如果冲突不能正确处理，则会伤害组织与成员的感情，影响团结，影响组织目标的实现。因此，冲突的负功能主要表现为冲突在一定条件下给社会生活和发展带来的消极影响。科赛认为，冲突的问题及其产生的社会结构是决定冲突的正负功能的重要因素。当冲突双方的冲突的问题不涉及核心价值时，此时，冲突的功能为正向的，能够产生正功能；当冲突的问题涉及冲突双方的核心价值时，冲突的功能为反向的，产生的是反功能。科赛认为，当冲突产生在敌对的情绪可以相对自由地表达、可以及时发现和消除产生不满情绪的原因的松散的、开放的社会结构时，冲突能够实现社会结构的重新调整和整合，促进社会的稳定。因此，科赛认为，在松散开放的社会结构中的冲突往往具有正功能；反之，在封闭僵化的社会结构中，冲突常常具有破坏性，呈现出负功能的一面。

（二）冲突的类型

现阶段，我国正处于从传统社会向现代社会、从农业社会向工业社会过渡的转型期，人们的利益诉求不断多元化，这种多元化的利益诉求使得不同利益相关者之间的利益差异和对立凸显，社会冲突时有发生。我国学者崔树义根据社会冲突的一般理论，将我国的社会冲突划分为以下几种类型。

（1）根据冲突的对抗性，将社会冲突分为对抗性冲突和非对抗性冲突。对抗性冲突是基于对抗性利益基础之上的冲突，一般发生于具有完全不同而又相互排斥的利益的社会群体之间。对抗性冲突是在根本利益一致基础上因具体利益的差异和冲突与纷争而引起的冲突，一般发生于具有相同根本利益的群体内部和群体之间（崔树义，1996）。

对抗性冲突的特征是冲突群体内聚性强、冲突的频率低、组织程度高、冲突的烈度与强度高。对抗性冲突常常带来破坏性后果，给整个社会以重大影响。非对抗性冲突的特征是冲突群体的内聚性差、组织程度低、频度高、强度低。非对抗性冲突如果处理适当，可以避免发展成为大规模的对抗性冲突，避免造成社会动乱和社会震荡。处理得当的非对抗性冲突能够产生一系列积极的功能，促进社会的稳定和发展。

（2）根据冲突发生的具体领域，将社会冲突区分政治冲突、经济冲突、文化冲突。政治冲突是不同政治利益群体（集团）之间为争夺有限的政治资源而发生的冲突。经济冲突是由经济利益的差异、冲突与纷争和对立而引起的冲突，是人类一切社会冲突的中心。此处所说的文化是狭义的，主要指人类社会意识形态及与之相适应的制度和设施。不同民族、社区、社会群体的文化有不同的价值目标和取向，并且常常以自己的文化为优越，视其他文化为异己的危险物。当它们在传播、接触的时候，便产生了竞争、对抗，甚至企图消灭对方文化存在的状态。此种文化现象，谓之文化冲突（崔树义，1996）。

经济冲突产生于社会一般经济交往并与之伴随始终，并受到生产资料、生产力、生产关系等因素的影响。政治关系是经济关系的集中表现。经济利益的聚积与发展，最终会上升形成为政治利益。经济利益群体的利益诉求，最终也就会以政治利益诉求的形式表现出来。

不同的经济利益群体同时具有不同的政治利益。自从人类历史上产生了阶级和国家，政治冲突就与人类相伴随。政治制度的性质、政治体制的类型、社会结构、社会流动程度、政治制度化程度、利益表达渠道的畅通程度、公民政治意识觉醒程度、公民参政程度、形成政治利益群体的自由程度等影响着政治冲突的频度、烈度、规模、结果等。

文化冲突是由于文化差异而引起的冲突。崔树义根据冲突的产生的时间、空间、性质对文化冲突进行了分类。根据冲突的产生时间，文化冲突可以分为新文化与旧文化的冲突。社会的进步必然会带来文化的变迁，在变迁的过程中，适应和引导社会发展的新文化必然会与不适应社会发展的旧文化之间发生冲突。适应社会发展的文化将留存。适应社会发展的、优秀文化将取代落后的、不适应社会发展的旧文化。无论是新文化与旧文化，还是本土文化和外来文化，都存在着相互吸收其合理部分，融合为一种新的文化的可能。根据冲突产生的空间，文化冲突可以分为本土文化和外来文化的冲突。根据冲突的性质，文化冲突可以区分为对抗性的文化冲突和非对抗性的文化冲突。对抗性的文化冲突主要发生在经济、政治利益根本对立的社会集团之间，大多表现为排斥、阻抗或企图消灭对方的文化存在；非对抗性的文化冲突主要发生在经济、政治利益根本一致的社会集团之间，多表现为竞争和自由发展。对于一个社会，特别是一个处于变革时期的社会而言，一定范围内的文化冲突的存在是必然的，也是有益的。然而，如果文化冲突，特别是上升为理论的思想意识形态的冲突得不到有效控制，就会造成人们思想上的混乱，这种局面如果得不到及时的统一和纠正，或思想决策层发生错误的理论导向，便会成为社会不稳定因素的思想基础。

另外，根据发生的范围，冲突还可以分为群体间冲突和群体内冲突。美国社会学家科塞认为，群体成员关系的类型和投入的多少决定了群体内部冲突的强度。群体间冲突的激烈程度影响群体内部意见分歧的程度。群体内部冲突的激烈程度越强，则群体内部成员对群体内部的异端分子的容忍度就会越低。科塞根据冲突呈现的方式将冲突分为现实性冲突与非现实性冲突。其中，现实性冲突指的是个人或群体只把冲突当作达到自己目的的手段的冲突，冲突不是目的，只是达到目的的手段。非现实性冲突是指冲突本身就是目的的冲突。在非现实性冲突中，目的是宣泄敌对的情绪，缓解紧张压抑的心理。科塞认为绝大多数冲突都可以看作是现实性冲突，非现实性冲突较少，以组织形态出现的社会冲突基本上都可以看作是现实性冲突。

（三）冲突理论的启示

恩格斯指出，一切运动存在于吸引和排斥的相互作用中。任何事物的发展都是在克服冲突、解决冲突的过程中得以实现的。任何事物的发展变化都离不开冲突。冲突是社会发展的常态，而不是病态。冲突在组织变迁的过程中是不可避免的，一定程度的冲突是促进组织发展的催化剂（胡保利和赵惠莉，2008）。冲突好比是一把双刃剑。如果处理得好，冲突就显现出正向的功能，具有整合社会与群体内部的功能、稳定社会与群体的功能、促进新社会与群体形成的功能、激发新规范和制度建立的功能、平衡社会的功能。处理不好，冲突就呈现出负功能。当冲突的问题涉及双方的核心价值时，当冲突产生在封闭僵化的社会结构中时，冲突会呈现出伤害组织与成员的感情、影响团结、影响组织目标的实现等负功能。因此，体察民情，建立完善的社会信息系统、提供敌对情绪的宣泄平台和建立高效的问题处理系统就显得十分重要。

第二节　核心概念的内涵与表征

一、民族旅游社区的内涵与表征

（一）民族旅游社区概念的界定

民族（nationality），《辞海》的解释为：人们在历史上形成的一个有共同语言、共同地域、共同经济生活以及表现于共同文化上的共同心理素质的稳定的共同体。民族是一种伴随着人类自身的形成和发展而产生的社会现象（夏征农，2000）。民之为"族"，是人类的生活本质的体现。人类在以群体的方式生存和发展的过程中，由于共同的历史和文化而结成的人群共同体，就是民族（周平，2009）。

旅游（tourism），《辞海》的解释为：旅行游览。"现代旅游是人们为了特定的目的而离开他们通常的环境，前往某些地方并作短暂（不超过一年）的活动，其主要目的不是从访问地获得经济收益，而是寻求一种经历"，即人们暂时离开居住地而到异地进行各种包含游览、度假在内的，有目的的全部活动的总称。

社区（community），《辞海》的解释为：社区是以一定地域为基础的社会群体。社区具有以下基本要素：（1）有一定的地域；（2）有一定的人群；（3）有一定的组织形式、共同的价值观念、行为规范及相应的管理机构；（4）有满足成员的物质和精神需求的各种生活服务设施（夏征农，2000）。在中国，在新的社会实践形式下，随着社会结构的转型和变迁，社区概念被赋予了更多具有本土特色的内涵，社区逐渐演变成了以文化为核心、具有地域内涵的"地域性社会"，并出现了多样化的形态。

在中国，民族社区主要指西北和西南少数民族聚集地内，以少数民族成员为主体，以民族社会成员的共同地缘和紧密的日常生活联系为基础的民族区域性社会，是一个兼具社会性和民族性的社会共同体，表现为小型民族社区（即一个村寨）或大型民族社区（多个村寨形成的地域综合体）（李亚娟等，2013）。

以研究对象为出发点，本书认为民族旅游社区是指以少数民族成员为主体，以民族社会成员的共同地缘和紧密的日常生活联系为基础，以旅游接待活动为核心生产内容的民族地域性社会。

（二）民族旅游社区的特征

民族旅游社区不同于其他社区。首先，在民族旅游社区中，主体是少数民族成员。与其他非少数民族社区不同，旅游活动注入到民族社区中，使得民族旅游社区中的少数民族有了与旅游活动契合的、特殊的生活习惯、民族风俗、行为规则。其次，民族旅游社区与非民族旅游社区亦存在着不同。在民族旅游社区中，社区居民是主体，是少数民族成员，其经济交往是以社区中的主体——少数民族居民的生活环境和日常生活为基础，注入了旅游活动内涵的经济交往。由于旅游活动涉及食、住、行、游、购、娱等各个方面，加上民族独特的风俗习惯、民族关系的错综复杂，与其他的经济交往不同，民族旅游社区的经济交往具有了复杂、涉及面广、关联性大的特点，从而使得民族旅游社区社会关系复杂化。同时，虽然中国的民族社区大多数属于经济欠发达地区，社会经济发展相对滞后，但是，由于大多地处边远地区，地处乡村，交通相对闭塞，我国的民族社区往往保存着完好的自然生态环境和原生态的民族文化。这种完好的自然生态环境和原生态的民族文化成为重要的旅游吸引物，吸引着旅游者的到来，而这也是民族旅游社区存在的基础。

2011年以来，中国提出将旅游业培育成为国民经济战略性支柱产业。随着中国全面建成小康社会目标的实现，旅游已经成为中国人民美好生活的重要选项和刚性需求。旅游业所带来的重要经济和社会影响已经被越来越多的人认识到。在民族地区，发展旅游业已经被认为是促进民族地区地方经济发展、推进民族地区乡村的社会转型、促进共同富裕目标实现的有效手段。民族旅游社区作为民族地区社会治理的最基本单元，在中国这样一个统一的、由多民族构成的国家中，民族旅游社区的建设和发展在国家建设和管理中具有特殊地位。国家发展和和谐社会的建设必须关注民族旅游社区的发展和社会关系和谐。

二、民族旅游社区利益相关者的内涵与表征

（一）民族旅游社区利益相关者的概念界定

民族旅游社区利益相关者指在以少数民族成员为主体，以民族社会成员的共同地缘和紧密的日常生活联系为基础，以旅游接待活动为核心生产内容的民族地域性社会中的任何能够影响组织目标实现或被该目标影响的群体或个人。

（二）民族旅游社区利益相关者的类型及特征

本书根据冈恩对旅游活动利益相关者的划分方式，将民族旅游社区的主要利益相关者划分为旅游者、社区居民、当地政府和旅游企业四个群体。民族旅游社区的这四个主要利益相关群体之间的互动直接影响到民族旅游社区的社会秩序、民族旅游社区和谐社会的建设和民族旅游社区的发展。为了简化语言，除特别说明外，本书中民族旅游社区的主要利益相关者——旅游者、社区居民、旅游企业、当地政府，均代表的是与之相对应的旅游者群体、社区居民群体、旅游企业整体、当地政府整体。

（1）旅游者。在民族旅游社区中，旅游者群体是旅游产品的需求方和购买方，是民族旅游社区旅游活动的体验者和受益者。旅游者群体通过购买旅游产品为民族旅游社区带来丰厚的旅游收入和经济增长。同时，旅游者群体参与旅游活动过程中的言行举止对当地居民的意识形态产生了深远的影响。旅游者群体的满意度和消费规模、消费结构和消费水平决定了民族旅游社区旅游活动的经营经济效益的实现程度。

（2）社区居民。在民族旅游社区中，社区居民群体是旅游活动的重要组成部分。社区居民是民族旅游社区动态的旅游吸引物，既是民族旅游活动经营的分享者和参与者，又是民族旅游社区经营服务者和利益共有者。旅游者群体在民族旅游社区旅游体验的质量和对民族旅游社区的印象直接受到社区居民群体的行为和态度影响。同时，社区居民也受到旅游企业、当地政府、旅游者群体行为的影响，社区居民群体的行为和态度会随着旅游企业、

当地政府、旅游者群体行为的变化。

（3）旅游企业。在民族旅游社区中，旅游企业是旅游产品的研发者，是经济收益的直接获得者。通过对民族旅游社区旅游活动的开发和运营，旅游企业将民族旅游社区的旅游资源转化为旅游产品，实现旅游资源的价值到使用价值的转换，进而为旅游者的旅游活动消费提供了基础。旅游企业的旅游产品质量由旅游者鉴定，旅游者的选择决定了旅游企业的收益。同时，旅游企业的行为不仅受到当地政府行为的约束，也会被当地政府行为推动。旅游企业行为直接关系到民族旅游社区中的社区居民群体、旅游者群体利益的实现。

（4）当地政府。当地政府是民族旅游社区旅游开发的主导者、督导者、维护者，是民族旅游社区发展的核心力量。在民族旅游社区中，当地政府对民族旅游社区旅游企业的行为进行支持和监督；引导社区居民参与旅游活动，增加居民的就业与收入；规范旅游企业、社区居民行为，树立民族旅游社区的良好形象；为旅游者提供良好的公共服务，为旅游者的良好旅游体验打下坚实基础。同时，民族旅游社区各利益相关群体的行为也推动着当地政府不断完善机制，不断改革创新，成为更加高效的组织。

三、民族旅游社区利益冲突的内涵与表征

（一）民族旅游社区冲突与纷争的概念界定

冲突往往是矛盾的外部体现。《辞海》对矛盾的解释有三个：一是，矛盾亦作"矛楯"。《韩非子·难一》："楚人有鬻楯与矛者，誉之曰：'吾楯之坚，物莫能陷也。'又誉其矛曰：'吾矛之利，于物无不陷也。'或曰：'以子之矛，陷子之楯，何如？'其人弗能应也。"后以"矛盾"比喻相互抵触，互不相容。二是，从辩证法的基本范畴来看，矛盾指的是事物内部所包含的关系，这是一种既对立又统一、既相互排斥又相互依存的关系。矛盾是一切事物变化和发展的根本原因，既存在于一切事物发展的过程中，又贯穿于一切过程的始终。三是，从形式逻辑上来看，矛盾指两个概念互相否定或两个判断不能同真也不能同假的关系（夏征农，2000）。

根据以上关于冲突和矛盾的定义，笔者将民族旅游社区冲突与纷争定义为：存在于以民族社会成员的共同地缘和紧密的日常生活联系为基础、以旅游接待活动为核心生产内容的民族地域性社会中的相互抵触、相互摩擦或互不相容的现象和关系。

（二）民族旅游社区冲突与纷争的类型

在民族地区旅游活动不断深入的今天，随着民族地区旅游活动利益相关者的多元化、利益需求的多样化，由于利益诉求无法得到满足、利益分配不均等问题，民族旅游社区中的相互抵触、互不相容现象日益增多，不和谐的社会关系所产生的不和谐行为也日益增多。民族旅游社区的矛盾纷争已经对我国民族旅游社区和谐社会的建设和社会稳定产生了明显的影响。本书对民族旅游社区的冲突与纷争类型进行梳理，力争全面认识民族旅游社区的冲突与纷争，以期寻求民族旅游社区利益相关者之间冲突化解的确实可行的方案。

（1）根据冲突与纷争产生的空间，可将民族旅游社区的冲突与纷争分为外部冲突与纷争和内部冲突与纷争。民族旅游社区的外部冲突与纷争是指那些产生于民族旅游社区区域范围外的利益相关群体的冲突与纷争。民族旅游社区的内部冲突与纷争是那些产生于民族旅游社区区域范围内的利益相关群体的冲突与纷争。例如，在民族旅游社区内的社区居民与旅游管理企业之间的冲突与纷争属于民族旅游社区的内部冲突与纷争，而社区居民与其他社区居民的冲突与纷争就属于本民族旅游社区与社区外部群体的冲突与纷争，是民族旅游社区的外部冲突与纷争。

（2）根据冲突与纷争产生的主体，可将民族旅游社区的冲突与纷争分为个体冲突与纷争和群体冲突与纷争。个体冲突与纷争发生在个体之间、个体与群体之间，例如，社区居民之间的冲突与纷争。群体冲突与纷争发生在群体与群体之间，例如，全体居民与外来企业的冲突与纷争。

（3）根据冲突与纷争产生的原因，可将民族旅游社区的冲突与纷争分为经济性冲突与纷争、政治性冲突与纷争、社会文化心理冲突与纷争。经济性冲突与纷争由经济利益的差异而引起。经济利益不同的群体，其政治利益亦不同。群体的经济利益的利益诉求，最终会以政治利益诉求的形式表现出来。同时，不同民族、社区、社会群体的文化有不同的价值目标和取向，这些不同是冲突与纷争产生的原因。

（4）根据冲突与纷争产生的时间，可将民族旅游社区的冲突与纷争分为现实冲突与纷争和潜在冲突与纷争。民族旅游社区的现实冲突与纷争是指现在已经显现出来的冲突与纷争，民族旅游社区的潜在冲突与纷争是指现在还没有显现出来的冲突与纷争，这种冲突与纷争会在未来的某个时间段或在某种条件下显现。

（三）民族旅游社区冲突与纷争的特征

中国的民族旅游社区，由于大多数地处边远地区、地处乡村，且交通相对闭塞，因此，中国的民族旅游社区往往保存着良好的自然生态环境和原生态的民族文化。这种保存良好的自然生态环境和原生态的民族文化成为重要的旅游吸引物，吸引着旅游者的到来。正是因为这一原因，民族社区得以注入旅游活动，这种注入了旅游活动的民族社区才成为民族旅游社区。民族旅游社区的经济交往是以民族社区居民的生活居住环境和日常生活为基础的、注入了旅游活动内涵的经济交往。由于民族旅游社区的特殊性，民族旅游社区的冲突与纷争既具有一般社区冲突与纷争的特点，又有自身的特点。当前，中国的民族旅游社区的冲突与纷争具有以下几个方面的特征。

（1）民族旅游社区冲突与纷争的类型增多，但由社区内部的经济性原因引起的冲突与纷争冲突仍占主导地位。民族旅游社区冲突与纷争是社会发展阶段的必然产物，有着多种类型。不同类型的冲突与纷争出现在不同的时段、不同的地点、不同的群体之间，甚至会同时出现。虽然民族旅游社区冲突与纷争的类型较多，但由经济性原因引起的冲突与纷争冲突仍在民族旅游社区冲突与纷争中占据主导地位，且民族旅游社区冲突与纷争主要表现为民族旅游社区内部的冲突与纷争。

（2）民族旅游社区冲突与纷争冲突的主体具有重叠性特征。这主要是由于民族旅游社区的利益主体（旅游者、当地居民、政府、旅游企业）身份的多重属性而致。如前所述，在民族旅游社区中，旅游者既是民族社区旅游产品的需求方和购买者，又是民族旅游活动的受益者；社区居民既是民族旅游活动经营的参与者和服务者，又是经营利益的分享者和共有者；政府既是民族社区旅游开发的主导力量，又是民族旅游社区旅游开发的督导者；旅游企业既是民族社区旅游活动的开发者和执行者，又是实现民族社区旅游资源向旅游产品转化的主要力量。这种身份的多重属性使得民族旅游社区的利益相关者之间形成相互影响、相互作用、相互依赖的关系。

（3）民族旅游社区冲突与纷争产生的根源呈现出多元化和复杂性的特点。当前，伴随着国家管理体制的转轨、社会结构转型以及城镇化进程的推进，利益诉求发生变化，民族旅游社区冲突与纷争产生的根源呈现多元化和复杂性的特点。同时，由于旅游活动涉及食、住、行、游、购、娱等各个方面，使得注入了旅游活动的民族旅游社区的经济交往具有复杂、涉及面广、关联性大的特征。较之其他民族社区，民族旅游社区这种复杂、涉及面广、关联性大的经济交往使得民族旅游社区社会关系更为复杂。值得注意的是，一种民族旅游社区冲突与纷争往往由多种原因引起，且多种原因之间又相互交错，互为因果，极为复杂。当前，民族旅游社区冲突与纷争是民族社区社会文化因素、制度因素与经济利益相互交织的结果，是中国社会转型期经济利益冲突所引发的冲突与纷争冲突，是旅游活动注入民族社区经济交往的必然结果。必须指出，当前民族旅游社区冲突与纷争虽然主要表现为民族旅游社区内部的冲突与纷争，但是，如果解决不好，由于旅游活动的极强的关联性，将会对民族旅游社区外部的社会关系产生极大的不利影响。只有将民族旅游社区的内部冲突与纷争解决好，才不会产生民族旅游社区的外部冲突与纷争。

（4）民族旅游社区冲突与纷争在不断地演变。随着社会的不断发展，民族旅游社区所面对的政治法律环境、社会文化环境、经济环境、生态环境等外部因素不断发生变化，民族旅游社区利益相关群体的诉求也发生了变化。这些诉求的变化带来了民族旅游社区利益相关群体的冲突与纷争的变化。尤其需要说明的是，食、住、行、游、购、娱是旅游活动的基本要求，由于有来自四面八方的旅游者的进入，加上旅游供给涉及三大产业，涉及层面广泛，民族旅游社区的社区居民在旅游活动开展之前的较为封闭的生活环境不断被打破，民族旅游社区利益相关群体的信息量更大、见识面更广、信息的更新程度等更为快捷。随之而来的是原来处于较为封闭状态的社区居民对社会、对外界、自我认知也不断完善，其诉求也会在这种不断完善的过程中不断改变。诉求会被一定的行为表现出来，当变化着的诉求无法得到及时引导和满足时，冲突与纷争冲突就会产生。同时，由于民族旅游社区的各利益群体共同"生活"在民族旅游社区里，且与社区居民存在着互为依存的关系，当作为社区主体的社区居民的诉求发生变化且转化为实际行动时，其他民族旅游社区的利益群体的诉求也会因之而变。因此，民族旅游社区冲突与纷争具有演进和变化性特征。

（5）民族旅游社区冲突与纷争与社会资本考量密切相关。民族旅游社区完好的自然生态环境和原生态的民族文化是吸引旅游者重要的旅游吸引物，是民族旅游社区的核心旅游产品。这一核心旅游产品是以社区居民的生活环境和日常生活为基础的。民族旅游社区的经济交往就是在社区居民的生活环境和日常生活的基础上所进行的经济交往。正是在这样的情势下，旅游活动才不断地切入民族社区的生产、生活中，民族社区才成为民族旅游社区。由此可以看出，以社区居民的生活环境和以社区居民的日常生活为基础的民族文化已经创造出经济价值，成为一种社会资本。然而，由于社会资本具有价值确定的复杂性特点，长期以来，民族旅游社区的社会资本价值往往被忽略。同时，在民族旅游社区的主要利益相关者中，旅游企业、社区居民、当地政府为民族旅游社区生产和创造旅游产品，属于旅游产品供给方；旅游者消费旅游产品，属于需求方。由于旅游产品文化属性、高级消费属性，民族旅游社区的旅游产品与社会资本密切相关。当地政府、旅游企业属于组织的范畴，社区居民、属于个体的范畴，就个体与组织的力量对比而言，社区居民处于弱势的地位。同时，由于民族旅游社区居民处于社会经济、交通不够发达的偏远地区，知识面、信息量较少，也使得民族旅游社区居民处于弱势地位。这种地位的不对等，加上社会资本价值确定的复杂性，作为民族旅游社区社会资本的核心创造者——社区居民，很少或基本上没有享有这种核心资本所带来的利益。随着民族旅游社区居民商品经济思想的逐步觉醒，财产意识、维权意识的逐渐强化，一系列社会资本方面的问题产生，民族旅游社区的冲突与纷争和冲突凸显，有的民族旅游社区甚至因此引发了公共危机。

第四章 民族旅游社区利益相关者利益诉求及利益冲突实证研究

基于"利益冲突风险的潜在性",对民族旅游社区、民族旅游社区利益相关者的内涵、表征进行理论研判后,选取单个利益相关者参与经营的"居民自主"型民族旅游社区、两个利益相关者参与经营的"公司+农户"型民族旅游社区、多个利益相关者参与经营的"政府+社会公益机构+农户"型民族旅游社区作为案例点,主要运用场景分析方法,对多个观测点的研究对象展开问卷调查和深度访谈,具体分析民族旅游社区利益相关者利益诉求及利益冲突。

第一节 民族旅游社区主要利益相关者诉求分析

一、"居民自主"型民族旅游社区利益相关者诉求分析

单个利益相关者参与经营的"居民自主"型民族旅游社区选取云南省西双版纳傣族自治州的曼回索为观测点进行分析研究。

(一)曼回索民族旅游社区旅游发展情况

曼回索村小组位于云南省西双版纳州景洪市工业园区内,隶属于曼沙村委会,距离村委会2公里,距离西双版纳景洪工业园区管理委员会0.5公里。云南省西双版纳州景洪市因独特的民族人文风情和优美的自然风光吸引了旅游者,是著名旅游目的地。曼回索是景洪市有名的傣味农家乐村寨,距

离景洪市告庄西双景 7 公里，是到西双版纳一定要来的傣味美食村，很多自驾游和自由行游客晚餐时间都会慕名而来。在网络媒体发达的今天，曼回索成为网红旅游餐饮打卡地，吸引着越来越多的旅游者。

曼回索美食村，是西双版纳最早做傣味美食的村寨，不仅是旅游者聚集之地，也是当地居民享受美味的地方。烤鸡、烤鱼、青苔、菠萝饭是傣味里的精华，在曼回索村处处可见。曼回索村村民在自己家中招待远方的朋友，家家户户都做傣味美食，热情好客。纯朴的村寨特色和绝美的傣味美食成为曼回索的名片。

历史上的曼回索村小组以自烤酒闻名，如今曼回索村里掌握传统自烤酒技艺的只剩下几位大爷（傣语波涛）。大爷们年龄大，只在闲暇时烤酒，产量少，只供本村寨餐厅。拥有傣族美味的曼回索，从西双版纳景洪市的一个普通城中傣寨，成为名副其实的傣味美食村，傣家饭网红打卡地，旅游活动的开展功不可没。截至 2023 年 11 月，曼回索村小组一共有人家 82 户，其中 34 户都有着自己的特色傣味农家乐品牌，剩余 48 户人家虽然没有自己的农家乐品牌，几乎半数以上村民在村里的各家特色傣味餐饮农家乐打工。曼回索村小组的傣味餐饮之路拓宽了村民的增收渠道，提供了更多的创业就业选择，让村民能够有持续稳定的收入来源。

（二）曼回索民族旅游社区主要利益相关者诉求分析

曼回索民族旅游社区的主要利益相关者如图 4 - 1 所示。

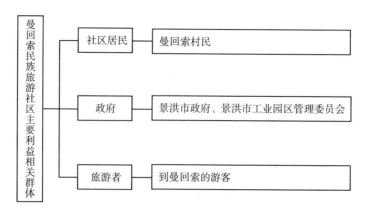

图 4 - 1　曼回索民族旅游社区的主要利益相关者

1. 曼回索旅游者诉求分析

曼回索旅游美食村，是西双版纳最早做傣味美食的村寨，村民在自己家中招待远方的朋友，热情好客的村民，纯朴的村寨特色，烤鸡、烤鱼、青苔、菠萝饭等傣味精华让旅游者流连忘返，随着网络的不断发展和自媒体的广泛传播，曼回索成为西双版纳傣家饭网红打卡地。曼回索是一个为旅游者集中展示傣族宗教、文化、服饰、饮食、建筑、生活习俗等的民族美食的旅游社区。当前，到曼回索体验傣族美食的旅游者主要是自由行游客、自驾车旅游者、团队旅游者。随着自驾车旅游方式的盛行，到曼回索的散客旅游者人数呈上升趋势，且占比越来越大。调查显示，98%的旅游者来到曼回索，寻求的是对多姿多彩的傣族美食、宗教、文化、服饰、建筑、生活习俗等感知和体验。在旅游者的感知体验过程中，曼回索傣族美食的色、香、味、形、具和美食的卫生情况，居民的态度和言行举止、环境卫生、公共设施等都对其旅游经历的"满足感"产生重要的影响。

2. 曼回索民族旅游社区居民诉求分析

旅游美食所带来的经济收益，激发了曼回索民族旅游社区居民参与傣族美食经营的热情。在经历疫情的艰难后，曼回索民族旅游社区居民更加认识到旅游活动获得所带来的影响，更为积极地投入到旅游活动中。曼回索村社区居民的利益诉求见表4-1。

表4-1 　　　　　　　　　 曼回索社区居民的利益诉求

序号	您应享有的利益	支持人数（人）	所占比例（%）
1	开发经营旅游资源并从开发经营中获益	102	100
2	良好的居住环境	72	70.6
3	获得政府政策、资金支持	90	88.2
4	要求安排就业和培训	65	63.7
5	良好的基础设施	69	67.6
6	引入更多的旅游者	80	78.4

序号	您应享有的利益	支持人数（人）	所占比例（%）
7	诚信经营，打造曼回索品牌	59	57.8
8	不管是否参与旅游都应当从中获益	68	66.7

在调查过程中，曼回索民族旅游社区居民都表达了希望能够从旅游资源开发经营中获益的愿望，希望旅游开发和经营能够使其收入增加，能够有良好的居住环境，得到就业和培训机会，获得政府政策、资金支持，打造曼回索旅游餐饮品牌。调查显示，100%曼回索居民都认为自己可以开发经营旅游资源并从开发经营中获益；88.2%的居民认为应该获得政府政策、资金支持；70.6%的居民认为自己应该有良好的居住环境；78.4%的居民认为应该引入更多的旅游者，从而增加餐饮、旅游商品等的销售收入；67.6%的居民认为应该建设基础设施。曼回索民族旅游社区居民们很欢迎旅游者的到来，认为旅游者可以给自己带来更多的收益和外部世界信息，增长收入和知识。90%的受访居民都表示不喜欢那些没有礼貌、不尊重傣族传统习俗、不讲究卫生、素质比较低的旅游者。同时，在公共基础设施等建设方面，曼回索民族旅游社区居民还存在等、靠、要的心态，绝大部分居民认为应该获得政府政策、资金支持。值得注意的是，随着曼回索民族旅游社区知名度的不断提高，一些外来创业者进入曼回索社区，原有部分居民通过租赁地产的方式来获得收入，不再开展具体的经营活动，曼回索社区中不断出现闲散下来休闲的居民。

3. 当地政府诉求分析

景洪市政府、景洪市工业园区管理委员会是曼回索民族旅游社区的重要利益相关者。景洪市政府、景洪市工业园区管理委员会对民族旅游活动的控制力度和管理导向对曼回索民族旅游活动的发展具有重大的影响。景洪市政府积极推进旅游发展，并取得成效。以2023年中秋节、国庆节假期为例，景洪市政府发布多条报道和视频，从"双节"活动预热稿件宣传再到大象内容传播，对景洪市"双节"期间推出的文旅活动及亮点内容等进行多角度宣传，被新华社、新华网、云南新闻联播、云南发布、云南网、开屏新闻、西双版纳发布等主流媒体转载采用，总浏览量和播放量超1500万次；一批网络达人及各景区景点通过抖音、快手等媒体平台发布活动相关宣传作品，累计点赞量超100万，播放量超600万，掀起了景洪市"双节"氛围高潮。2023年中秋节、国庆节假期接待游客为110.5万人次，同比增长45.83%；旅游综合收入预测为12.47亿元，同比增长74.65%[①]。这些游客中，许多人慕名前往曼回索体验美食，进行傣族美食打卡。这些举措为曼回索带来了更多的客源，为曼回索旅游餐饮和特色产品等带来了增收的可能。可以看出，景洪市政府、景洪市工业园区管理委员会希望通过曼回索的旅游餐饮活动的开发，能够增加本地居民的收入，改善居民生活条件，促进当地社会的稳定有序发展。

二、"公司＋农户"型民族旅游社区利益相关者诉求分析

两个利益相关者参与经营的"公司＋农户"型民族旅游社区选取云南省西双版纳傣族自治州的傣族园为观测点进行分析研究。

（一）傣族园民族旅游社区旅游发展情况

傣族园位于多民族省份——云南省，是云南最早开展少数民族风情旅游的少数民族村寨。自旅游开发以来，傣族园经历了最初的各利益相关者的积极合作、和谐相处，到各利益相关者纷争不断、关系紧张的过程。作为开发较早，且能集中展示民族文化特色的民族旅游社区，傣族园的冲突与纷争具有一定的代表性。

傣族园，俗称橄榄坝，傣语称勐罕，位于云南省西双版纳傣族自治州景洪市勐罕镇，距离云南省省会昆明市546公里，距离州府景洪市27公里，是一个以傣族人民及其创造、传承、承载的傣族传统文化为旅游吸引物的景区。傣族园景区隶属于勐罕镇曼听村委会，南傍澜沧江，北依龙得湖，由曼将（篾套寨）、曼春满（花蕊园寨）、曼乍（厨师寨）、曼嘎（赶集寨）、曼听（种花人居住的寨子）五个保存完好的傣族自然村寨组成，总面积336

---

① 景洪市人民政府网站。

公顷。截至 2024 年 3 月 31 日，傣族园景区由曼将、曼春满、曼乍、曼嘎、曼听 5 个保存完好的傣族自然村寨组成，共有村民 339 户、1617 人。① 傣族园内有泼水节、贝叶经制作技艺、傣族织锦技艺、曼轮制陶技艺、象脚鼓舞、赞哈、召树屯与喃木诺娜的爱情故事七项国家级非物质文化遗产。整个傣族园景区河湖环绕、绿树掩映、梵音缭绕，可以让旅游者接触南传上座部佛教文化，了解傣族的历史文化，欣赏傣族传统的手工艺制作和民间歌舞，体验傣家生活习俗。

傣族园是一个集傣族历史、宗教、文化、服饰、饮食、建筑、生活习俗、体育、生产生活等于一体的民俗生态旅游景区，是西双版纳州集中展示傣族风土人情的重要场所。傣族园现有的旅游产品包括：（1）寨门迎宾。主要内容是每天有 100 人的傣家小卜哨（卜哨为傣语，意为姑娘）以傣家礼仪迎接入园游客，为旅游者洒水祝福、跳迎宾舞、唱祝酒歌，使旅游者体验傣家人的热情、质朴和淳朴的民风民俗。（2）傣族村寨参观。主要内容是参观傣家干栏式建筑，欣赏亚热带傣家庭院风情，观赏品尝的热带水果。（3）傣家传统节日和民俗活动体验。主要内容是体验傣家传统节日和民俗活动，根据季节特点，举行赛龙舟、放高升、斗鸡、丢包、赛鼓、赶摆、赕佛等活动。（4）傣家乐体验。主要内容是向旅游者展示傣家干栏式建筑特点，让旅游者了解傣族居住环境、木楼文化，贝叶经刻写及出售，让旅游者体验傣家的待客礼仪、饮食与建筑文化。（5）歌舞表演。主要内容是反映傣族多彩的民族歌舞形式，由勐巴拉纳西艺术团向旅游者集中展示傣家的传统历史文化和傣家少女的靓丽多情。（6）天天泼水节。主要内容是 100～200 人参与的大型泼水活动，使旅游者感受傣族泼水节的气氛。（7）曼春满古佛寺。主要内容是向旅游者展示赕佛、诵经、拜佛等佛教文化活动，这一活动在具有 1400 多年历史的西双版纳古老的佛寺中进行。（8）赶摆。主要内容是让旅游者在赶摆场上尽兴品尝傣家风味烧烤和四季新鲜水果，感受傣族赶摆习俗。（9）万人宴、傣族文化传习馆体验。

---

① 资料来源：西双版纳傣族园有限公司。

（二）傣族园民族旅游社区主要利益相关者诉求分析

傣族园民族旅游社区的主要利益相关者如图4-2所示。

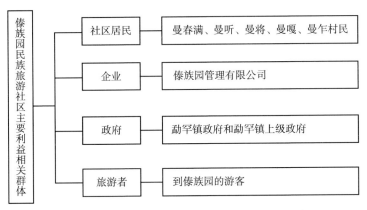

图4-2 傣族园民族旅游社区的主要利益相关者

1. 傣族园旅游者诉求分析

没有旅游者就没有旅游业，旅游者在民族旅游社区具有重要的地位。旅游者的身份具有双重属性，既是旅游产品的需求方和购买者，又是旅游产品的品鉴者。旅游经历的"满足感"是旅游者的核心利益诉求。傣族园是西双版纳傣族自治州集中展示傣族历史、宗教、文化、服饰、饮食、建筑、体育、生活习俗、生产生活等的民俗生态旅游景区。一直以来，到傣族园的旅游者大部分是团队旅游者。随着自驾车旅游方式的盛行，到傣族园的散客旅游者人数呈上升趋势。调查显示，90%的旅游者来到傣族园，寻求的是对美丽的干栏式建筑、神秘的南传上座部佛教、活化石贝叶经、热闹和舒爽的泼水节、瑰丽博大的傣族歌舞、美味的傣味烧烤、绚丽的傣族服装等独特的傣族历史、宗教、文化、服饰、饮食、建筑、体育、生活习俗、生产生活等的感知和体验。在旅游者的感知体验过程中，傣族园居民的态度和言行举止、傣族园的环境卫生、傣族园的公共设施等都对其在傣族园中旅游经历的"满足感"产生重要的影响。

2. 傣族园社区居民诉求分析

在民族旅游社区中，社区居民既是旅游经营利益的分享者和共有者，又是相应旅游活动，特别是民族旅游活动的参与者和服务者。在旅游活动中，民族旅游社区居民的行为和态度直接影响到旅游者的旅游体验质量，影响到旅游者对民族旅游目的地的印象。调查显示，傣族园社区居民的月收入的基本情况为：12.92%的居民月收入为1350元以下，51.67%的居民月收入为1350~3500元，30.62%的居民月收入为3500~5000元，3.83%的居民月收入为5000~12000元，0.96%的居民月收入为12000元以上（见图4－3）。

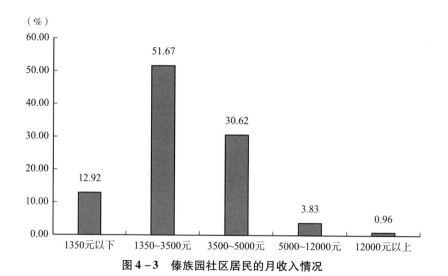

图4－3 傣族园社区居民的月收入情况

在调查过程中，傣族园社区居民都表达了希望能够从傣族园旅游资源开发经营中获益的愿望，希望旅游开发和经营能够使其收入增加，能够得到就业和培训机会，获得政府政策、资金支持，生活环境得到改善。调查显示，100%的傣族园民族旅游社区居民认为自己应该从傣族园旅游资源开发和经营中获益；75.6%的居民认为自己应该得到合理的土地补偿费用；73.2%的居民认为应该拥有良好的居住环境；56.1%的居民认为应该参与分红，提高收入。同时，傣族园民族旅游社区居民很欢迎旅游者的到来，认为旅游者可以给自己带来更多的消费和外部世界信息，增长收入和知识。90%的受访居民都表示不喜欢那些没有礼貌、不尊重傣族传统习俗、不讲究卫生、素质比较低的旅游者。傣族园社区居民的利益诉求见表4－2。

表4－2　　　　　　　　　傣族园社区居民的利益诉求

序号	您应享有的利益	支持人数（人）	所占比例（%）
1	开发经营傣族园旅游资源并从开发经营中获益	41	100
2	合理的土地补偿费用	31	75.6
3	良好的居住环境	30	73.2
4	参与分红，提高收入	23	56.1
5	不管是否参与旅游都应当从中获益	20	48.8
6	要求公司安排就业和培训	14	34.2
7	可以自由地成为经营户接待游客	10	24.4
8	获得政府政策、资金支持	9	22
9	参与公司的管理和决策	6	14.6

3. 傣族园管理公司诉求分析

旅游企业是民族旅游社区旅游活动的开发者和执行者，是实现民族社区旅游资源向旅游产品转化的主要力量，其资金实力、产品开发与经营、管理能力以及市场开拓力的高低是决定民族地区旅游开发成败的重要因素。实现利润的最大化、追求经济利益是旅游企业的重要目标。在对傣族园管理公司58位中高层和基层员工的调查中显示：79.3%的员工认为公司具有开发经营傣族园旅游资源并从开发经营中获益的权益；75.8%的员工认为公司应该要求村民保护和传承传统文化；74.1%的员工认为公司应该获得政府政策、资金支持；75.8%的员工认为村民应该与公司配合；82.8%的傣族园管理公司员工认为公司向60岁以上老人、一些贫困户和学生发放补贴的行为应该得到村民政府、社会的认可、支持、理解和尊重；69%的员工认为领导、员工、公司及其开发经营行为被社会、公司和政府理解、认可、尊重；在开发经营的过程中，如果村民与村民之间产生矛盾，69%的员工希望他们能够采取合理方式解决（见表4-3）。

表4-3 傣族园管理公司员工的利益诉求

序号	您认为公司应享有的利益	支持人数（人）	所占比例（%）
1	开发经营傣族园旅游资源并从开发经营中获益	46	79.3
2	公司向60岁以上老人、一些贫困户和学生发放补贴的行为得到村民政府、社会的认可、支持、理解和尊重	48	82.8
3	要求村民保护和传承传统文化	44	75.8
4	获得政府政策、资金支持	43	74.1
5	领导、员工、公司及其开发经营行为被社会、公司和政府理解、认可、尊重	40	69
6	要求村民与公司配合	44	75.8
7	如果村民在开发经营方面与村民有矛盾，要求他们采取合理方式解决	40	69

以上调查显示，傣族园管理公司对自身的经济利益认知非常明确，就是开发经营傣族园旅游资源，并从开发经营中获益。同时为了追求社会利益和精神利益，傣族园管理公司还将合理开发和保护傣族传统文化、维护游客权益、提高游客满意度、缴纳税费、扩大市场作为自己追求的目标。

4. 当地政府诉求分析

政府部门对民族旅游活动的管理导向和控制力度对民族旅游活动的发展具有重大的影响。政府部门通常是民族地区旅游开发的主导力量。随着旅游活动带动效应的不断显现，许多民族地区的政府部门已经将旅游活动作为促进民族地区地方经济发展、实现跨越式发展的重要手段。在这一诉求的驱动下，1998年，在景洪市政府的牵头下，傣族园公司与勐罕镇政府签订了土地租用合同，为期50年，每十年续签一次。2002年景洪市人民政府为了促进傣族园的稳定有序发展，颁布《傣族园社区综合管理办法》，成立西双版纳傣族园风景区管理委员会。管委会主任由景洪市主管旅游的市长（副市长）担任，常务副主任由景洪市勐罕镇主要领导出任，市旅游局和傣族园公司各派一名副主任。管委会成员由市旅游局、公安局、民宗局、工商局、计经委、财政局、税务局、土地局、文体局、建委、交通局等主管部门各派一名委员组成。2008 年 8 月，西双版纳傣族自治州政府颁布了《西双版纳傣族自治州保护干栏式建筑的具体措施和办法》。以上措施可以看出，景洪市政府及直管傣族园的勐罕镇政府都希望通过傣族园旅游活动的开发，能够增加居民收入，改善居民生活条件，促进当地社会的稳定有序发展。

三、"政府＋社会公益机构＋农户"型民族旅游社区利益相关者诉求分析

多个利益相关者参与经营的"政府＋社会公益机构＋农户"型民族旅游社区选取云南省红河哈尼族彝族自治州阿者科村为观测点进行分析研究。

（一）阿者科民族旅游社区旅游发展情况

阿者科村，海拔 1880 米，始建于 1855 年，是云南省红河州元阳县新街镇爱春村委会下的一个自然村。阿者科聚居着 60 多户哈尼族人家，保存着最为完好的蘑菇房，留存着哈尼族传统文化。阿者科村是红河哈尼梯田遗产的 5 个重点村寨之一，同时也是第三批国家级传统村落。

截至 2023 年 6 月，阿者科村尚未修通公路，只靠着一条百年石道与外界相连。阿者科的这条石道，崎岖且狭窄，不能行车，只能徒步。这条石道使阿者科村既拒绝了外世的繁华与发展，也守护了村寨的平和与静谧。阿者科好似一颗遗落凡尘的明珠，直至 2011 年才因哈尼梯田世界遗产申报工作而被发现。阿者科作为 5 个遗产重点村寨（阿者科村、垭口村、牛倮普村、全福庄中寨、上主鲁老寨）之一，成为展示哈尼族活态文化遗产的窗口，让世界得以一窥全貌。2014 年阿者科入选第三批国家级传统村落。

阿者科的旅游活动围绕着世界文化遗产元阳梯田、哈尼小镇和梯田博物

馆、阿者科入村古道、寨神林和山神水、蘑菇屋、活态哈尼村落、古树广场、水碾房和磨秋场、峡谷观景台、胜村赶集而展开。元阳梯田景观核心区设三大正式观景台，即多依树、坝达及老虎嘴观景台，由景区公司进行统一管理及销售门票。

三大观景台中，因其不同的位置与角度，多依树观景台是观赏、拍摄日出云海梯田的最佳点位之一，坝达和老虎嘴观景台则更适合拍摄日落。由于多依树观景台多雾气，拍摄梯田日出的成功率有时不高，而日落则更容易捕捉。黄昏时分，随着夕阳的光线变化，梯田的色彩也随之变化，带来奇妙视觉享受。阿者科入村古道是一条崎岖不平的长长山路，充满棱角却又异常光滑。这条 160 年历史的古道，静静地守护着山坡下的村庄。路边随风摇曳的野草野花，偶尔闪现的小虫小鸡，呈现了哈尼古村落的宁静、古朴和纯粹。寨神林中雨水降落深林，密林涵养水源，寨神林因而被奉为与神明相通的场所。汩汩水流经过蜿蜒曲折的人工沟渠到达村内，再一路向下灌入梯田，串起了哈尼族人的世代传承。阿者科是目前元阳哈尼梯田区域蘑菇屋保存最完整的村寨之一。哀牢山区年均降雨量为 1300 ~ 1400mm，为了防止渗漏，哈尼族人在屋面上立起木架，再在其上沿斜面铺盖茅草，形成了蘑菇顶的独特外观。在阿者科，哈尼族人的生活正在发生改变，不仅有用板蓝根和传统工艺敲染的长条布段，还有穿着哈尼族传统服装的阿丕、阿嫂和孩子们。哈尼文化的传承，在日常的点滴中、在奔跑追逐的孩子们身上、在每一户人家的烟火中都清晰可见。活态哈尼村落为旅游者带来了传统文化的深刻体验。

阿者科村特殊的地理位置和交通状况使得阿者科村经济发展落后，且经济发展缓慢。为了生计，许多青壮年外出打工。阿者科村留守人员大多是老年人和儿童，人口空心化现象严重，传统生产生活方式难以为继。2018 年 6 月，中山大学发挥旅游学科优势，联合当地政府，发起了"阿者科计划"这一公益援助项目，力争推动阿者科的发展。该计划开展知识下乡，用培训的方式帮助阿者科村民提升能力，从而有能力开展乡村旅游，帮助村民用自己的双手实现脱贫致富，为家乡的遗产保护和乡村振兴贡献自己的力量。阿者科成为典型的"政府＋社会公益机构＋农户"型民族旅游社区。

（二）阿者科民族旅游社区主要利益相关者诉求分析

阿者科民族旅游社区的主要利益相关者如图4-4所示。

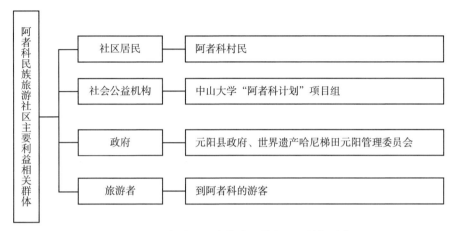

图4-4　阿者科民族旅游社区的主要利益相关者

1. 阿者科旅游者诉求分析

阿者科是国家级传统村落，是哈尼梯田世界文化遗产申遗重点村之一。阿者科是一个活态的哈尼族古村落，是为旅游者集中展示哈尼族历史、宗教、文化、服饰、饮食、建筑、体育、生活习俗、生产生活等的民俗生态旅游景区。在阿者科民族旅游社区中，旅游者既是阿者科民族旅游社区旅游产品的需求方和购买者，又是阿者科民族旅游活动的受益者。旅游经历的"满足感"是旅游者的核心利益诉求。当前，到阿者科的旅游者有自助游游客、团队旅游者、科研团体、志愿者、政府工作人员。随着自驾车旅游方式的盛行，到阿者科的散客旅游者人数呈上升趋势，且占比越来越大。调查显示，在阿者科旅游者中，90%的旅游者是奔着绚丽的元阳梯田文化遗产、活态哈尼村落、神秘的寨神林和山神水、古老的蘑菇屋、淳朴的胜村赶集而来，旅游者想要寻求哈尼族历史、宗教、文化、服饰、饮食、建筑、体育、生活习俗、生产生活等的感知和体验。在旅游者的感知体验过程中，阿者科居民的态度和言行举止、阿者科的环境卫生、阿者科的公共设施等都对其在阿者科中旅游经历的"满足感"产生重要的影响。

2. 阿者科社区居民诉求分析

在调查过程中，阿者科社区居民都表达了希望能够从旅游资源开发经营中获益的愿望，希望旅游开发和经营能够使其收入增加，能够得到就业和培训机会，获得政府政策、资金支持，生活环境得到改善。居民们希望增加旅游业发展，打响阿者科名誉，游客的增多带来收入、就业机会等一系列好的发展。见表4－4，100%的阿者科居民认为自己应该从旅游资源开发与经营中获益；76.9的居民认为应该有良好的基础设施；78.8%的居民应该拥有良好的居住环境；100%的居民认为自己参与了分红，增加了收入。对于旅游者，阿者科社区居民很欢迎旅游者来到阿者科，居民们认为旅游者可以给阿者科带来了更多的收入，同时，旅游者带来更多的消费和外部世界信息，增加了阿者科社区居民对外部世界的了解。90%受访居民都表示不喜欢那些没有礼貌、不尊重傣族传统习俗、不讲究卫生、素质比较低的旅游者。多年来阿者科经济发展落后，村落人口空心化严重，近年来居住在阿者科的村民多为老年人和儿童，部分青年人开始返乡。

表4－4　　　　　　　　　　阿者科社区居民的利益诉求

序号	您应享有的利益	支持人数（人）	所占比例（％）
1	开发经营旅游资源并从开发经营中获益	112	100
2	良好的基础设施	86	76.9
3	良好的居住环境	88	78.8
4	参与分红，提高收入	112	100
5	不管是否参与旅游都应当从中获益	108	96
6	要求安排就业和培训	64	57.7
7	可以自由地成为经营户接待游客	13	11.5
8	获得政府政策、资金支持	68	61.5
9	参与旅游社区的管理和决策	85	75.9

3. 中山大学"阿者科计划"项目组诉求分析

中山大学旅游学院的师生为了解决保护与发展的问题，发挥旅游学科优势，联合当地政府，于 2018 年 6 月发起了"阿者科计划"这一公益援助项目。该计划通过开展知识下乡，用培训的方式帮助阿者科的村民提升能力，引导阿者科村民运用自身优势开展乡村旅游，帮助村民用自己的双手实现脱贫致富，为家乡的遗产保护和乡村振兴贡献自己的力量。目前项目团队已派出了在读博硕士研究生 7 人前往实地驻村工作，随时指导、监督、反馈阿者科计划的实施进展。不仅与村民同吃同住、了解群众真实情况，而且培训村民经营旅游接待的技能、培育村民传承和传播民族文化遗产的责任意识。阿者科计划通过分红原则将遗产保护的思想和村民的利益诉求绑定，使村民们逐渐认识到家乡和民族的文化价值，从而调动村民参与旅游的积极性。目前阿者科已成功举办三次分红大会，累计向村民总分红超过 30 万元。

4. 当地政府诉求分析

元阳县政府、世界遗产哈尼梯田元阳管理委员会是阿者科民族旅游社区的重要利益相关者。元阳县政府、世界遗产哈尼梯田元阳管理委员会对民族旅游活动的控制力度和管理导向对民族旅游活动的发展具有重大的影响。与中山大学"阿者科计划"项目组联合，元阳县政府、世界遗产哈尼梯田元阳管理委员会成为阿者科民族旅游社区旅游开发的主导力量。当前，元阳县政府、世界遗产哈尼梯田元阳管理委员会通过主导阿者科的旅游开发，使得旅游活动作为促进阿者科民族旅游社区经济发展、促进社区脱贫和实现跨越式发展的手段。自 2019 年至 2024 年的 6 年间，阿者科民族旅游社区举行了十次乡村旅游发展分红大会。六年来，阿者科民族旅游社区的 65 户村民累计分红 233.25 万元，平均每户累计获得分红 35885 元。其中，43 户（66%）村民按照 100% 比例分红，每户累计分红 41740 元。从以上实践可以看出，元阳县政府、世界遗产哈尼梯田元阳管理委员会希望通过阿者科的旅游活动的开发，能够增加居民收入，改善居民生活条件，促进当地社会的稳定有序发展。

第二节　民族旅游社区利益相关者利益冲突分析

一、民族旅游社区利益相关者利益冲突的具体表现

（一）"居民自主"型民族旅游社区利益冲突的具体表现

单个利益相关者参与经营的"居民自主"型民族旅游社区选取云南省西双版纳傣族自治州的曼回索为观测点进行分析研究。

曼回索村是一个由村民自发建设并形成规模的旅游美食村。最初，所有曼回索傣味餐饮的经营者都是本村居民，经营人员主要以家庭成员为主。后来，一些外来创业者进入曼回索民族旅游社区，成为社区经营的一员。由于没有外来公司介入，曼回索民族旅游社区的利益冲突主要是社区居民之间、社区居民与政府行政管理部门之间、旅游者与社区旅游经营者的利益冲突。曼回索民族旅游社区的利益冲突表现如下。

1. 社区居民之间的利益冲突

曼回索民族旅游社区居民之间的利益冲突主要体现在因发展观念差异和文化发展观差异引发的冲突。近年来，曼回索民族旅游社区名气不断扩大，越来越多的旅游者来到曼回索。随着人员交往与交流的增加，特别是人们文化水平的提高，曼回索民族旅游社区的部分居民开始思考可持续发展的问题。一些社区居民自觉提高菜品质量、关注餐饮卫生、改善经营环境。然而，也有部分社区居民缺乏可持续发展意识，仅关注眼前利益，只看到目前的经营良好，对餐饮卫生、餐饮服务、餐饮环境等的重视不够，因此，曼回索民族旅游社区的旅游经营存在着良莠不齐的现象。

在文化发展方面，对民族文化推广的观念不一致。大部分曼回索社区居民更多地关注餐饮经营目前收入，对民族文化推广不关注。民族文化弘扬与宣传或许不难，难的是继承与保留、传承。在历史上，曼回索村小组以自烤酒闻名。如今，曼回索村里掌握传统自烤酒技艺的只剩下几位大爷。大爷们

年龄大，只在闲暇时烤酒，产量少，只供本村寨餐厅。以曼回索村小组长岩罕拉为代表的居民认为应依托曼回索村寨的特色历史文化，打造曼回索自烤酒品牌，从而获得长远发展。

另外，由于旅游经营收入的差异，曼回索社区居民之间也存在收入高低引发的心理落差。

2. 社区居民与政府行政管理部门之间的利益冲突

曼回索民族旅游社区居民与政府行政管理部门之间的利益冲突主要体现在生态环境保护、居民发展、生活环境改善、基础设施建设等方面，生态环境保护是国家发展的重要问题。景洪市政府、景洪市工业园区管理委员会希望通过曼回索的旅游餐饮活动的开发，能够增加居民收入，改善居民生活条件，促进当地社会的稳定有序发展。在曼回索旅游社区，存在着政府部门从区域可持续发展的角度要求曼回索的餐饮经营者安装油烟净化设备，而曼回索的餐饮经营者因需要支出费用而不按时、不按要求进行安装的现象。在西双版纳傣族自治州生态环境局景洪分局的官网上多次看到这些现象的通报。在曼回索民族旅游社区口碑扩大后，一些外来商户也参与到曼回索的餐饮经营中，曼回索居民不仅可以通过自己经营傣味餐饮获得收入，还可以通过租赁房屋来获得收入。一些经营者只看到目前的经营良好，对餐饮卫生、餐饮服务、餐饮环境等重视不够，一些居民不再直接从事生产经营，而是仅仅通过收租来生活，这些现象与政府部门主导的高质量发展相悖。同时，在调查中，曼回索社区居民希望政府行政管理部门能够给予基础设施建设方面的支持，进一步提高生活环境。

3. 旅游者与社区旅游经营者之间的利益冲突

曼回索民族旅游社区旅游者与社区旅游经营者之间的利益冲突主要体现在公共服务方面。作为西双版纳傣族自治州最早做傣味餐饮的民族旅游社区，曼回索民族旅游社区从最初的本地人吃饭聚集，到现在多是外地旅游者打卡拍照的地方，在对傣味餐饮夸赞的同时，旅游者表达了节假日到曼回索停车难、村寨里堵车、无路标等公共服务的不足之处。节假日大幅度涨价的旅游产品也是引发旅游者心理落差的重要原因。同时，那些没有礼貌、不尊重傣族传统习俗、不讲究卫生等素质比较低的旅游者也不受到曼回索民族旅游社区居民的欢迎。

(二)"公司+农户"型民族旅游社区利益冲突的具体表现

两个利益相关者参与经营的"公司+农户"型民族旅游社区选取云南省西双版纳傣族自治州的傣族园为观测点进行分析研究。

随着商品经济的不断发展，市场观念不断的渗透，傣族园社区居民的价值观念的日趋多元化，传统意识、群体意识形态不断弱化，傣族园社区居民的参与意识和参与行为从以往的高度统一逐渐走向分化，以往可以通过政府做动员、劝说、教育进行的方式进行矛盾的疏解，现在，这种疏解方式的效果大为下降。在矛盾纷争得不到有效疏解的情况下，傣族园各利益相关者之间的矛盾、纷争逐渐地凸显了出来，主要体现在以下方面。

1. 土地出租方面的冲突与纷争

在傣族园初建园时，傣族园管理公司以"整体承租"的形式，与傣族园社区居民签订了土地租用合同。在傣族园管理公司与傣族园村民的土地租用合同中，约定在土地出租期内，傣族园社区居民不得将出租的土地转租其他人，且土地租金的支付以傣族园管理公司实际占有的土地面积为准。随着社会经济的发展，贸易机会的增多，土地作为一种资源，不断得到升值。

随着周围经济环境的变化，傣族园的土地租用在租用面积和租用价格上产生了一系列的问题。一方面，按照合同规定，管理公司以300元/亩为基数递增的费用向傣族园社区居民支付租金，截至目前租金不超过500元/亩；虽然合同中约定的租用土地为336公顷，但实际傣族园管理公司使用土地仅930亩，且规定傣族园社区居民不得将未占用的土地转租其他人。同时傣族园管理公司仅对这实际占有的930亩土地面积支付租金。另一方面，傣族园旅游社区周边土地租金价格上涨幅度很大，远远超过管理公司支付的价格。以2015年为例，傣族园社区居民周边土地租金价格上涨到了2000~4000元/亩（2015年以后，土地价格涨幅不大），而傣族园社区居民得到的土地租金却不到500元/亩，傣族园的土地租金不到村民周边土地的租金的1/4，傣族园社区居民的心理落差急剧下降；景区内部及附近多处田地由于傣族园管理公司的不得将承诺租用给公司的土地转租给其他人使用的硬性规定而荒废，这些荒废的田地与周边田地的不断上涨形成反差，引发了矛盾。在傣族园建园初期所签订的合同已经不能满足村民的诉求，傣族园土地出租方面的冲突与纷争凸显。

2. 景区门票方面的冲突与纷争

在中国，旅游目的地旅游业的主要收益来自旅游景区的门票，中国的旅游经济常被称为门票经济。在门票经济情势下，旅游景区门票一直是各利益相关者主要争端的核心。作为民族旅游社区的傣族园景区也不例外。在傣族园民族旅游社区中，关于景区门票的冲突与纷争主要集中在两个方面：景区门票价格的冲突与纷争和景区门票收入分配的冲突与纷争。

首先，在景区门票价格方面，傣族园民族旅游社区利益相关者的冲突与纷争主要是景区门票费用的高低之争。自 1999 年 10 月傣族园景区开始营业以来，傣族园景区门票价格从最初的门市价 5 元/人上涨到当前的门市价 190 元/人（说明：190 元为套票价格，非套票的门票价格为 65 元）。傣族园民族旅游社区居民认为门票定高了，认为高门票定价使得旅游者到傣家乐进行消费综合费用增加。这种潜在的支出无形中提高了门票的价格，高价格使旅游者望而却步，这种状况在很大程度上阻碍了傣家乐的客流量的增加。旅游企业——傣族园管理有限公司则认为门票价格不够高，并强调公司对傣族园投资了 8700 多万元，需要通过门票收入来平衡支出，来获得投资回报。在傣族园景区的投资金额方面，傣族园民族旅游社区居民与傣族园管理公司之间也存在着争议。社区居民们认为，现在使用的傣族园景区大门、傣族园泼水广场等主要设施都是由广东东莞信益实业有限公司进行投资新建，傣族园管理公司只是对景区内道路进行修整，其投资金额并未达到公司所说的 8700 多万元。傣族园管理公司则指出，信益实业有限公司撤资后，傣族园管理公司就实际承担了所有傣族园景区的债权债务，对傣族园景区做了大量投资。

其次，在门票收入分配方面，主要是对景区分配门票收入的分配方式和分配多少之争。在傣族园景区的具体运行中，傣族园管理公司承诺每年对五寨村民从税后的门票收入中取出 10% 的金额进行整体经济补偿，并且按户进行分配，每户居民所得的补偿金额与景区税后门票收入直接挂钩。这种分配方式由于门票收入的不透明引发争议与纷争。傣族园的社区居民普遍认为现在的门票分配方式存在着不透明性和不确定性，村民对门票收入无法开展实际监管，村民们看到的有关景区门票收入的资料仅仅只是傣族园公司单方面公布的数据，具体的门票收入如何、数据是否真实性都没有令人信服的依据。同时，社区居民认为傣族园景区的主要旅游资源是典型的竹楼院落、佛寺、傣族节日、日常生活风情、自然环境等文化资源和自然资源（田艳，2010），而傣族园管理公司的经济补偿只包括干栏式建筑保护补偿以及其他公司承诺的补偿，这种补偿不合理。傣族园民族旅游社区居民们认为，傣族园管理公司与五寨村民签订了土地租用合同，仅仅只是支付了土地租金，而对于作为傣族园的重要旅游产品的五寨村民的民居、风土人情等村民们所拥有的资源景观，傣族园管理公司并没有进行补偿。同时，傣族园管理公司只是租用了土地，只支付了土地使用费，但是对于民风民俗等资源景观却没有给予村民经济报酬，租用土地变相为"借用"所有的资源景观，而这些景观是村民们所拥有的。村民不仅从来没有从傣族园公司"资源景观借用"的行为中获得应有经济酬劳，而且应该得到门票分成的比例较低。

3. 居住环境方面的冲突与纷争

傣族园居住环境方面的冲突与纷争主要体现在傣族传统建筑异化与保护方面的冲突与纷争以及噪声污染和安全感方面的冲突与纷争上。

在傣族传统建筑异化与保护方面，以竹和木为材料的傣族传统的干栏式建筑为单幢建筑，其中，竹子用来做墙、掾、檩、栏、梯、楼面等，木材用来做房架，用榫卯或者竹篾绑扎的方式来连接建筑里的各个部件。这种建筑，俗称竹楼。竹楼的房顶多以泥瓦覆盖，不设门、不加锁。各家的竹楼自成院落，各宅院之间有小径相通。干栏式建筑是傣族传统的建筑，是傣族民风民俗的主要体现，也是傣族园这一民俗生态旅游景区的重要吸引物。近年来，随着市场经济的发展和人们观念的变化，傣族园传统民居异化现象凸显，相较于传统傣族民居而言，异化的民居建筑用钢筋、水泥和琉璃瓦来打造，安装门窗，配置房锁。民居是傣族文化的重要组成部分，民居的异化也使得傣族民族文化发生异化。

异化了的傣族民居带给旅游者的满足感极大地减少影响到了傣族园景区

的发展。关于傣族民居异化的问题，傣族园社区居民们认为，景区的长远发展跟他们并没有直接的利害关系，对自己居住的房屋进行改造是在法律许可的范围内对自身的私有财产进行的改变。琉璃瓦美观、耐用性强，传统竹楼所使用的泥瓦在经过 3~5 年的雨水冲刷之后，泥瓦会变黑，影响美观，泥瓦的耐用性不及琉璃瓦，需要重新更换的时间较短。况且，傣族园管理公司采用一次性补偿的方式，补偿费用是 15000 元，对房屋使用泥瓦的居民进行补偿。每户居民得到的费用只是一次性补助，且这笔补助费用较少，是无法完全支付原有住户更换泥瓦的费用，泥瓦的费用高，琉璃瓦的费用低。如果使用色彩鲜艳的琉璃瓦住户就能够用补偿费用修好房屋。另外，建筑房屋的木材花费越来越大，这成为社区居民们逐渐对干栏式建筑进行改变的另一个非常重要的原因。在当地，木材的花费占傣楼建造费用的比重很大，以修建一座 130 平方米的傣楼为例，所需要的修建费用大致需要 60 万元。在整个费用中，修建的木材花费占据了整个建房费用的绝大部分。由于傣楼所需的主干木材至少需要 40 年的生长时间，质量高的木材较难得到，且我国注重环境保护，注重对树木的保护，砍伐大龄树木的要求非常严格。这些年，通过从泰国、缅甸等国家进口木材居民有了傣族村民建筑的原料。然而这些木材的相应费用很高，其中高昂进口费用就使得不少村民对木材"望而却步"。傣族园管理公司认为，这种由于民族文化的变异及其引发的一系列社会变化，降低了旅游资源的原有价值（李宏和李伟，2010），与傣族园的对外形象不相符，导致景区吸引力的下降，影响到了傣族园的长远发展，傣族园管理公司极力要求村民进行修正。管理公司与社区居民在傣族居民方面的诉求差异，使得傣族园内的干栏式建筑异化问题和矛盾不断升级。

在噪声污染和安全感方面，傣族园居民对泼水广场大喇叭、电瓶车、风俗习惯方面颇有怨言。自 1999 年，傣族园公司筹资 600 万元修建了泼水广场，向中外游客展示傣族传统文化中知名度很高的一项文化：泼水节。泼水节活动从下午三点正式开始，但是从一点半时，泼水广场的大喇叭就开始高分贝地播放音乐了。这导致周围的居民无法午休。附近居民因此意见很大。同时，傣族园管理公司为了加快游客的流通速度和保护傣族园的环境，购置了电瓶车，并将电瓶车这一项目发包给外来经商户。此做法使得电瓶车的经营权和就业机会都给了外来者，这种做法引发了傣族园居民的不平等感，傣族园居民与傣族园管理公司的矛盾增加。加上电瓶车司机为了多拉快跑，电瓶车速度非常快，使得傣族园居民缺乏安全感。在多次向傣族园管理公司反映无果后，更加剧了居民与傣族园管理公司的矛盾。另外，傣族人"讲卫生，爱清洁"的民风民俗受到了挑战（郭净等，1999）。从发展旅游业后，大量游客涌入傣族园，很多游客不尊重傣家习俗，游客的不良行为招来了傣族园居民，甚至是傣家乐经营户的不满，非经济利益冲突产生。

4. 村民之间的冲突与纷争

民族旅游开发中出现的贫富分化、原有的核心价值向"经济利益法则"转化等问题（李宏和李伟，2010），使得傣族园民族旅游社区中村民间的冲突与纷争不断发生。傣族园村民之间的冲突与纷争主要体现在管理公司的相关职能所带来的冲突与纷争和村民们在参与旅游经营活动后所产生的冲突与纷争。

在管理公司的相关职能所带来的冲突与纷争中，集中表现为因地理位置、旅游资源丰度、就业安置等差异产生的矛盾与纷争。首先，傣族园景区中的曼春满、曼听、曼将、曼嘎、曼乍五个村寨，虽然都隶属于一个村委会——曼听行政村，但由于各个村寨的地理位置、旅游资源丰度等方面的差异，五个村寨来自旅游开发的收益却截然不同。具体而言，以曼将村为例，该村的位置虽然处于傣族园景区大门与傣族园停车场之间，是旅游者最先接触的村寨，然而，由于到达傣族园的旅游团队或者自驾车旅游者在停车场下车后，就乘坐电瓶车直接到国家非物质文化遗产展示区、曼乍佛寺、曼春满、大佛寺塔包树等众人熟知的旅游景点观光游览，这些景点正好在曼乍、曼春满、曼听等村寨。可以看出，曼将村在吸引游客、延长游客停留时间等方面上存在着劣势，相应的曼将村村民因游客所获得的收入相对较少。而曼春满则由于拥有的旅游景点数量最多，能够吸引更多的游客，且有机会延长游客停留在此处的时间，曼春满的这种优势地位使得曼春满村的村民因游客所获得的收入相对较多。

其次，由于傣族园景区原有的道路设计和管理公司的相关行为，各个村寨从旅游开发中获得的亦不同。在傣族园景区原有的游览道路设计中，景点之间的主要游览的旅游道路是水泥道路串联的，而距离旅游景点远的偏僻道路则仅仅是用红砖铺设的。在主要游览道路两旁，清洁美观，由于便于识别和到达，主道两旁的游客数量较多，相应的主道两旁的傣族村民家庭收入较高，傣家竹楼看上去更为华丽；而处于红砖路旁的傣家村民，距离旅游景点远的偏僻道路则仅仅是用红砖铺设的，到达这些景点的旅游者的数量较少，相应旅游收入也较少，傣楼也显得较为破落。这种状况之间导致了傣族园民族旅游社区内部居民之间的贫富差异，社区居民间心理不平衡加剧。同时，由于傣族园管理公司只是按照旅游景点所在的具体位置给相应村寨发放旅游景点"租借费用"，这种方式使得原有的收入差距更加拉大，由此加剧了傣族园内各寨村民之间的心理落差。

再次，在傣族园民族旅游社区中，不同的家庭其成员在傣族园管理公司就业的人数以及从事的工种的不同，傣族园村民的家庭经济收益也截然不同。傣族园管理公司招收傣族园社区居民进行工作，解决了部分村民的劳动就业问题，使五寨的村民由农民变成员工，使这部分村民由此有了稳定的经济收入。据统计，截至 2023 年 10 月 31 日，傣族园管理公司有正式员工 609 人，有 239 人为五寨村民，只占傣族园村民的 14.21%。其中包括了讲解员 22 人；咨询员 3 人；保安 41 人；环卫园艺 65 人；民族民间艺人 42 人；舞蹈、泼水演员 50 人；漂流 10 人；电瓶车驾驶员 6 人。虽然，五寨村民员工占傣族园管理公司员工的比例有所增长，但是，大部分村民的就业问题未能得到有效解决，五寨村民员工的收入较低，工资从 800 元 ~ 3000 元不等。因此，傣族园民族旅游社区的居民普遍认为，旅游业没有给自己和家庭带来较大的实惠，自己家庭收入不依靠旅游业，林业和种植业等是自己家的重要收入来源。在这样的情况下，傣族园民族旅游社区的居民与傣族园管理公司之间的利益共同点减少。此外，在傣族园景区上班的傣族园社区居民主要从事环卫、保安等工作，平均月工资为 1800 元，与管理层的收入相比，从事这些基础工种的社区居民的收入都不算高，可以说是薪酬水平较低。1800元的月工资不能全面满足他（她）们的基本生活需求。然而，还有应聘要求但没有应聘上岗位的，与那些没有被录取的居民相比，有一定工资收入的居民尽管收入不高，可是仍有一定经济利益。这种状况导致了因招工引起的心理不平衡方面的矛盾和纷争。

最后，社区居民在参与旅游经营活动后，在以往的社会交往中加入了频繁的经济交往。经济交往的竞争性也给他们原来和谐的人际关系加入了许多不和谐的音符。无论是因为开傣楼还是经营傣家乐，同类经营中面对的是客源的竞争，为了争夺客源，吵架也就难以避免。傣族村寨的人喜欢嫁在本村，这使全村人中80%的人家之间有千丝万缕的亲戚关系。但自打搞了旅游，为了拉客，为了赚钱，原来的好亲戚也有了矛盾和纷争（孙九霞和保继刚，2004）。

5. 景区公共基础设施的建设方面的冲突与纷争

1998年以来，国家发展改革委开始实施农村电网改造，广大农村的供电网络得到了巨大的改变。然而，由于观念的不统一，西双版纳傣族园景区内的供电网络并未得到改造升级。在傣族园景区中，变压器随意安置，随处可见电线任意搭接的现象。这种现象给傣族园景区内的村民以及游客带来了巨大的人身安全隐患。由于傣族园里缺少污水处理系统，傣族园景区内的许多生活污水未经处理就直接排放，景区内可以看到污水乱流的现象。这些现象不仅严重影响了傣族园的旅游环境，影响了傣族园的整体形象，还影响了傣族园民族旅游社区的生活质量。

事实上，社区的供水、供电和污水处理等基础设施建设属于市政公共建设范畴，仅凭社区个体居民是无法有效完成的。一直以来，傣族园建设中的公共基础设施问题一直是地方政府和傣族园管理公司争议的重点，谁管、归属谁的问题一直没有定论。由于傣族园管理公司与五寨村民签署过合同。在合同中明确约定，景区内的自来水、供电网络的改造、污水排放管道的铺设等公共基础设施由傣族园管理公司承担，相应费用由傣族园管理公司支付。因此，当地政府认为，傣族园景区内的公共基础设施的建设不属于地方政府公共基础设施的建设内容，景区内的供电网络的改造、自来水、污水排放管道的铺设等一系列公共基础设施建设应由傣族园管理公司承担，当地政府要求傣族园管理公司履行合同。而傣族园管理公司则认为，虽然当初签订的合同中，景区内的供电网络的改造、自来水、污水排放管道的铺设等一系列公共基础设施建设由傣族园管理公司承担，但是供电、供水和污水处理等基础设施建设属于公共基础设施，而且是不可或缺的一部分，因此，这些建设属于地方政府公共服务的职能范畴，且当初的合同是在当地政府的协调中签订的，合同中的这一条款存在着不合理之处，所以，傣族园景区内的基础设施建设不应该由公司承担。

（三）"政府＋社会公益机构＋农户"型民族旅游社区利益冲突的具体表现

多个利益相关者参与的"政府＋社会公益机构＋农户"型民族旅游社区选取云南省红河哈尼族彝族自治州阿者科村为观测点进行分析研究。

1. 居住环境方面的冲突与纷争

阿者科民族旅游社区居住环境方面的冲突与纷争主要体现在阿者科传统蘑菇房建筑与居民日益增长的生活水平需要之间的冲突与纷争。到阿者科旅行的旅游者90％是来寻求绚丽的元阳梯田文化遗产、活态的哈尼村落、神秘的寨神林和山神水、古老的蘑菇屋、淳朴的胜村赶集所带来的哈尼族历史、宗教、文化、服饰、饮食、建筑、体育、生活习俗、生产生活等的感知和体验。76.9％的居民认为应该有良好的基础设施；78.8％的居民应该拥有良好的居住环境。阿者科传统蘑菇房以天然的建筑材料为主，是单幢的建筑，这种建筑以木材来构筑框架结构，以石块、土坯来做维护结构，以茅草来作为屋顶。蘑菇房建筑是阿者科传统的建筑，是阿者科民风民俗的主要体现。这也是阿者科生态古村落吸引旅游者的标志物。然而，这种蘑菇房容易出现屋顶的茅草腐烂、房屋易歪斜、防火防潮能力差的情况，且由于建筑材料多为木材、石块、土坯，蘑菇房内部的承重力低、内部质量比较差。村民们认为现在这个住处太小，如果有朋友来家里面玩，没有住处让朋友落脚。同时，在发展旅游业过程中，部分游客未经过主人允许，就直接进入房屋乱拍照，没有顾及主人的感受。有些游客不注意声音的大小，对村民有一定的干扰。随着居民生活水平的日益增长，人们对自身居住环境的要求越来越高，这就出现传统蘑菇房建筑与居民日益增长的生活水平需要之间的冲突与纷争。

2. 村民之间的冲突与纷争

如前所述，民族旅游开发中出现的贫富分化以及原有核心价值观向"经济利益法则"转化等问题（李宏和李伟，2010），会使得村民间的冲突与纷争不断发生。阿者科村民之间的冲突与纷争来源于外出挣钱所带来的心理落差、亲情期待和村落发展。多年来阿者科经济发展落后、交通不便，村里的大多青壮年都出门打工了，村里成为一个空巢区，在家的都是老人家与小孩子。旅游业的发展在一定程度上增加了阿者科民族旅游社区居民的收入，但收入还有待提高。在维持哈尼梯田的修筑、种植上，由于人力的缺乏，要付出更多的劳动力，让留在村里的人们感到辛苦。在这样的情况下，村民之间收入的高低、亲人照顾情况、对村落的贡献等成为村民们冲突与纷争的重要影响因素。

3. 公共基础设施的建设方面的冲突与纷争

当前，前往阿者科的交通极为不便，从所属州县到达均十分不便，这种状况极大地制约了阿者科民族旅游社区的发展。同时，在阿者科古村落内，一些房屋处于无装修、层次不高的状况，在蘑菇屋内部，居住条件差、电线凌乱。随着人民生活水平的提高，越来越多的居民渴望有安全、整洁的环境，特别是对供水、供电、污水处理有了更高的要求。这些诉求仅凭个体社区居民是无法有效完成的，需要市政公共建设来完成。

二、民族旅游社区利益相关者利益冲突的特征

（一）"居民自主"型民族旅游社区利益冲突的特征

单个利益相关者参与的"居民自主"型民族旅游社区选取云南省西双版纳傣族自治州的曼回索为观测点进行分析研究。曼回索是一个以傣族餐饮文化为主要吸引物的民族旅游社区。当前，曼回索民族旅游社区的利益冲突表现出以下特征。

（1）利益冲突的类型多样化。从曼回索民族旅游社区利益冲突的具体体现可以看到，当前，曼回索民族旅游社区的主要利益冲突是：社区居民之间、社区居民与政府行政管理部门之间、旅游者与社区旅游经营者的利益冲突。这些利益冲突与纷争有的出现在个体与个体之间，有的出现在个体与群体之间，有的出现在群体与群体之间。

（2）利益冲突产生的根源日趋出多元和复杂。曼回索民族旅游社区利益冲突有的是经济性诉求引起的利益冲突与纷争，有的是政治性诉求引发的利益冲突与纷争，有的是环境保护诉求引起的利益冲突与纷争，有的是心理

文化诉求引起的利益冲突与纷争。

（3）曼回索民族旅游社区利益冲突在不断地演变。就社区居民而言，从曼回索民族旅游社区各利益相关者的利益诉求分析中，可以看到，曼回索社区居民对旅游活动的诉求，经历了从最初仅仅是向增加收入，到品牌意识与改善生活环境，再到后来的文化发展的过程。这个过程是随着经济环境、政治法律环境、社会文化环境、生态环境等外部因素的变化而变化。曼回索社区居民对旅游活动的诉求变化与社会发展息息相关。

（二）"公司＋农户"型民族旅游社区利益冲突的特征

两个利益相关者参与经营的"公司＋农户"型民族旅游社区选取云南省西双版纳傣族自治州的傣族园为观测点进行分析研究。傣族园是一个以傣族人民及其创造、传承、承载的傣族传统文化为旅游吸引物的景区。其经济交往是以社区居民的生活环境和日常生活为基础，注入了旅游活动内涵的经济交往。傣族园是一个典型的民族旅游社区。当前，傣族园民族旅游社区的利益冲突表现出以下特征。

（1）利益冲突的类型虽然多，但由经济性原因引起的利益冲突仍占主导地位。从傣族园民族旅游社区利益冲突的具体体现可以看到，当前，傣族园民族旅游社区的主要利益冲突是：土地出租方面的利益冲突与纷争、景区门票方面的利益冲突与纷争、居住环境方面的利益冲突与纷争、村民之间的利益冲突与纷争、景区公共基础设施的建设方面的利益冲突与纷争。这些利益冲突与纷争绝大部分是围绕着经济利益产生的。

（2）利益冲突的主体的重叠性明显。例如，傣族园民族旅游社区的供水、供电、污水处理等基础设施建设问题，不仅涉及社区居民和傣族园管理公司，也涉及当地市政管理部门。由于傣族园公共基础设施归属于谁、谁来管一直是傣族园管理公司和地方政府之间长期存在的一个重大争议，这种争议不仅导致傣族园管理公司与地方政府之间存在利益冲突，还因为直接影响到傣族园社区居民的生活环境，使傣族园社区居民对傣族园管理公司和地方政府产生不满，导致傣族园民族旅游社区的整体形象受损，导致旅游者的旅游体验质量的下降，旅游者产生不满。

（3）利益冲突产生的根源日趋出多元和复杂。这一特征将在"'公司＋

农户'型民族旅游社区利益冲突的诱因"中进行具体阐述。

（4）傣族园民族旅游社区利益冲突在不断地演变。从傣族园民族旅游社区各利益相关者的利益诉求分析中，可以看到，傣族园社区居民对旅游活动的态度经历了从旅游开发之前和开发初期的愉悦，到旅游活动开展中期的冷静，到旅游活动开展近期的冷淡与愤怒，再到旅游活动开展现阶段的互相调整的过程。这个过程是随着政治法律环境、社会文化环境、经济环境、生态环境等外部因素的变化而变化。傣族园社区居民对旅游活动的态度与社区内部各个利益相关者不断博弈结果密切相关。

（5）傣族园民族旅游社区利益冲突与社区社会资本价值的确定密切相关。随着社区居民知识面、信息量的增加，傣族园民族旅游社区居民的商品经济思想逐步觉醒，财产意识、维权意识逐渐强化，原来被弱化了的社会资本价值受到了极大的关注。这种关注集中表现在社区居民与傣族园管理公司之间关于门票收入的分配之争上。社区居民认为，傣族园管理公司通过租用土地的方式变相地"借用"了村民所拥有的资源景观，即使给了一定的经济补偿，但是，傣族园管理公司的经济补偿只包括干栏式建筑保护补偿以及其他公司承诺的补偿，傣族园管理公司的"资源景观借用"并没有付费，社区居民并没有从自己资源的外借中获得应有的经济收益。这种认知产生了一系列利益冲突和冲突。

（三）"政府＋社会公益机构＋农户"型民族旅游社区利益冲突的特征

多个利益相关者参与的"政府＋社会公益机构＋农户"型民族旅游社区选取云南省红河哈尼族彝族自治州阿者科村为观测点进行分析研究。阿者科是展示哈尼族活态文化遗产的窗口，是世界文化遗产与乡村旅游相结合的民族旅游社区。当前，阿者科民族旅游社区的利益冲突表现出以下特征。

（1）利益冲突的类型多样化。从阿者科民族旅游社区利益冲突的具体体现可以看到，当前，阿者科民族旅游社区的主要利益冲突是：居住环境方面的冲突与纷争、村民之间的冲突与纷争、公共基础设施的建设方面的冲突与纷争。这些利益冲突与纷争有因为遗产保护与人民日益增长的美好生活观念差异而引发的，有因为文化心理差异引发的，也有因为公共服务覆盖情况而引发的。这些利益冲突与纷争有出现在个体与个体之间的，也有出现在群体与群体之间的。

（2）利益冲突产生的根源日趋多元和复杂。阿者科民族旅游社区利益冲突有的是经济性诉求引起的利益冲突与纷争，有的是政治性诉求引发的利益冲突与纷争，有的是环境保护诉求引起的利益冲突与纷争，有的是心理文化诉求引起的利益冲突与纷争。

（3）阿者科民族旅游社区利益冲突在不断地演变。就社区居民而言，从阿者科民族旅游社区各利益相关者的利益诉求分析中，可以看到，阿者科社区居民对旅游活动的诉求，经历了从最初仅仅被动参与到世界文化遗产申报，到增加收入，再到改善生活环境和文化发展的过程。阿者科社区居民对旅游活动的诉求变化与社会发展息息相关，也随着外来文化交流的增加而变化。阿者科社区居民诉求变化的过程是随着经济环境、政治法律环境、社会文化环境、生态环境等外部因素的变化而变化的。

第三节　民族旅游社区利益相关者
利益冲突的诱因分析

民族旅游社区利益相关者利益冲突的原因是不断演变的。单个利益相关者参与经营、两个利益相关者参与经营、多个利益相关者参与经营的民族旅游社区的利益冲突诱因有所差异。

一、"居民自主"型民族旅游社区利益冲突的诱因

从曼回索民族旅游社区利益冲突具体表现的分析中可以看出，在曼回索民族旅游社区的所有主要利益相关者中，旅游者、当地政府的利益诉求比较稳定，作为社区主体的社区居民的利益诉求变化最明显。

（一）经济性原因

从曼回索民族旅游社区利益冲突的具体体现分析中，可以看出，经济性原因是目前曼回索民族旅游社区产生利益冲突与纷争的原因之一。这一推

断，在以下问卷调查中得到了进一步的印证。在"您认为自己所在社区最突出的社会问题是什么"的选择中，52.94%的被调查者认为是对困难群体的关怀很欠缺，50.98%的被调查者认为是缺乏公共活动场所和公益设施（见图4-5），这些选项都与资金投入有关。在"您认为产生社区问题的原因主要是？"的选择中，一半以上的被调查者认为，对困难群体的关怀很欠缺（52.94%的被调查者）、缺乏公共活动场所和公益设施（50.98%的被调查者）是自己所在社区产生问题的主要原因（见表4-5）。同时，被调查认为：社区服务很少以及社区不干净、秩序凌乱也是目前自己所在社区的突出社会问题。

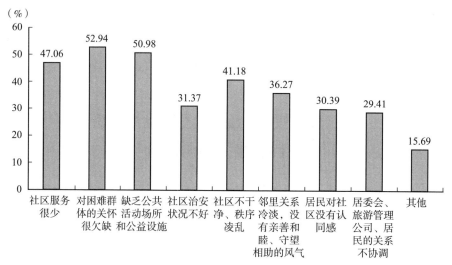

图4-5 曼回索民族旅游社区存在的主要问题

表4-5   曼回索民族旅游社区存在问题的原因

序号	认为社区利益冲突产生的原因	支持人数（人）	所占比例（%）
1	社区服务很少	48	47.06
2	对困难群体的关怀很欠缺	54	52.94
3	缺乏公共活动场所和公益设施	52	50.98
4	社区治安状况不好	32	31.37
5	社区不干净、秩序凌乱	42	41.18
6	邻里关系冷淡，没有亲善和睦、守望相助的风气	37	36.27

续表

序号	认为社区利益冲突产生的原因	支持人数（人）	所占比例（%）
7	居民对社区没有认同感	31	30.39
8	居委会、旅游管理公司、居民的关系不协调	30	29.41
9	其他	16	15.69

（二）制度性原因

从曼回索利益冲突与纷争具体表现的分析中可以看到，无论是旅游体验的效果的利益冲突与纷争、旅游餐饮文化发展的利益冲突与纷争、旅游经营收益的利益冲突与纷争、居住环境的利益冲突与纷争、公共服务的利益冲突与纷争、基础设施建设方面的利益冲突与纷争，都与制度的缺失与失效密不可分。这种制度的缺失与失效存在于社区居民之间，存在于社区居民与基层政府之间。制度性原因是傣族园民族旅游社区利益冲突产生的根本性原因。首先，曼回索民族旅游社区内部没有共同议事的机制。发生利益冲突与纷争时，曼回索民族旅游社区没有相关机制，社区居民往往采用法律途径、网络举报、上访、电话投诉等影响深度和广度大的处理方式（见图4-6）。

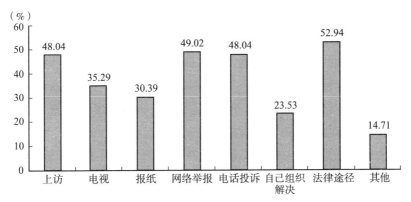

图4-6 曼回索民族旅游社区诉求表达方式

其次，与当地政府之间发生在居住环境的利益冲突与纷争、公共服务的利益冲突与纷争、基础设施建设方面的利益冲突与纷争等，70.59%的被调查者认为应加强政府和民众的对话机制，60.78%的被调查者认为应建立群众组织调解制度，还有许多被调查者认为应该强化信访工作机制和劳动仲裁制度（见图4-7）。

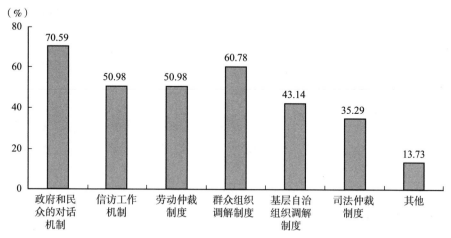

图4-7 曼回索民族旅游社区需强化的制度

（三）社会文化心理性原因

从曼回索民族旅游社区利益冲突与纷争具体表现的分析中可以看到，社会文化心理性原因的影响较为深远。在曼回索民族旅游社区利益冲突与纷争中，无论因旅游体验效果而引发的利益冲突与纷争、因旅游餐饮文化发展观念差异而引发的利益冲突与纷争、因旅游经营收益差异而引发的利益冲突与纷争，还是因居住环境、公共服务、基础设施建设等诉求的改变而引起的利益冲突与纷争，都与心理预期、传统风俗习惯、参与意识的觉醒、农民组织化程度等社会文化心理因素密切相关。

在曼回索民族旅游社区中，最初开展傣味餐饮经营的仅仅是个别村民，在经济利益的驱动下，越来越多的村民加入到旅游餐饮经营中。曼回索民族旅游社区居民对旅游开发的态度开始转变，其态度从旅游开发初期的懵懵懂懂转变为现在的积极参与。这种转变在2023年11月的调查中充分地呈现了出来：在关于"您对于旅游项目的开发持何种态度？"的调查中，100%的被调查者选择"支持"（见图4-8）。

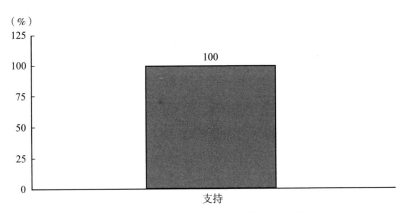

图4-8　曼回索民族旅游社区对旅游开发的态度

在曼回索民族旅游社区的发展过程中，旅游者和当地政府的诉求相对稳定，社区居民的诉求随着旅游活动的不断深入发生了变化。最初，社区居民们投入到旅游经营活动中仅仅为了生计需求，随着生计需求的逐步满足，社区居民们关注于被尊重、被社会认可，渐渐地，部分社区居民认识到发展的重要性，开始关注民族传统文化的发展。因此，更多的社区居民积极参与到旅游发展中，并表达自己对旅游开发的思考。在关于"如果有机会参与到旅游项目中来，您是否愿意献计献策？"的调查中，85.29%的被调查者选择"愿意"（见图4-9）。

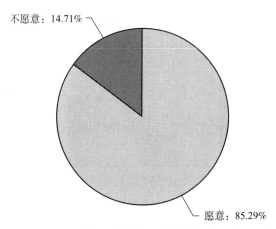

图4-9　曼回索民族旅游社区参与旅游项目的意愿

二、"公司+农户"型民族旅游社区利益冲突的诱因

两个利益相关者参与的民族旅游社区以"公司+农户"型傣族园民族社区为例。从傣族园民族旅游社区利益冲突具体表现的分析中可以看出，在傣族园民族旅游社区的所有主要利益相关者中，旅游者、旅游企业、当地政府的利益诉求比较稳定，作为社区主体的社区居民的利益诉求变化最明显。在原有的机制下，傣族园社区居民利益诉求变化常常得不到满足，随之产生了大量的利益冲突与纷争。其中，以村民与傣族园管理有限公司的利益冲突与纷争、村民与基层政府的利益冲突与纷争、村民之间的利益冲突与纷争最为突出。通过研究发现，这些利益冲突与纷争的产生与经济性因素、制度性因素、社会文化心理性因素密不可分。

（一）经济性原因

从傣族园民族旅游社区利益冲突的具体体现分析中可以看出，经济性原因是目前傣族园民族旅游社区产生利益冲突与纷争的主要原因。这一推断，在以下的问卷调查中得到了进一步的印证。在"您认为自己所在社区最突出的社会问题是什么"的选择中，54.3% 的被调查者认为，农村土地征用问题是自己所在社区最突出的社会问题，同时，被调查认为：拆迁纠纷问题、社会治安问题也是目前自己所在社区的突出社会问题（见图 4－10）。

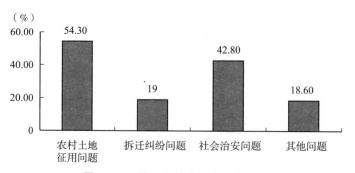

图 4－10　社区利益冲突产生的原因

1. 经济利益一直是民族旅游社区利益冲突与纷争的主要原因

目前，以傣族园为例，社区居民在对傣族园社区利益冲突产生的原因选择中，土地出租出让的价格与方式是产生利益冲突的主要原因、门票收入的分配、民族文化旅游资源产权回报、就业机会与岗位、傣家乐的收益等经济性原因被认为是傣族园利益冲突与纷争产生的主要原因。其中，90.5%的被调查者认为土地出租出让的价格与方式是产生利益冲突的主要原因、80%的被调查者认为门票收入的分配是产生利益冲突的主要原因、60%的被调查者认为就业机会与岗位是产生利益冲突的主要原因、42.9%的被调查者认为傣家乐的收益是产生利益冲突的主要原因、40%的被调查者认为民族文化旅游资源产权回报是产生利益冲突的主要原因（见表4-6）。

表4-6　　　　　　　　社区利益冲突产生的原因

序号	您认为社区利益冲突产生的原因	支持人数（人）	所占比例（%）
1	土地出租出让的价格与方式	95	90.5
2	门票收入的分配	84	80
3	就业机会与岗位	63	60
4	傣家乐的收益	45	42.9
5	民族文化旅游资源产权回报	42	40

2. 土地价格的上涨激化了民族旅游社区各利益相关者之间的利益冲突与纷争

20世纪末，由于土地流转较少，土地价格不高。在对傣族园民族旅游社区105位居民的社会主要利益冲突认知的调查中（有效问卷98份）；有48位认为贫富利益冲突是当前社会的主要利益冲突，占48.98%，位居第一位；有35位认为土地利益冲突是当前社会的主要利益冲突，占35.71%，位居第二位（见图4-11）。

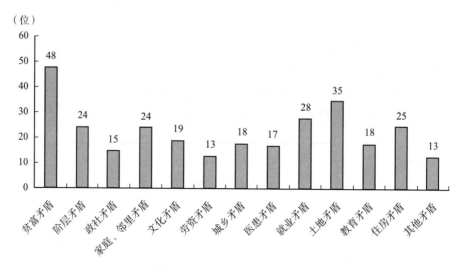

图 4 – 11   主要社会利益冲突

此外，傣族园管理公司虽然租借 336 公顷土地，但实际使用土地仅 930 亩，仅对公司实际占有的 930 亩土地面积支付租金，且规定村民不得将未占用的土地转租其他人，也是引发利益冲突的重要原因。

3. 就业安置也是利益冲突产生的重要原因

根据调查显示，就业利益冲突也是傣族园民族旅游社区居民社会利益冲突认知的重要原因。根据旅游开发合同，傣族园管理公司招收傣族园五个寨子中的村民，解决了部分村民的劳动就业问题，使村民由农民变成员工，使这部分村民由此有了稳定的经济收入。傣族园管理公司对社区居民的就业安置为傣族园社区居民带来了收入。大部分村民的就业问题并没有因为旅游开发得到有效解决。在关于"相对于旅游开发前，您的月收入是否增加"的选择中，有 65% 的被调查者认为没有增加（见图 4 - 12）。村民普遍认为，旅游业给自己家庭收入带来的实惠不多，家庭收入的重要来源仍然主要依赖于林业和种植业等。

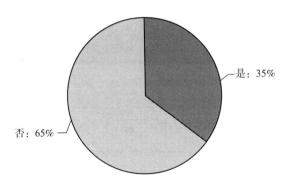

图 4 - 12　旅游项目开发增加月收入情况

此外，在景区工作的傣族园社区居民主要从事泼水演员、环卫、保安等工作，平均月工资为 1440 元。社区居民认为，与管理层相比，从事这些工种的社区居民的收入都不算很高，且与现阶段的同类工作的薪酬水平相比，傣族园发放的工资处于较低的水平，不能满足社区居民的基本生活需求。同时，傣族园民族旅游社区还存在一些有应聘要求但是没有被录取的村民。因此，尽管在景区工作的社区居民的收入不高，但是，与那些有应聘要求但是没有被录取的村民相比，仍有一定经济利益，因为招工引起的心理不平衡方面的利益冲突和纷争出现。

4. 傣族园社区居民的农林业收入迅速增长，旅游收入重要性下降

在傣族园开发初期，村民主要以粮食农作物种植为主，每一户土地的面积（包括旱地、水地、林地）平均为 12 亩。2000 年以前，西双版纳地区的橡胶价格很低，干胶价格每公斤不到 4 元。以 2000 年为例，当时的干胶价格为每公斤 4.5 元，傣族园社区人均收入约为 1987 元。2000 年以后，随着橡胶市场的活跃，橡胶价格开始缓慢上升，到 2007 年和 2008 年更是分别达到每公斤 13 元和 15 元的高价位，很多傣族园社区居民甚至毁掉粮食作物和其他林业作物改种橡胶，傣族园社区居民的收入增长很快。曼听村委会提供的数据表明，至 2007 年底，村民人均收入为 3672.40 元，2008 年为 3842.76 元（见表 4 - 7）。

表 4 – 7 　　　　　　2000—2008 年傣族园农民人均收入与干胶价格

项目	2000 年	2001 年	2002 年	2003 年	2004 年	2005 年	2006 年	2007 年	2008 年
干胶价格 （元/公斤）	4.5	4.8	5.0	6.0	6.5	7.0	8.0	13	15
人均收入 （元）	1987	1998.12	2065.7	2247	2674.8	3012.6	3345.5	3672.4	3842.76

在农林业收入迅速增长，旅游收入重要性下降的情势下，傣族园社区居民的诉求也发生了变化，他们需要更多的土地来进一步增加收入。傣族园社区居民对傣族园管理公司实际使用土地仅 930 亩，却占用 336 公顷的做法越来越不满，对开发旅游所带来的约束也越来越不满，利益冲突与纷争因此接踵而来。

5. 傣族园农业产业本身也是经济性利益冲突产生的原因

和其他少数民族农业社区一样，傣族园社区也存在着农业产业劳动力转移慢和农业生产科技水平低的问题。

一方面，农业产业劳动力存在着转移慢、就业困难的问题。这一问题制约了农民增收。有研究者认为，实现农业农村现代化、农民人口绝对数量的减少、土地的使用与经营更加高效、优化农产品的实际价格是解决农民收入问题的根本出路，只有这样，才能增加农民的收入。傣族园民族旅游社区的居民除了部分在傣族园管理公司上班外，绝大部分靠农业生产来获得收入。同时，由于傣族园管理公司硬性规定傣族园村民不得将承诺租用给傣族园公司的空的土地转租给傣族园公司之外的集体或个人使用，这些空的土地造成傣族园景区内部出现多处的田地荒废。傣族园民族旅游社区中劳动力有了更多的剩余。由于农业劳动力的转移困难、劳动力过剩，以及人口增加及耕地减少使得傣族园社区居民的增收困难，居民对经济利益的诉求更加尖锐。

另一方面，农业生产科技水平低是造成傣族园社区居民农业生产收入低的一个重要原因。从某种意义上讲，傣族园民族旅游社区是典型的、传统的农业生产社区，农业科技整体水平低，还需要在很多地方下功夫，例如在提高作物产量上、在提高作物品质上；社区居民更多的是在提高经济效益上下的功夫多，还较少对农作物的社会生态效益有所认知，在如何提高社会生态效益下的功夫少。这种农业生产科技水平低的状况，制约了傣族园民族旅游社区居民收入的增加。

6. 傣族园民族旅游社区的市场体系发育程度较低

当前，中国农村市场普遍存在着信息体系不健全、渠道不畅通的问题。傣族园民族旅游社区也不例外。在市场中，农民处于弱势地位，加上信息体系不健全、渠道不畅通等原因，农业生产、农民增收的导向作用极弱。由于市场体系不全、发育程度较低，造成"弱上加弱"的恶性局面，农村农业生产的大量要素得不到合理配置，造成农产品流通成本升高的局面。农民增收效果不明显，单个的农民没有话语权，更没有支配权，处于明显的弱势地位。在这种状况下，农民在庞大的市场面前完全没有机会，显得十分被动。这样被动的局面下，农民很难享受到巨大市场需求变化带来的发展机遇。

结合傣族园利益冲突与纷争具体表现和以上调查数据，可以看出，经济性原因所引起的利益冲突与纷争已经成为傣族园民族旅游社区利益冲突与纷争的主体。土地出租出让的价格与方式、门票收入的分配、民族文化旅游资源产权回报、就业机会与岗位、傣家乐的收益等经济性因素已经成为傣族园民族旅游社区利益冲突与纷争产生的主要原因（表象原因）。而这些经济性因素直接指向傣族园管理公司和基层政府。村民是组成社区居民的主体。因此，在傣族园民族旅游社区，也呈现出社区居民与傣族园管理有限公司的利益冲突与纷争、社区居民与基层政府的利益冲突与纷争、社区居民之间的利益冲突与纷争最为突出的态势。

（二）制度性原因

从傣族园利益冲突与纷争具体表现的分析可以看到，无论是村民与傣族园管理公司之间的土地出租出让方面的利益冲突与纷争、景区门票方面的利益冲突与纷争、傣族传统建筑异化与保护方面的利益冲突与纷争，还是村民之间、村民与当地政府之间的收益差异、居住环境诉求、公共基础设施不足等引起的利益冲突与纷争，都与制度的缺失与失效密不可分。这种制度的缺失与失效存在于社区居民与基层政府之间，存在于社区居民与傣族园管理公司之间，存在于傣族园管理公司与基层政府之间，也存在于社区居民之间。制度性原因是傣族园民族旅游社区利益冲突产生的根本性原因。

1. 社区居民缺乏参与决策的权力

傣族园民族旅游社区缺乏确保社区居民能为自己的权益出谋划策的相关制度，社区居民缺乏参与管理决策的权力。在旅游开发过程中，傣族园社区居民仅仅是按照要求来做，无论是在旅游规划还是在旅游开发中，傣族园社区居民绝大部分没有机会将自己的意愿表达。截至目前，傣族园民族旅游社区还没有一个制度对社区居民参与决策的权力进行规定。这种状况，源于当地政府"越位"与部分决策行为的不当、相关功能没有发挥。

首先，当地政府"越位"。在土地出租出让方面的利益冲突与纷争中，就存在着当地政府制度管理的越位。傣族园旅游开发合同是在当地政府与旅游开发公司签订开发合同后，旅游开发公司才又与傣族园社区居民签订的开发合同。在对傣族园的旅游开发中，当地政府较少征求傣族园村民的意见。在对傣族园的调研中，在关于"在旅游项目开发之前，当地政府是否曾经通过某种渠道征求您的意见呢"的选项中，有74%的被调查者选择的是"否"（见图4–13）。

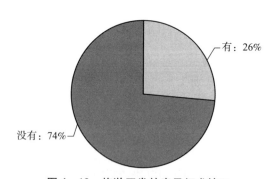

有：26%

没有：74%

图4–13 旅游开发的意见征求情况

其次，当地政府的相关管理制度缺乏，相关服务功能没有发挥。当政府牵头引进的旅游开发公司与村民签订合同时，政府没有将合同内容的利弊与村民进行沟通。合同中的一些规定存在着瑕疵。在景区公共基础设施建设方面，存在制度不明晰、管理不到位的情况，致使在傣族园景区内，变压器随意安置、电线任意搭接的现象随处可见，这种状况给傣族园景区内的村民以及旅游者的人身安全带来的巨大隐患。另外，傣族园景区内污水乱流的现象，严重破坏了傣族园的环境。同时，在利益冲突产生后，政府没有履行疏通调解的功能，傣族园社区居民的不满没有得到及时的疏解，导致这种不满上升为利益冲突与纷争。在关于"当您的利益受到损害时，您的表达是否有效"的调查中，56%的被调查者认为表达是无效的（见图4-14）。在关于"您了解政府提供的居民提出诉求的渠道和流程吗"的调查中，61.22%的被调查者的回答是"了解一点"，37.76%的被调查者的回答是"不了解"，只有1.02%的被调查者的回答是"非常了解"，如图4-15所示。

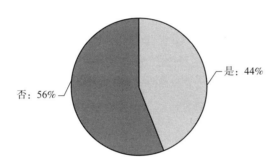

图4-14 权益表达的有效情况

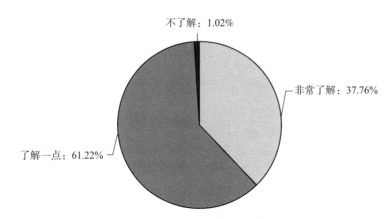

图4-15 对政府提供的诉求表达方式和渠道的了解情况

再次，制度规定中缺乏对雷同项目的规制。2009 年，景洪市委、市政府在第十二届边境贸易旅游交易会中招商引进的楠景新城项目就使得傣族园管理公司与当地政府之间产生利益冲突。楠景新城，也称为大傣乡风情园，总投资达 23 亿元，是一个地址位于勐罕镇的大型综合性旅游文化及体育产业项目。该项目的名称与傣族园管理公司 2006 年提出的项目名称几乎完全一样，依托的都是傣乡文化，虽然具体的旅游产品不同，但是使得傣族园管理公司与勐罕镇政府之间产生了不和谐的因素。这些不和谐的因素使得相关项目推进缓慢，从某种程度上浪费了一定的人力、物力、财力。

最后，政府对旅游市场秩序的管理情况也影响到傣族园民族旅游社区利益冲突的状况。如果政府没有公正合理地营造景区外部经营环境，各个景区可能会为了争夺有限的游客资源而采取机会主义行为。这些行为既损害了游客的利益，损害了相关景区的利益，也会引起政府与受到不公正对待的景区之间的利益冲突，最终将损害整个民族地区的旅游利益。

2. 相关管理制度的欠缺

（1）管理制度不健全。傣族园社区居民与傣族园管理公司之间没有一套完整的利益保障制度来界定双方的利益内涵、利益内涵沟通与协商的程序或机制。傣族园管理公司缺少主动、连续性的行动，常常是在与村民的斗争中、在政府的协调下，去修改现行制度。傣族园管理公司对傣族园民族旅游社区的冲突的协调是断点式的、被动式的。在断点式的、被动式的冲突协调过程中产生的利益分配方案缺乏动态性、系统性和及时性。在关于"您认为当地旅游经营利益分配和使用的监督机制是否完善，相关信息是否透明"的调查中，38% 的被调查者认为是不完善，不透明；24% 的被调查者认为是完善，不透明；21% 的被调查者认为是不完善，透明；只有 17% 的被调查者认为是完善，透明（见图 4 - 16）。

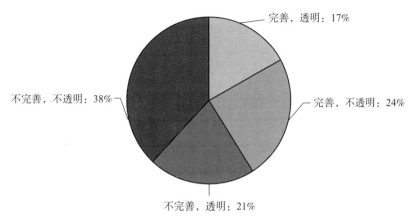

图 4 – 16　利益分配及使用机制情况

在关于"您认为当地旅游开发与经营的相关政策法规是否完善合理？社区居民是否一定程度上参与相关政策法规的制定？"的调查中，36.6%的被调查者认为不完善合理，有参与；25.66%的被调查者认为不完善合理，无参与；21.51%的被调查者认为完善合理，无参与；只有16.23%的被调查者认为完善合理，有参与（见图 4 – 17）。

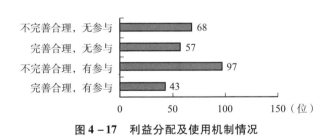

图 4 – 17　利益分配及使用机制情况

在关于"当遇到利益冲突纷争时，您会通过何种渠道解决"的选择中，67.62%的被调查者选择找熟人帮忙；45.71%的被调查者选择自己想办法；29.52%的被调查者选择找街道、社区帮忙；只有14.28%的被调查者选择通过信访等渠道解决，6.66%的被调查者选择上访（见图 4 – 18）。从以上数据可以看到，傣族园民族旅游社区的利益表达机制还不健全或者缺乏，傣族园居民还不清楚利益表达的渠道或者还不知道利益表达的渠道。

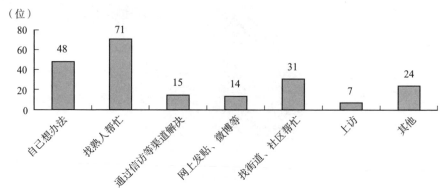

图4-18 利益冲突纷争的表达渠道

（2）相关制度和措施没有触及村民关心的根本问题。在一份针对"旅游开发给当地带来的负面影响"的调查中，可以看到，傣族园社区居民最关注的是噪声、生活不便、利益分配不均、不安全等问题（见图4-19）。

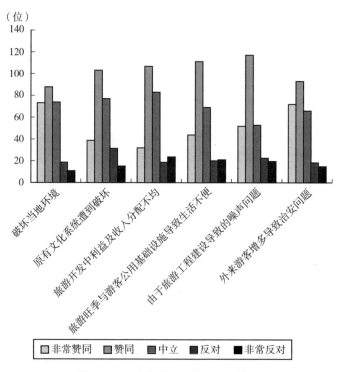

图4-19 利益分配及使用机制情况

然而，这些问题并没有得到解决。正是由于相关制度和措施没有触及村民关心的根本问题，傣族园民族旅游社区中的两个主要的利益相关者的利益冲突与纷争不断。在关于"您认为收入减少的主要影响因素是什么的"的选择中，被调查者认为物价上涨、旅游公司不合理经营和外地居民竞争是主要原因（见图4-20）。除去物价上涨这一客观因素之外，有42.64%的被调查者认为旅游公司的不合理经营是收入减少的主要影响因素。

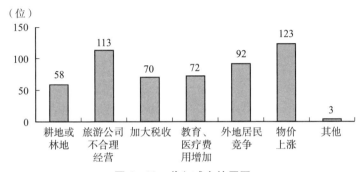

图4-20　收入减少的原因

傣族园管理公司推出的一系列措施没有得到有效的实施，部分傣族园社区居民不接受傣族园管理公司的管理。例如，当要求"销售手工艺制品的居民如实向游客介绍产品的材质，不欺诈游客，不要围堵游客"时，一些傣族园社区居民照样围堵游客，兜售商品和农家乐。问及不接受管理的理由，傣族园社区居民说"我们又没有从你那里得到什么好处，凭什么要服从你们公司的管理?"这种状况产生了恶性循环，致使傣族园的形象受损，直接导致傣族园管理公司和傣族园社区居民的经济利益受损。

（3）制度的制定缺乏相关主体的全面参与，社区居民的平等主体地位在制定相关制度和措施时没有得到体现。在相关制度和措施制定的过程中，所有的制度和措施都是以傣族园管理公司的名义颁布的。然而，傣族园管理公司出台的各项制度和措施，都是在社区居民的反对和协调过程中被动公布的，对于利益冲突与纷争的协调缺乏系统性和长远性。这种制度和措施出台的过程，表面上看傣族园管理公司处于主导的地位，但是实际上社区居民才是真正的主导者。同时，在新的协调方案中，傣族园社区居民与管理公司之间的利益和责任仍然没有得到界定，仍然没有制定系统的、合理的、可行的利益保障制度系统，协调方式仍然是"见子打子"，是时点性的。傣族园管理公司总是与村民发生纷争后，才会在政府部门的协调下来修改现行的管理制度。利益协调方案的滞后性、缺乏系统性、缺乏全面性使得傣族园社区始终处于利益冲突—利益协调—利益冲突连续循环中。调查显示，不是社区居民不愿意积极参与、配合（在关于"有机会参与到社区的旅游项目开发的决策中，你是否愿意献计献策"的选择中，有82%的居民愿意为旅游项目献计献策），而是在旅游规划和开发时，在没有征求或极少征求傣族园居民意见的情况下，傣族园管理公司和基层政府已经决定了村寨是否开发旅游。由此可以发现，傣族园社区居民的平等主体地位没有得到体现。

由此傣族园社区居民的平等主体地位没有得到体现。

（4）正式制度与非正式制度之间缺乏融合与贯通。傣族的传统文化之一就是分配的绝对平均主义，这与现行的按劳分配模式相冲突。傣族人"尊重人格，循循善诱，……与人为善，讲礼貌"（郭净等，1999），说明傣族人非常看重尊重与被尊重，即人际交往的平等性。长期以来村民内部已经形成了绝对平等的观念，参与机会和基本均等化对村民来说，至关重要。这种绝对平等的观念是许多少数民族社区非正式制度的基本特点。在傣族园旅游景区开发前，即使只能从某个机会中获得微小的利益，哪怕参与开发的收益在村民收入的构成中所占比重不大，但是，傣族园村民非常重视能够公平地参与。为了保护好傣族园，保持景区良好的秩序，形成了一些非正式制度。当村民与村民之间出现利益冲突时，多方进行调解，基层政府、村委会、傣族园管理公司常常以非正式制度为依据，出面予以劝解协调。在企业和景区无法容纳所有的村民参与的客观存在下，在旅游开发的过程中，旅游开发商只能是按照利润最大化原则限定参与资格，管理公司按照参与旅游与否分配利益。傣族园管理公司按照形成公文的傣族园企业规章制度和与村民或者村委会签订的合同等正式制度对参与资格、参与方式作出限定。社区居民在与公司交往中感到没有受到尊重，公司公事公办的态度让他们无法接受。在傣族园民族旅游社区中，正式制度与非正式制度之间缺乏融合与贯通，正式制度与非正式制度之间的诸多冲突导致傣族园民族旅游社区的社区居民与傣族园管理公司之间利益冲突与纷争不断。

3. 管理制度得不到有效的实施

（1）相关协调部门缺乏授权。在制度的执行中，傣族园管理公司内部成员、村委会、村小组联合"执法"，但是村委会和村小组的执行力是否能够达到公司的预想呢？傣族园公司成立了民族事务部负责沟通和协调公司与村民之间的冲突，事务部成员全部来自傣族园五个寨子。然而民族事务部没有实际权利，只有接待记录的权利，没有解决权利。由于民族事务部没有一定处理问题的权利，无法在不违反公司规定的前提下遵照傣族传统文化解决问题，使一些小的利益冲突与纷争没有得到及时的疏解，从而引发大的利益纷争与冲突。由于没有相应的授权，民族事务部无法有效地处理问题，民族事务部的内部成员往往存在着消极心态，对管理公司的制度和措施也会存在不满，对有一些信息不及时反馈，甚至有时会出现阳奉阴违的现象。正是因为这些原因，管理公司的协调与努力可能会受到曲解，达不到应有的效果，甚至遭到社区居民的反对。

（2）相关措施附加的苛刻条件阻碍了制度的有效实施。为了进一步发展，基于傣族园景区和社区居民的长远利益，傣族园管理公司制定了一系列的措施。然而，这些措施所附加的苛刻条件却引发了社区居民的愤怒。例如，凡发现私带游客逃票入园者，在取消其补偿资格的同时，对该村民所在村寨村民的补偿标准统一降低25%进行补偿；对于在傣族园景区内建盖景区异化建筑的村民，不仅取消其补偿资格，同时，对该村民所在村寨村民的补偿标准统一降低25%进行补偿。这些苛刻的附加条件，不仅会引起村民之间的利益冲突，还会使村民对相应制度和傣族园公司产生反感，引发新的利益冲突。这样，制定该制度的目的无法完全实现，最严重的情况是，傣族园管理公司将自己和居民都拖入一场无休止的利益冲突中去。

（3）非正式制度作用消退。长期以来，傣族园民族旅游社区居民的行为主要依靠内部非正式制度，例如村规民约、风俗习惯、宗教信仰等不可言传的内在化的规定对社区居民的利责界限、言行举止、村民的关系来进行指导与约束。通过肯定、声誉等方式来发挥非正式制度的激励作用；通过群体内谴责、疏远或者驱逐方式来使约束作用得以发挥。群体范围小的地方，非正式制度的功能还是能够比较有效地发挥的，声誉的影响力是显而易见的，谴责、疏远也能够带来压力，使行为得到有效的约束。在旅游开发前，傣族园村民之间也在某种程度上有着经济利益或非经济利益的利益冲突与纷争，虽然非正式制度也在顺应时代的变化而缓慢演变，但是，随着旅游开发所带来的一系列经济效益的不断呈现，傣族园社区居民的利益冲突与纷争不断增多和放大，非正式制度跟不上经济利益变化的节奏，有的非正式制度甚至受到了破坏。傣族园传承多年的、原有的、大家都遵守的非正式制度的约束力已经下降了。

（4）政府管理不到位。土地资源和民族文化旅游资源是村民赖以获利和生存的手段。无论是在发展旅游之前或者是在发展旅游之后，政府应该在认真调查实际情况、在确实保障村民应得的利益的基础上制定相关制度和政策。这样，无论是土地的出租方式或价格问题，还是傣族园社区民族文化旅游资源产权制度问题，都会在很大程度上减小傣族园民族旅游社区的利益冲突与纷争。然而，事实上，无论是从傣族园土地的流转过程与结果，还是从民族文化旅游资源产权利益分配的过程来看，或多或少，都存在政府管理不到位的现象。

（三）社会文化心理性原因（内在原因）

从傣族园利益冲突与纷争具体表现的分析中可以看到，社会文化心理性原因的影响较为深远，是傣族园民族旅游社区利益冲突产生的内在原因。无论是村民与管理公司之间的土地出租出让方面的利益冲突与纷争、景区门票方面的利益冲突与纷争、居住环境方面的利益冲突与纷争、傣族传统建筑异化与保护方面的利益冲突与纷争，还是村民之间的利益冲突与纷争，甚至是村民、傣族园管理公司、政府部门之间的景区公共基础设施的建设方面的利益冲突与纷争，都与心理预期、传统风俗习惯、参与意识的觉醒、农民组织化程度等社会文化心理因素密切相关。

1. 心理预期落差产生了利益冲突纷争

旅游活动所带来的一系列良性效应已经被证实。对于旅游开发，傣族园民族旅游社区居民是抱有极大的期待的。在"面对旅游项目的开发，您最期待它能够带来什么样的影响"的选择中，傣族园居民希望能够带动就业，增加收入，占56.98%；促进基础设施完善，改善生活环境，占53.96%；增加知名度，占53.58%；能够带动经济发展，占50.57%（见图4-21）。

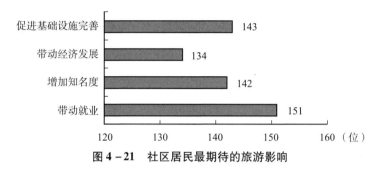

图4-21　社区居民最期待的旅游影响

在2001年橡胶价格迅速上涨之前，当地村民主要以粮食农作物种植为主，收入一直比较低，2000年以前当地农民人均收入大约为1700元。橄榄坝地区是傣族聚集区。在旅游开发前，虽然每一户傣族人家户户有庭院、家家有竹楼，每一家的内部环境不错，但由于庭院与庭院之间的小路土路，每逢下雨就泥泞不堪，对村民和早期进入傣族园的游客来说，通行的问题非常突出。在没有开发旅游之前，为了解决行路困难，原社区于1985年以每个村民曾出资37元的方式，将主干道修建成柏油路。在傣族园公司进入之前，勐罕镇镇政府也投资建设了社区内水电基础设施，不过没有安装路灯。由于照明设备和线路老化，傣族园内经常断电，且存在很大安全隐患。无论是第一个投资者信益集团还是后来的傣族园公司，都对村民承诺会改造道路，园内通水电，开展旅游接待。村民对发展旅游带来生存环境改善和经济收入提高的期望非常高，几乎家家都买了新被褥，迎接游客的到来，迎接新生活的到来。许多村民争相要求以各种途径参与旅游（李湉等，2011）。在关于"旅游开发给当地带来的好的影响"的调查中，大部分被调查者还是支持旅游开发的，由图4-22可知，大部分被调查者还是比较赞同旅游开发对大多数人有益，能够增加就业，增加家庭收入。

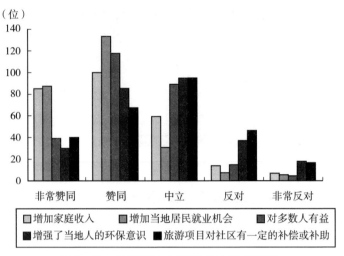

图 4 - 22　社区居民对旅游开发的认同情况

在关于"旅游开发过程中，您认为给当地带来了哪些有利影响"的调查中，关于旅游带来的影响，有 54.34% 的被调查者认为旅游促进了本地经济发展；有 46.42% 的被调查者认为旅游增加了就业机会；40.75% 的被调查者认为提高了生活水平和质量；37.74% 的被调查者认为改善了交通状况；29.43% 的被调查者认为丰富了文化生活（见图 4 - 23）。

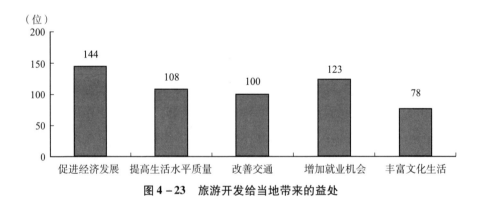

图 4 - 23　旅游开发给当地带来的益处

从以上调查中，可以看到，即使利益冲突频发，傣族园民族旅游社区居民对旅游开发还是持肯定的态度的，也看到旅游旅游开发所带来的益处。然而，由于一些确实关注的问题没有得到有效的解决，致使利益冲突产生。例如，傣族园景区寻求旅游者对傣家生活的美好呈现，但是，在进行旅游开发多年后，傣族园景区内电线任意搭接、变压器随意安置的现象随处可见；生活污水未经处理就直接排放，污水乱流，与傣族园社区居民直接相关的生活环境问题并没有得到预期的关注和改善。在就业安置上，存在着较多有就业安置需求却没有得到安置的状况，存在着由于在社区居民的家庭成员在公司上班的人数及工种的不同导致的家庭的经济收益截然不同状况。在农家乐的开展方面，由于傣族园景区原有的道路设计和管理公司的相关行为，主干道路两边有更多的客流，相对应的，主干道路两边的傣族居民家庭收入较高，非主道两边的傣族居民家庭收入较低。2015 年以后，外部就业机会的增多以及其他就业方式收入的增加，在傣族园景区工作的青壮年不断减少。同时，土地租金的连年上涨，1999 年时还较少能够被租用的土地受到了较多的关注，土地租用价格从几百元/亩，上涨到 2000 ~ 4000 元/亩。傣族园的土地租金不到周边村民土地的租金的1/4。以上现象致使人们认为，旅游对当地的带动效益不明显。调查显示，在"您认为旅游项目开发后对当地的带动效益是否明显"的选项中，只有 42.6% 的被调查者认为带动效益明显（见图 4 – 24）。

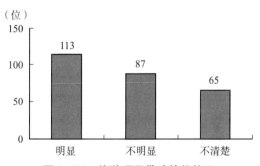

（位）

图 4 – 24　旅游项目带动效益状况

在"相对于旅游开发前，您的月收入是否增加"的选项中，有 65% 的被调查者认为没有增加（见图 4 – 25）。

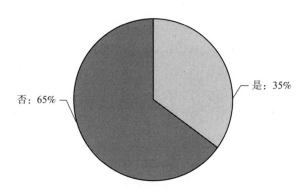

图 4 - 25　旅游项目开发增加月收入情况

　　旅游开发后诉求满足的实际与旅游开发前的心理预期形成了巨大的反差,傣族园民族旅游社区居民的不满情绪滋生。傣族园社区居民对傣族园管理公司开始了消极抵抗,不听从傣族园管理公司的统一安排、堵门等现象时有发生。社区居民与居民之间,特别是原有居民和外地居民之间的利益冲突与冲突也时有发生。

　　2. 旅游开发对传统风俗习惯的冲击

　　少数民族社区常常以宗族、家族、血缘为纽带将社区居民联系在一起。傣族亦是如此。傣族人对头人的权威深信不疑,许多事宜,特别是重大事宜还要由寨老、族老出面决定。长期以来傣族园社区居民内部已经形成了绝对平等的观念,参与机会和基本均等化对居民来说,至关重要。在对傣族园民族旅游社区调研的过程中,常常听到这样的说法,傣族人除了崇尚公平,也崇尚别人的认可与尊敬,不管是由财富增长带来的认可与尊敬,还是其他原因带来的条件的改善,都希望能够得到认可和尊敬。随着旅游业的迅速发展,经济利益总量的大幅上升,对外交流的迅速增加,傣族园社区的传统风俗习惯受到了冲击。在利益分配问题上,在旅游开发前,用绝对平均主义就可以解决,但是现在解决不了。由于缺乏合理额利益分配机制,利益冲突纷争在傣族园旅游社区居民的邻里间、亲戚间蔓延。虽然有寨老、族老、村主任、傣族园公司、村委会等多次出面协调,但是效果有限。

随着各种层面的利益冲突的增加，傣族园民族旅游社区居民之间的利益冲突也时起时伏。

3. 传统社会文化心理与现代社会文化心理的碰撞

当代中国正处于社会转型期，人们的社会文化心理兼具传统与现代的特征。从政策对象的文化心理角度看，我国社会公众有着认同和服从政府政策的文化心理传统，对国家、政党、权威、意识形态、权利义务及社会制度的认同度相对较高，人们在潜移默化的社会化过程中有着拥护、支持和体谅政府政策的倾向（王国红，2007）。这种心理在傣族园民族旅游社区体现得尤为明显。在傣族园旅游开发的初期，由当地政府主导，引进旅游开发公司，傣族园社区居民与旅游开发公司在当地政府的主导下签订了土地租用合同。傣族园社区居民的这些行为均与我国社会公众的认同和服从政府政策的文化心理传统密切相关。

在社会急剧转型时期，随着利益和阶层的不断分化，所有的政策利益都变得不可预期，人们不再一味地服从政府的相关措施，传统文化心理因素与现代的文化心理因素相互碰撞，参与管理、参与决策的意识越来越深入人心。傣族园民族旅游社区居民在与各类电视节目、旅游者和研究者的接触中，接触到了大量旅游知识以及权益维护方面的资讯。特别是多个研究利益问题的研究者的调研，从某种角度上普及了社区参与理论。同时，随着与外界的不断接触，交流面的不断拓宽，傣族园民族旅游社区居民的参与意识也日趋强烈起来。研究者在调查中发现，越来越多的村民选择了参与公司管理与决策，有村民提出"平等地对待经营户和非经营户，就业门槛一样"的要求，这更进一步说明村民对自身的发展、对尊重与被尊重方面的利益看得越来越重要（李滟等，2011）。在近期的调研中，在关于"如果有机会参与到社区的旅游项目开发的决策中，您是否愿意献计献策？"的调查中，有82%的被调查者选择"愿意"（见图4-26）。这些数据显示，傣族园民族旅游社区居民十分愿意参与到决策中。

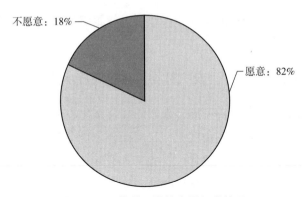

图 4 - 26　旅游开发的意见征求情况

　　然而，由于制度等因素的影响，傣族园民族旅游社区居民权益表达无效（见图 4 - 27），参与成效低，一些居民因参与没有成效而拒绝参与。这使得社区居民的参与要么陷入"集体行动的困境"，要么因参与的挫败感或无力感不能得到很好的调整和正确的引导，形成一种盲目的破坏欲，走向歧途（左冰，2012）。在这种状况下，傣族园民族旅游社区居民对旅游开发的态度开始转变，其态度从旅游开发初期的积极拥护转变为现在的模棱两可。这种现象在以下调查中充分地呈现了出来：在关于"如果有机会参与到旅游项目中来，您是否愿意？"的调查中，只有 47% 的被调查者选择"愿意"；有 42% 的被调查者选择"不确定"；甚至有 11% 的被调查者选择"不愿意"（见图 4 - 28）。

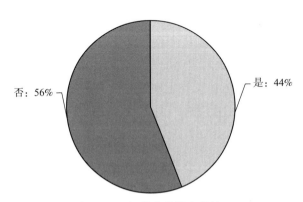

图 4 - 27　权益表达的有效情况

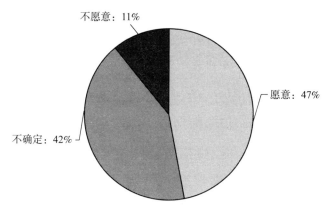

图 4-28　参加旅游项目的意愿程度

4. 社会转型中意识的转变所带来的变化与冲击

人的需求是随着人的意识的改变而改变。从心理学上来说，当人们的需求得不到满足时，就会产生紧迫感。在民族旅游社区中，在一定的条件下，当这种紧迫的需求仍然得不到满足时，一些相互抵触、互不相容现象和关系就出现，利益冲突产生。民族旅游社区的利益冲突是不断演进、不断变化的，在不同的时期会出现不同的特征。最初，当生计需求大于政治需求时，社会成员的群体意识大于个体意识，人们的行为多表现为服从。当前，在社会转型期，随着财产意识的逐渐强化，商品经济思想逐渐觉醒，维权意识树立，个体意识大于群体意识，人们的行为也产生了变化，人们更为理性地思考问题，服从已经不是人们的必然选择。当要求服从的行政指令与觉醒的维权意识相碰撞时，民族旅游社区的利益冲突产生。同时，随着维权意识的觉醒，人们对自身和自身资源不断进行研究。研究发现人们的住宅、生活生产方式等社会资本价值被长期忽略，人们找回这种价值的急迫感与现实中弱势的地位相冲击，民族旅游社区的利益冲突进一步深化。

三、"政府 + 社会公益机构 + 农户"型民族旅游社区利益冲突的诱因

"政府 + 社会公益机构 + 农户"民族旅游社区是多个利益相关者参与经

营的民族旅游社区。多个利益相关者参与经营的民族旅游社区以"政府＋社会公益机构＋农户"型阿者科民族旅游社区为例。

从阿者科民族旅游社区利益冲突的具体体现中，在阿者科这样一个"政府＋社会公益机构＋农户"型民族旅游社区的利益冲突与纷争存在着以下诱因。

（一）经济性原因

在客流不多、旅游运营成本较高的情况下，阿者科民族旅游社区的旅游收入不高。在问卷调查中，在"您的家庭成员是否有从事旅游工作的"的调查中，40.18%的被调查者选择了"是"。然而，在"您家的旅游收入占家庭月收入比重是"的调查中，93.75%的被调查者选择了"小于等于10%"（见图4－29）。

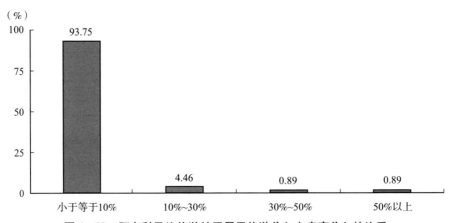

图4－29　阿者科民族旅游社区居民旅游收入占家庭收入的比重

在"您认为旅游项目开发后对当地的带动效益是否明显"的调查中，有4.46%的被调查者认为"很明显"、有30.36%的被调查者认为"较明显"、有56.25%的被调查者认为"一般"（见图4－30）。

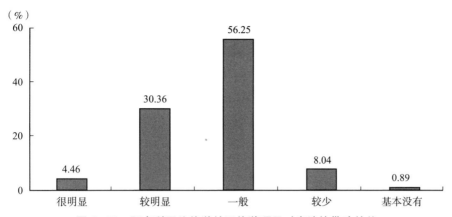

图 4 - 30　阿者科民族旅游社区旅游项目对当地的带动效益

对于旅游项目的开发，阿者科民族旅游社区带有很高的期待。其中，93.75%的被调查者希望旅游项目的开发能够增加个人收入；74.11%的被调查者希望旅游项目的开发能够增加就业机会；60.71%的被调查者希望旅游项目的开发能够促进当地基础设施（道路、通信等）的进一步完善；55.36%的被调查者希望旅游项目的开发能够增加当地游客流量，带动经济发展（见图 4 - 31）。

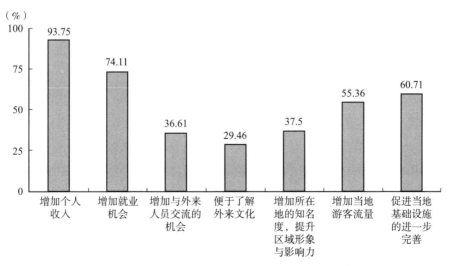

图 4 - 31　阿者科民族旅游社区居民对旅游项目开发的期望

在旅游实际收入与对旅游项目开发的高期望的差异下，阿者科民族旅游社区居民对参与旅游开发的态度从旅游开发初期的积极转为平淡。由于旅游所带来的经济收入不高，阿者科民族旅游社区的青壮年离家打工，居住在阿者科的村民多为老年人和儿童，阿者科民族旅游社区的旅游活动趋于平缓。在"阿者科计划"公益援助项目之后，阿者科民族旅游社区的旅游收入有所提高，旅游收入分配较为公平、透明，部分青年人开始返乡参与到阿者科民族旅游社区的旅游发展与建设中。

（二）制度性原因

从阿者科利益冲突与纷争具体表现的分析中可以看到，无论是居住环境方面的冲突与纷争、村民之间的冲突与纷争，还是公共基础设施的建设方面的冲突与纷争、公共服务的利益冲突与纷争、基础设施建设方面的利益冲突与纷争，都与制度的缺失与失效密不可分。这种制度的缺失与失效主要存在于社区居民与基层政府之间。在"你是否知道、了解当地的社会保障制度？"的选项中，46.43%的被调查者选择"基本不知道"、42.86%的被调查者选择"知道一些"、只有1.78%的被调查者选择"完全知道"（见图4-32）。

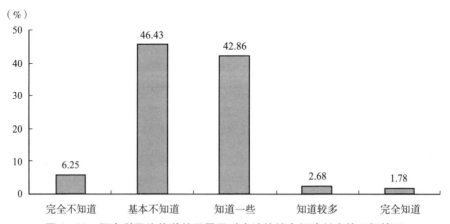

图 4-32　阿者科民族旅游社区居民对当地的社会保障制度的了解情况

在"当您的利益受到损害时，您的表达是否有效？"的选项中，51.79%的被调查者选择"效果一般"、37.5%的被调查者选择"基本没效果"，只有1.78%的被调查者选择"效果很好"（见图4－33）。

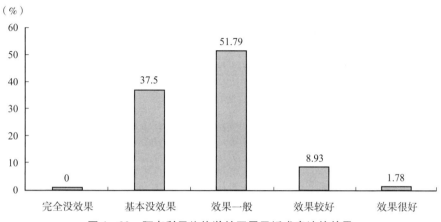

图4－33 阿者科民族旅游社区居民诉求表达的效果

从以上调查信息可以看出，正是由于相应制度与机制的不健全，阿者科民族旅游社区关于公共建设范畴的诉求无法得到满足，从而产生了居住环境方面的冲突与纷争、公共基础设施的建设方面的冲突与纷争、公共服务的利益冲突与纷争、基础设施建设方面的利益冲突与纷争。

值得说明的是，"阿者科计划"公益援助项目在阿者科民族旅游社区内部所进行的探索和尝试，特别是关于从利益分配的工作，从很大程度上缓解了阿者科民族旅游社区居民之间的矛盾，促进了阿者科民族旅游社区的旅游发展。在"您认为当地旅游经营利益分配和使用的监督机制是否完善，相关信息是否透明？"的选项中，60.71%的被调查者选择"完善、透明"、25.89%的被调查者选择"不完善、透明"、只有1.79%的被调查者选择"不完善、不透明"（见图4－34）。

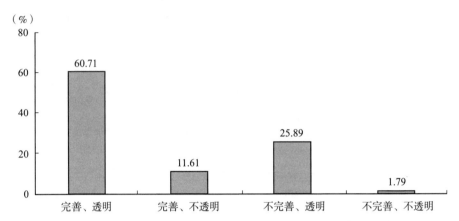

图 4 - 34　阿者科民族旅游社区居民利益分配和使用的监督机制情况

（三）社会文化心理性原因

从阿者科民族旅游社区利益冲突与纷争具体表现的分析中可以看到，无论是居住环境方面的冲突与纷争、村民之间的冲突与纷争，还是公共基础设施的建设方面的冲突与纷争、公共服务的利益冲突与纷争、基础设施建设方面的利益冲突与纷争，都与心理预期、传统风俗习惯、参与意识的觉醒、农民组织化程度等社会文化心理因素密切相关。

在阿者科民族旅游社区中，最初开展旅游开发是由政府部门主导的。阿者科的社区居民经历了从最初仅仅被动参与到世界文化遗产申报，到增加收入，再到的改善生活环境和文化发展的过程。在旅游活动的开展过程中，阿者科社区居民诉求发生了变化，这种变化与社会发展息息相关，也与外来文化交流的增加有关。阿者科社区居民诉求变化的过程是随着经济环境、政治法律环境、社会文化环境、生态环境等外部因素的变化而变化的。这些利益冲突与纷争有因为遗产保护与人民日益增长的美好生活观念差异而引发的，有因为文化心理差异引发的，也有因为公共服务覆盖情况而引发的。

在阿者科民族旅游社区的发展过程中，旅游者、公益组织和当地政府的诉求相对稳定，社区居民的诉求则随着旅游活动的不断深入发生了变化。最初，阿者科社区居民投入到旅游经营活动中仅仅为了生计需求，随着生计需求的逐步满足，社区居民关注于生活质量的提高，期望被尊重、被社会认可，渐渐地，部分社区居民认识到可持续发展的重要性，更多的社区居民积极参与到旅游发展中，并表达自己对旅游开发的思考。在关于"您对于旅游项目的开发持何种态度"的调查中，26.79%的被调查者选择"非常支持"，64.28%的被调查者选择"支持"（见图 4 – 35）。在关于"如果有机会参与到旅游项目中来，您是否愿意献计献策?"的调查中，75.89%的被调查者选择"愿意"（见图 4 – 36）。

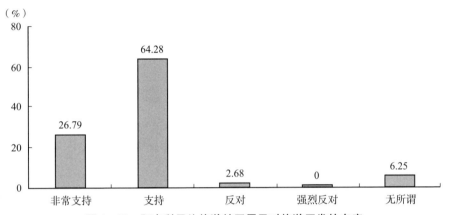

图 4 – 35　阿者科民族旅游社区居民对旅游开发的态度

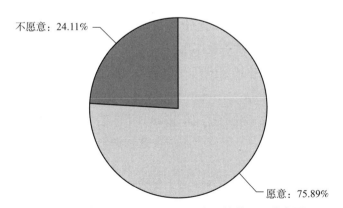

图 4 – 36　阿者科民族旅游社区参与旅游项目的意愿

通过单个利益相关者参与的"居民自主"型民族旅游社区、两个利益相关者参与的"公司 + 农户"型民族旅游社区、多个利益相关者参与的

"政府 + 社会公益机构 + 农户"型民族旅游社区利益冲突诱因的研究，可以看出，经济性原因、政治性原因、社会文化心理性原因是引发民族旅游社区利益冲突的共性因素。

1. 经济性原因

民族旅游社区冲突与纷争很大一部分是由经济利益的差异而引起。经济利益的差异是特定社会条件下经济交往的必然产物。由于经济交往的主体和内容的不同，必然会产生经济利益的差异。经济性冲突与纷争的主体是在共同经济利益基础上形成的经济利益群体。在民族旅游社区中，这些主体主要表现为生产资料所有者群体与非所有者群体，管理、经营者群体与一般劳动者群体，社区管理者和社区居民，旅游消费者和旅游供给者。当在生产力的发展需要突破旧的经济方式时，新旧经济结构和体制的支持者就会产生冲突与矛盾。在旧的经济结构和体制趋向瓦解，而新的经济结构和体制还没有取而代之时，相应的政策、法规、条例、机制等约束手段还较为乏力。这种状况会使得市场经济出现程度不同的混乱，这种混乱也为冲突与纷争的出现提供了条件。与社区外部的对比所产生的经济示范效应引发和强化了人们对利益的追求。当社区经济结构调整速度没能超过人们期望的增长时，就会形成社会主体的利益期望与现实条件的失衡。在一定的条件下，这种失衡会产生影响，从而引发民族旅游社区的经济冲突与纷争。这些冲突与纷争表现在：部分社会主体对社会秩序的把握不到位，致使经济秩序的维护缺少必要的主观基础；一些社会主体超出经济秩序的要求，规避或者通过违反法律、法规的手段来谋求不正当利益，从而出现受益者与受害者之间的经济矛盾和冲突。同时，经济的发展和经济权益结构的变化必然会强化主体经济意识，唤起社会主体对自身利益要求的强烈关注。这种强烈的利益意识往往带有利己倾向，会使经济主体间产生利益争议，各自利益欲求的些微差异都可能发展成为经济纷争。由于强烈的利益意识，甚至产生经济主体在追求自我利益最大值的时候损害他人的利益的现象，难以自动消除，从而产生经济矛盾和冲突。在民族旅游社区中，表现最为明显的就是弱势群体的社会资本价值被忽略。另外，当急剧的经济变革实际发生时，必然会产生经济主体能否适应新型的经济生活的情况，许多经济主体产生茫然不知所措之感是必然的。这种不适应和茫然引发了民族旅游社区中经济领域的冲突和矛盾。

2. 政治性原因

当社会发生激烈变革的时候，政治性冲突与纷争必然会产生。民族旅游社区政治性冲突与纷争的发生与社会变革有着密不可分的联系。现阶段，中国社会正处于转型期。在转型期的社会中，经济发生变迁。经济的变迁必然要触及某些社会群体的利益，也会产生新的利益需求。当这些利益需求没能通过经济的手段来达到满足的时候，社会成员或群体就要求通过政治的手段解决，从而政治矛盾和纷争产生。经济的变迁会造成和加剧社会群体之间的矛盾和冲突性的利益要求。人们的民主意识会在社会变革中不断强烈，对政治局势发表议论、提出批评、进行评价开始被社会成员或群体认为是公民应有的权利。同时，人们认为，用自己的观念去影响政治过程或者直接介入政治过程是公民的一种责任。这些在社会变革中出现的认识促使越来越多的社会成员产生政治参与的要求，甚至出现部分在社会生活中有挫折感的社会成员希望通过政治参与来使政府注意到他们的利益和要求的现象。同时，社会变革所产生的新的社会力量或社会群体希望通过政治参与来获得相应的政治地位。经济与社会的变革使社会成员价值观念产生变化，使社会成员以一种新的价值观念和判断要求政府官员和公职人员。然而，在变革时期里，社会公民要求政治参与的速度往往比社会允许公民政治参与的速度更快。信息的不对称、弱势群体物权不受重视与维权意识的觉醒、个体意识的增强、法律知识的增加相交织，加上民族社区中旅游吸引物的特殊性，以及仅用钱的单一解决方式已经无法处理社会转型期的各种复杂问题，致使民族旅游社区中的政治性矛盾和冲突出现。

3. 社会文化心理性原因

在社会转型期里，社会变革在推动整个社会的进步的同时，也会带来各种各样的社会问题。例如，在社会变革中，组织结构的陈旧、政治体制缺乏应变能力和自我调整的机制等，都会产生一系列的问题。有的变革还会使原有的社会问题更加突出和激化。在社会变革的推动下，社会向日趋开放性的趋势发展，社会的进步必然带来文化的变迁。社会变革带来了新文化与旧文化、本土文化与外来文化的碰撞，适应和引导社会发展的新文化将留存，闭关自守、唯我独尊者必然要为社会发展所淘汰；适应社会发展的、优秀文化的文化将取代落后的、不适应社会发展的旧文化。无论是本土文化和外来文化，还是新文化与旧文化，在社会变革的过程中，都存在着相互吸收、相互融合为一种新的文化的可能。这种文化的变迁过程，必然会带来各种社会问题、心理问题，这些问题相互交织，导致民族旅游社区社会文化心理性矛盾和冲突的出现。

第四节　民族旅游利益相关者利益冲突的作用机理研究

社区居民是民族旅游社区的核心主体。民族旅游社区的冲突与纷争与社区居民对旅游的感知和态度密不可分，与民族旅游社区居民的利益诉求密不可分。可以说，民族旅游社区的冲突与纷争是由于社区居民的诉求变化而产生的。本书根据产品生命周期理论，将民族旅游社区的发展分为旅游产品投入阶段、旅游产品成长阶段、旅游产品成熟阶段、旅游产品衰退阶段四个阶段。由于每一个旅游活动阶段民族社区的社会条件不同、经济交往内容不同，社区中的各个利益相关者的诉求亦不同。这些不同和差异使得民族旅游社区冲突与纷争不断演进、变化，并在旅游活动的不同阶段呈现出不同的特征。

一、旅游产品投入期民族旅游社区冲突与纷争的特征和机理

中国的民族地区大多数地处边疆地区，经济欠发达，社会经济发展相对滞后。但由于大多地处边远地区，地处乡村，交通相对闭塞。在旅游活动进入到民族社区之前，大部分民族社区主要以农业产业为主，居民的经济收入不高，社区的生活条件较差。旅游活动进入民族社区的初期，民族旅游社区大部分出行条件较差，居住环境亟待改善。在旅游产品投入期里，当地政府积极引进旅游开发企业，希望能够通过旅游企业的旅游开发来增加当地居民

收入，带动当地居民脱贫致富；旅游开发企业希望通过对民族社区的旅游开发，获得经济回报；社区居民对发展旅游将带来生存环境的改善和经济收入的提高抱有极高的期望，大家都积极准备，争相要求以各种途径参与旅游，迎接新生活的到来；旅游者希望得到新的旅游体验，获得旅游满足感。在旅游投入期，民族旅游社区的各个利益相关者都对旅游充满正面期待。旅游产品投入期民族旅游社区冲突与纷争作用的机理如图4-37所示。

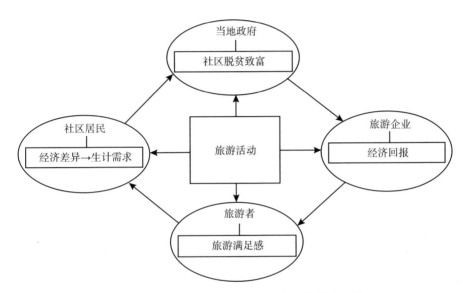

图4-37　投入期民族旅游社区冲突与纷争的作用模型

在旅游投入期，作为民族旅游社区主体的社区居民，其社会成员的群体意识大于个体意识的诉求，其诉求表现为生计需求大于政治需求。这一时期的冲突与纷争主要表现为因民族旅游社区内外经济利益差异、新旧文化差异所引起的冲突与纷争。这些冲突与纷争比较温和，且推动着民族旅游社区的发展。

二、旅游产品成长期民族旅游社区冲突与纷争的特征和机理

在旅游产品成长期，由于旅游活动的进一步介入，民族旅游社区进入了

快速发展的时期。在这一阶段，民族旅游社区的利益相关者还是相互配合的。当地政府继续为旅游企业的旅游开发提供支持和协调；为了获得更多的经济利润，旅游企业不断推进开发力度；参与到旅游活动中民族旅游社区居民得到实惠，民族旅游社区的环境得到改善；旅游者对民族旅游社区有了一定的了解，获得了一定的旅游体验，得到了一定的旅游满足感。在这一阶段，民族旅游社区的各利益相关者获得了一定的收益。然而，由于社会条件的变化、经济交往内容的变化、人们眼界的拓宽，特别是经济利益分配过程中出现的问题，民族旅游社区中旅游活动的负面影响逐渐显现，民族旅游社区的社区居民的商品经济意识与传统民族的淳朴意识相碰撞、群体意识与个体意识相碰撞，这些碰撞使得社区居民的财产意识、维权意识逐渐强化。旅游产品成长期民族旅游社区冲突与纷争作用的机理如图 4 - 38 所示。

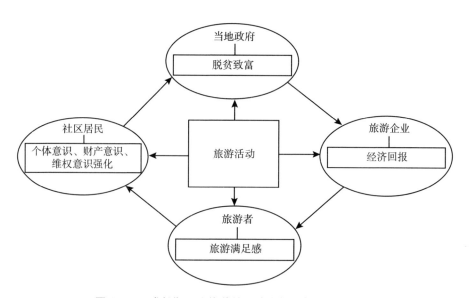

图 4 - 38　成长期民族旅游社区冲突与纷争的作用模型

这一时期的冲突与纷争主要表现因为民族旅游社区内部新旧制度更替、经济利益差异、新旧文化差异、社区参与差异、社会心理落差所引起的冲突与纷争。这些冲突与纷争如果得到有效的疏解，将会成为推进民族旅游社区发展的动力；这些冲突与纷争如果得不到有效的疏解，将会破坏民族旅游社区的社会秩序，阻碍民族旅游社区的社会经济发展。

三、旅游产品成熟期民族旅游社区冲突与纷争的特征和机理

在旅游产品成熟期，旅游活动趋于稳定，各种规章制度、运行机制更加完善。经过投入期、成长期的磨合，民族旅游社区的各个利益相关者的配合达到了一定的默契。在旅游成长期的冲突与纷争得到疏散后，民族旅游社区得到了良好的发展。当地政府能够轻车熟路地为旅游者、社区居民、旅游企业提供支持和服务；旅游企业将各方面的关系都理顺，得到稳定的经济利润；民族旅游社区居民得到经济实惠，社区环境得到进一步的改善；旅游者有条件对民族旅游社区做充分的了解，对民族旅游社区向往增强，旅游体验后的旅游满足感较高。旅游产品成熟期民族旅游社区冲突与纷争作用的机理如图4-39所示。

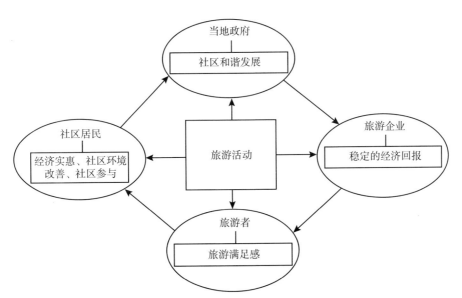

图4-39 成熟期民族旅游社区冲突与纷争的作用模型

在旅游产品成熟期，民族旅游社区的各利益相关者都获得了极大的收益，民族旅游社区内部各利益相关者之间利益关系达到了均衡。然而，所在

民族旅游社区的知名度的增加，外部社会条件的变化、旅游所带来的人满为患、新的经济交往的出现、制度执行过程中的个体疏忽等情况的出现，使得曾经出现的、短暂的均衡被打破，非均衡的利益关系在此时出现，新的冲突与纷争产生。由于有了前期良好的运营基础，新的冲突与纷争能够得到及时的协调与疏解，民族旅游社区各利益相关者之间的利益关系将再次均衡。在旅游发展成熟期，均衡与非均衡共存。这一时期的冲突与纷争主要表现为因经济利益差异和社会心理原因而引起的冲突与纷争。

四、旅游产品衰退期民族旅游社区冲突与纷争的特征和机理

在旅游产品衰退期，旅游产品老化，旅游产品的市场活力降低，新的旅游替代品出现，旅游者的兴趣转移，旅游活动带给民族旅游社区各利益相关者的利益减少。在此阶段，新的旅游产品、新的旅游经济结构、新的旅游运行体制、新的文化呼之欲出。新产品、新经济结构的出现会引发体制的变化。在旧的经济结构和体制趋向瓦解，而新的经济结构和体制还没有取而代之的时候，民族旅游社区的相应政策、相应法规、相应条例、相应机制等约束手段还有待改进。相应地，民族旅游社区管理机制会显得乏力。这种状况使得民族旅游社区的市场经济出现不同程度的混乱。在这种混乱的情况下，民族旅游社区各利益相关群体之间的冲突与纷争有了隐隐冒头的趋势。此时，在社会变革中所产生的新的社会力量、社会群体希望能够通过政治参与来获得相应的政治地位。新旧社会力量或群体之间也会产生冲突与纷争。社会的变革带来了许多的变化，随之而产生了适应社会发展的新文化。此阶段，适应和引导社会发展的新文化与旧的、传统的文化之间必然产生冲突与纷争。新旧文化相互吸收各自的合理部分。旧文化包括适应社会发展和不适应社会发展的部分，其中，不适应社会发展的部分被淘汰，适应和引导社会发展的部分将留存。旧的、传统的文化中适应社会发展的部分与新文化相互补充。这种新旧文化的融合形成一种新的社会文化。旅游产品衰退期民族旅游社区冲突与纷争作用的机理如图4-40所示。

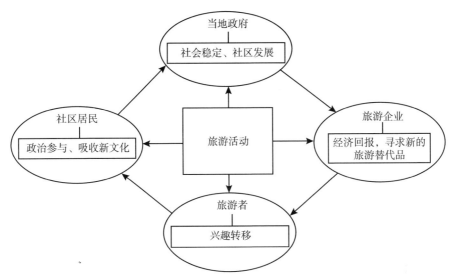

图 4 - 40　衰退期民族旅游社区冲突与纷争的作用模型

这一时期的民族旅游社区冲突与纷争较为复杂，由经济性原因引发的经济性冲突与纷争、政治性冲突与纷争、社会心理冲突与纷争相互交织。

由以上分析可以看出，民族旅游社区的各主要利益相关者之间存在着相互影响、相互作用、相互依存的关系，社会条件不同、经济交往内容不同，每一个旅游活动阶段民族社区的各个利益相关者的诉求亦不同，这些不同和差异使得民族旅游社区冲突与纷争不断演进、变化，使得民族旅游社区冲突与纷争的动态性与固态性同行、均衡与非均衡共存。民族旅游社区冲突与纷争的疏解应根据旅游活动不同阶段所呈现出的特征来进行；应理性对待旅游产品的衰退，积极应对，采取有效措施，推进旅游民族社区的和谐发展。

第五章　民族旅游社区利益相关者协同共生感知研究

利益相关主体在民族旅游社区旅游发展过程中对共生关系所造成的改变，不仅受到各主体决策行为的需求和动机的影响，也会受到各主体对共生感知的影响。在不同旅游开发模式下，民族旅游社区的利益相关者对于共生关系的感知具有偏好性、选择性和动态性。不同利益主体感知在无序组织下形成的合力左右着共生关系的变迁和演化。这种合力由于感知主体的差异性有可能误导共生关系的演化，造成民族旅游社区社会关系的不和谐，影响其可持续发展。

基于此，需要综合考虑民族旅游社区各个利益相关主体对共生关系的感知，研究有序组织下的集体感知，并在民族旅游社区可持续发展目标导向下，寻找由于旅游开发而不断变化的地区发展要素中，哪些是相对不变和能够促进可持续发展的协同发展基因，建立协同发展基因谱，为民族旅游社区利益相关者动态化的协同发展机制的构建提供依据。本章在分析民族旅游社区利益相关者诉求特征的基础上，构建民族旅游社区利益相关者共生体系，确立不同种类型共生的具体的感知信息因子，从而对民族旅游社区建立自己的利益相关者共生感知的指标体系，采用问卷调查法，针对不同的利益相关主体，进行民族旅游社区利益相关者共生关系的感知调查。通过调查，分析民族旅游社区中的不同主体对共生关系的感知差异。

第一节　数据来源情况

经济基础决定上层建筑。民族旅游社区社会关系状况离不开经济因素的影响。本书通过一系列分析，找出影响民族旅游社区社会关系关键性经济因素，力争为民族旅游社区的良性社会关系构建提供基础。

为了了解经济因素对民族旅游社区社会关系感知的影响，本书在前人研究的基础上，结合典型民族旅游社区的实际情况，设计了调查问卷。问卷采用李科特5点尺度测量法，将"同意程度"选项分为"完全不同意""不太同意""难以说清""比较同意""非常同意"五个量度，相对应地，将统计分值设为1、3、5、7、9，即1到9不同的同意程度。基于2014年8月、2015年5月、2017年7月、2022年11月对傣族园民族旅游社区的调查，2023年2月、11月对阿者科民族旅游社区和2022年11月、2023年11月对曼回索民族旅游社区进行的问卷调查、现场访谈和实地观察，来获取相关数据，其中傣族园民族旅游社区发放问卷120份，回收有效问卷105份，访谈人员20余人次；曼回索民族旅游社区发放问卷120份，回收有效问卷102份，访谈人员10余人次；阿者科民族旅游社区发放问卷120份，回收有效问卷112份，访谈人员10余人次。

第二节　调查数据的信度分析

测量综合评价体系常用信度分析。通过信度分析来了解数据是否具有一定稳定性和可靠性。在实证研究中，常使用内部一致性系数（Cronbach'α）来检验数据可靠性。美国统计学家黑尔（Joseph F Hair Jr）等认为：当计量尺度的计量项目数大于等于6项时，Cronbach'α值大于0.7时，表明数据的可信度较高。本书利用统计分析软件SPSS 25.0进行信度检验，详见表5-1~表5-3。

表5-1　　　　曼回索民族旅游社区数据可靠性分析（$N=102$）

可靠性统计	
Cronbach's α	项数
0.769	8

表 5 – 2　　　　　傣族园民族旅游社区数据可靠性分析（$N = 105$）

可靠性统计	
Cronbach's α	项数
0.811	15

表 5 – 3　　　　　阿者科民族旅游社区数据可靠性分析（$N = 112$）

可靠性统计	
Cronbach's α	项数
0.746	8

软件中的 Scale 模块对调查获取的数据进行可靠性分析（reliability analysis），数据结果显示曼回索民族旅游社区数据表的 Cronbach'α 为 0.769，大于 0.7，并且计量项目数大于 6 项；傣族园民族旅游社区数据表的 Cronbach'α 为 0.811，大于 0.7，并且计量项目数大于 6 项；数据结果显示阿者科民族旅游社区数据表的 Cronbach'α 为 0.746，大于 0.7，并且计量项目数大于 6 项。这些数据说明所进行问卷的设计具有较高的可信度，采用问卷所调查获取的数据是可靠性的。因此，问卷通过了内部一致性检验，结论是：基于问卷进行所进行的数据统计分析结果比较可靠。

第三节　研究方法与结果

一、民族旅游社区居民利益诉求判断

（一）曼回索民族旅游社区居民利益诉求判断

本书先应用描述性统计、均值比较和 AHP 层次分析判断矩阵方法来判断案例点曼回索民族旅游社区居民利益诉求的先后顺序，如表 5 – 4 所示。

表 5 - 4   曼回索民族旅游社区居民利益诉求统计

代号	利益诉求（指标）	最小值	最大值	均值	标准差	重要性排序
A	增加个人收入	0.000	1.000	0.730	1.735	1
B	增加就业机会	0.000	1.000	0.610	1.790	2
C	提升区域形象与影响力	0.000	1.000	0.590	1.688	3
D	带动经济发展	0.000	1.000	0.530	2.009	4
E	便于了解外来文化	0.000	1.000	0.510	2.528	5
F	增加与外来人员交流的机会	0.000	1.000	0.480	2.075	6
G	促进当地基础设施完善	0.000	1.000	0.480	2.286	7
H	增强了当地人的环保意识	0.000	1.000	0.470	2.552	8

均值大小的简单比较分析中，按照曼回索民族旅游社区居民利益要求重要程度，通过分析可以看出，曼回索民族旅游社区居民最关注的利益要求顺序是：首先是增加个人收入，其次是增加就业机会、提升区域形象与影响力、带动经济发展、便于了解外来文化、增加与外来人员交流的机会、促进当地基础设施完善、增强了当地人的环保意识等经济因素，对于参与旅游决策的权利和参与管理的权利的要求关注度相对较低。然而，仅仅应用均值大小的排列来确定利益诉求的先后次序的方法并不科学，还需要应用其他方法进一步进行检验。为了检验当地居民利益要求排序的统计意义，利用"AHP 层次分析判断矩阵"进一步对上述指标进行了权重的判断，判断情况如表 5 - 5 所示。

表 5 - 5   AHP 层次分析判断矩阵

平均值	项	增加个人收入	增加就业机会	增加与外来人员交流的机会	便于了解外来文化	增加所在地的知名度，提升区域形象与影响力	增加当地游客流量，带动经济发展	增强了当地人的环保意识	促进当地基础设施（道路、通信等）的进一步完善
0.730	增加个人收入	1	1.197	1.521	1.431	1.237	1.377	1.553	1.521
0.610	增加就业机会	0.836	1	1.271	1.196	1.034	1.151	1.298	1.271
0.480	增加与外来人员交流的机会	0.658	0.787	1	0.941	0.814	0.906	1.021	1

续表

平均值	项	增加个人收入	增加就业机会	增加与外来人员交流的机会	便于了解外来文化	增加所在地的知名度，提升区域形象与影响力	增加当地游客流量，带动经济发展	增强了当地人的环保意识	促进当地基础设施（道路、通信等）的进一步完善
0.510	便于了解外来文化	0.699	0.836	1.063	1	0.864	0.962	1.085	1.063
0.590	增加所在地的知名度，提升区域形象与影响力	0.808	0.967	1.229	1.157	1	1.113	1.255	1.229
0.530	增加当地游客流量，带动经济发展	0.726	0.869	1.104	1.039	0.898	1	1.128	1.104
0.470	增强了当地人的环保意识	0.644	0.770	0.979	0.922	0.797	0.887	1	0.979
0.480	促进当地基础设施（道路、通信等）的进一步完善	0.658	0.787	1	0.941	0.814	0.906	1.021	1

判断结果如表 5 – 6 所示。

表 5 – 6　　　　　　　　　　AHP 层次分析结果

项	特征向量	权重值（%）	最大特征值	CI 值
增加个人收入	1.327	16.591		
增加就业机会	1.109	13.864	8.000	0.000
增加与外来人员交流的机会	0.873	10.909		
便于了解外来文化	0.927	11.591		

续表

项	特征向量	权重值（%）	最大特征值	CI 值
增加所在地的知名度，提升区域形象与影响力	1.073	13.409	8.000	0.000
增加当地游客流量，带动经济发展	0.964	12.045		
增强了当地人的环保意识	0.855	10.682		
促进当地基础设施（道路、通信等）的进一步完善	0.873	10.909		

针对增加个人收入；增加就业机会；增加与外来人员交流的机会；便于了解外来文化；增加所在地的知名度，提升区域形象与影响力；增加当地游客流量，带动经济发展；增强了当地人的环保意识，促进当地基础设施（道路、通信等）的进一步完善总共8项构建8阶判断矩阵进行AHP层次法研究（计算方法为和积法）。分析得到特征向量为（1.327、1.109、0.873、0.927、1.073、0.964、0.855、0.873），并且总共8项对应的权重值分别是：16.591%、13.864%、10.909%、11.591%、13.409%、12.045%、10.682%、10.909%。

（二）傣族园民族旅游社区居民利益诉求判断

本书先应用描述性统计、均值比较和配对样本T检验（Paired–Samples T Test）方法来判断案例点傣族园民族旅游社区居民利益诉求的先后顺序，如表5–7所示。

表5–7 傣族园民族旅游社区居民利益诉求统计表

代号	利益诉求（指标）	最小值	最大值	均值	标准差	重要性排序
A	提高当地居民的收入	1	9	7.935	1.688	1
B	增加土地出租出让的价格	1	9	7.873	1.735	2
C	加强门票收入分配透明性	1	9	7.726	1.790	3
D	丰富居民的文化生活	1	9	7.248	2.075	4

续表

代号	利益诉求（指标）	最小值	最大值	均值	标准差	重要性排序
E	加强与外界的交流	1	9	7.185	2.009	5
F	保护古建筑和民俗民风	1	9	7.143	2.286	6
G	不给当地带来自然环境破坏	1	9	7.018	2.552	7
H	有权参与社区旅游业管理	1	9	6.872	2.145	8
I	对社区的旅游发展应该有决策权	1	9	6.601	2.470	9
J	居民生活方式不受影响	1	9	6.008	2.528	10

均值大小的简单比较分析中，按照傣族园民族旅游社区居民利益要求重要程度，通过分析，可以看出，傣族园民族旅游社区居民最关注的利益要求顺序是：首先是提高收入，其次是土地出租价格、门票收入分配、经营收益和民族文化旅游资源产权等经济因素，对于参与旅游决策的权利和参与管理的权利的要求关注度相对较低。必须指出，仅仅通过均值大小的排列来判断利益要求先后次序的方法并不科学，还需要进一步检验。为了检验当地居民利益要求排序的统计意义，利用"配对样本 T 检验"的方法进一步判断上述每两个指标均值之差与零是否具有显著性差异，判断结果如表 5 - 8 所示。

表 5 - 8　　傣族园民族旅游社区居民利益诉求均值差异配对样本 T 检验结果

代号	A	B	C	D	E	F	G	H	I
A									
B	- 3.099								
C	- 2.351	$\dfrac{-0.205}{(0.888)}$							
D	- 1.706	$\dfrac{0.540 *}{(2.103)}$	$\dfrac{0.748 **}{(3.435)}$						
E	- 2.294	$\dfrac{0.726 **}{(2.510)}$	$\dfrac{0.936 **}{(4.192)}$	$\dfrac{0.185}{(0.651)}$					

代号	A	B	C	D	E	F	G	H	I
F	−3.598	0.476 ** (1.765)	0.686 ** (3.676)	<u>0.062</u> (0.268)	<u>0.246</u> (−1.238)				
G	−2.351	0.706 * (2.623)	0.915 ** (4.065)	<u>0.165</u> (0.570)	<u>−0.201</u> (−0.098)	<u>0.228</u> (0.983)			
H	−2.221	0.581 * (2.201)	0.791 ** (3.206)	<u>0.040</u> (0.146)	<u>−0.145</u> (−0.426)	<u>0.103</u> (0.365)	<u>−0.123</u> (−0.403)		
I	−5.470	1.123 ** (4.611)	1.331 ** (4.398)	0.581 * (2.030)	0.395 * (1.211)	0.645 * (2.063)	0.416 * (1.372)	0.539 * (1.728)	
J	1.000 ** (3.796)	0.852 ** (3.861)	1.061 ** (3.551)	0.311 * (1.078)	<u>0.123</u> (0.351)	0.373 * (1.238)	<u>0.144</u> (0.438)	<u>0.269</u> (0.918)	<u>−0.269</u> (−1.126)

注：* 表示 $p < 0.05$，** 表示 $p < 0.01$。

在表 5 − 8 中，上方没有加括号的数据表示纵横向对应的每两个指标评分的均值之差，下方括号内的数据是 T 检验值。若均值之差通过了 95% 或 99% 置信度的检验，则标上 * 号或 ** 号；若均值之差没有通过检验，则在均值之差的下方划上横线。例如，表 5 − 8 中最左上角的数据表明当地居民增加土地出租价格诉求与加强门票收入分配透明性诉求的评分均值之差为3.099，增加土地出租价格诉求从重要性上来说略高于加强门票收入分配透明性诉求，但是该假设并未通过 95% 置信度的检验（下方划有横线），所以增加土地出租价格诉求与加强门票收入分配透明性诉求在重要性方面的排序没有统计意义。而表 5 − 8 最左下角的数据显示当地居民增加土地出租价格诉求与有权参与傣族园民族旅游社区旅游业管理的诉求的评分均值之差为1.000，并且通过 99% 置信度的检验（标有 ** 号），说明当地居民增加土地出租价格诉求的重要性大于参与旅游管理的诉求。

根据表 5 − 8 的判断结果，可以发现：当地居民对增加土地出租价格、加强门票收入分配透明性、提高收入这三个利益要求虽然在重要性的评分均值略有不同，但是这种均值的差异与零没有统计意义上的显著性差异，即这三个利益要求在重要性方面的排序是没有很大的统计意义。但是它们与其他利益要求在重要性方面的排序都具有显著或非常显著的差异，因此，可将增加土地出租价格、加强门票收入分配透明性、提高收入这三个利益诉求归结为反映傣族园民族旅游社区居民经济利益诉求的指标；同样，将与外界交流、不影响生活方式、丰富文化生活、保护民俗文化、自然环境的利益要求归结为反映傣族园民族旅游社区居民文化环境权益的指标；将参与旅游的决策、管理的利益要求归结为反映傣族园民族旅游社区居民政治权益的指标。结合表5-7和表5-8，可知傣族园民族旅游社区居民最关注经济利益，其次是文化环境权益，最后是政治权益。

（三）阿者科民族旅游社区居民利益诉求判断

本书先应用描述性统计、均值比较和 AHP 层次分析判断矩阵方法来判断案例点阿者科民族旅游社区居民利益诉求的先后顺序，如表5-9所示。

表5-9 阿者科民族旅游社区居民利益诉求统计

代号	利益诉求（指标）	最小值	最大值	均值	标准差	重要性排序
A	增强了当地人的环保意识	0.000	1.000	2.180	0.869	1
B	增加个人收入	0.000	1.000	0.930	0.256	2
C	增加就业机会	0.000	1.000	0.750	0.435	3
D	促进当地基础设施完善	0.000	1.000	0.640	0.482	4
E	带动经济发展	0.000	1.000	0.550	0.500	5
F	增加与外来人员交流的机会	0.000	1.000	0.390	0.490	6
G	提升区域形象与影响力	0.000	1.000	0.380	0.488	7
H	便于了解外来文化	0.000	1.000	0.320	0.469	8

均值大小的简单比较分析中，按照阿者科民族旅游社区居民利益要求重要程度，通过分析，可以看出，阿者科民族旅游社区居民最关注的利益要求顺序是：首先是增强了当地人的环保意识，其次是增加个人收入、增加就业机会、促进当地基础设施完善、带动经济发展、增加与外来人员交流的机

会、提升区域形象与影响力、便于了解外来文化等因素。但是，如果只是依据均值大小的排列就判断出利益要求的先后次序，是不科学的，还需要应用其他方法进一步佐证。为了检验当地居民利益要求排序的统计意义，利用"AHP 层次分析判断矩阵"的方法进一步对上述指标进行了权重的判断，判断情况如表 5 – 10 所示。

表 5 – 10   AHP 层次分析判断矩阵

平均值	项	增加个人收入	增加就业机会	增加与外来人员交流的机会	便于了解外来文化	增加所在地的知名度，提升区域形象与影响力	增加当地游客流量，带动经济发展	促进当地基础设施（道路、通信等）的进一步完善	增强了当地人的环保意识
0.930	增加个人收入	1	1.240	2.385	2.906	2.447	1.691	1.453	0.427
0.750	增加就业机会	0.806	1	1.923	2.344	1.974	1.364	1.172	0.344
0.390	增加与外来人员交流的机会	0.419	0.520	1	1.219	1.026	0.709	0.609	0.179
0.320	便于了解外来文化	0.344	0.427	0.821	1	0.842	0.582	0.500	0.147
0.380	增加所在地的知名度，提升区域形象与影响力	0.409	0.507	0.974	1.188	1	0.691	0.594	0.174
0.550	增加当地游客流量，带动经济发展	0.591	0.733	1.410	1.719	1.447	1	0.859	0.252
0.640	促进当地基础设施（道路、通信等）的进一步完善	0.688	0.853	1.641	2.000	1.684	1.164	1	0.294
2.180	增强了当地人的环保意识	2.344	2.907	5.590	6.813	5.737	3.964	3.406	1

判断结果见表 5 - 11。

表 5 - 11 　　　　　　　　　　AHP 层次分析结果

项	特征向量	权重值（%）	最大特征值	CI 值
增加个人收入	1.212	15.147		
增加就业机会	0.977	12.215		
增加与外来人员交流的机会	0.508	6.352		
便于了解外来文化	0.417	5.212		
增加所在地的知名度，提升区域形象与影响力	0.495	6.189	8.000	0.000
增加当地游客流量，带动经济发展	0.717	8.958		
促进当地基础设施（道路、通信等）的进一步完善	0.834	10.423		
增强了当地人的环保意识	2.840	35.505		

由表 5 - 11 可知，针对增加个人收入；增加就业机会；增加与外来人员交流的机会；便于了解外来文化；增加所在地的知名度，提升区域形象与影响力；增加当地游客流量，带动经济发展；促进当地基础设施（道路、通信等）的进一步完善；增强了当地人的环保意识总共 8 项构建 8 阶判断矩阵进行 AHP 层次法研究（计算方法为和积法）。分析得到特征向量为（1.212、0.977、0.508、0.417、0.495、0.717、0.834、2.840），并且总共 8 项对应的权重值分别是：15.147%、12.215%、6.352%、5.212%、6.189%、8.958%、10.423%、35.505%。

二、影响民族旅游社区社会关系的因素判断

（一）曼回索民族旅游社区社会关系影响因素分析

本书通过问卷统计、访谈发现，目前曼回索民族旅游社区居民最关注的经济因素是经济收入、居住环境、政府支持、就业机会、基础设施完善、诚信经营。

在调查中，所有被调查者都认为经济收入是影响曼回索民族旅游社区社会关系的主要因素、88.2%的被调查者认为政府政策、资金支持是影响曼回索民族旅游社区社会关系的主要因素、70.6%的被调查者认为居住环境是影响曼回索民族旅游社区社会关系的主要因素、63.7%的被调查者认为就业机会与岗位是曼回索影响民族旅游社区社会关系的主要因素、67.6%的被调查者认为曼回索基础设施是影响民族旅游社区社会关系的主要因素（见表5－12）。

表5－12　　　　影响曼回索民族旅游社区社会关系的主要因素

序号	影响民族旅游社区社会关系的主要因素	支持人数（人）	所占比例（%）
1	经济收入	102	100
2	居住环境	72	70.6
3	政府政策、资金支持	90	88.2
4	就业机会	65	63.7
5	基础设施	69	67.6

本书运用统计软件SPSS 25，采用等级相关性分析的原理，对经济收入、居住环境、政府支持、就业机会、基础设施完善、诚信经营等因素与曼回索民族旅游社区社会关系感知的相关性进行分析，结果如表5－13～表5－17所示。

表5－13　　　　经济收入与曼回索民族旅游社区社会关系感知的相关性

		增加个人收入
对多数人有益	相关系数	0.245*
	p 值	0.014
	样本量	100

注：* 表示 $p < 0.05$。

由表5－13可知，增加个人收入和对多数人有益之间的相关系数值为0.245，并且呈现出0.05水平的显著性，因而说明增加个人收入和对多数人有益之间有着显著的正相关关系。

表 5 - 14　　　居住环境与曼回索民族旅游社区社会关系感知的相关性

		自然环境遭破坏	卫生环境变差	社会治安变差	生活空间被侵占
对多数人有益	相关系数	0.039	0.309 **	0.485 **	0.416 **
	p 值	0.698	0.002	0.000	0.000
	样本量	100	100	100	100

注：** 表示 $p < 0.01$。

由表 5 - 14 可知，卫生环境变差与对多数人有益共 1 项之间全部均呈现出显著性，相关系数值分别是 0.309，并且相关系数值均大于 0，意味着卫生环境变差与对多数人有益共 1 项之间有着正相关关系。社会治安变差与对多数人有益共 1 项之间全部均呈现出显著性，相关系数值分别是 0.485，并且相关系数值均大于 0，意味着社会治安变差与对多数人有益共 1 项之间有着正相关关系。生活空间被侵占与对多数人有益共 1 项之间全部均呈现出显著性，相关系数值分别是 0.416，并且相关系数值均大于 0，意味着生活空间被侵占与对多数人有益共 1 项之间有着正相关关系。

表 5 - 15　　　政府资金与政策支持与曼回索民族旅游社区社会关系感知的相关性

		政府财力投入不足	法规、政策不明确
对多数人有益	相关系数	0.068	0.312 **
	p 值	0.500	0.002
	样本量	100	100

注：** 表示 $p < 0.01$。

由表 5 - 15 可知，政府财力投入不足和对多数人有益之间的相关系数值为 0.068，接近于 0，并且 p 值为 0.500 > 0.05，因而说明政府财力投入不足与对多数人有益之间并没有相关关系。法规、政策不明确和对多数人有益之间的相关系数值为 0.312，并且呈现出 0.01 水平的显著性，因而说明法规、政策不明确与对多数人有益之间有着显著的正相关关系。

表 5 - 16　　　就业机会与曼回索民族旅游社区社会关系感知的相关性

		增加就业机会
对多数人有益	相关系数	0.450 **
	p 值	0.000
	样本量	100

注：** 表示 $p < 0.01$。

由表 5 - 16 可知，增加就业机会和对多数人有益之间的相关系数值为 0.450，并且呈现出 0.01 水平的显著性，因而说明增加就业机会与对多数人有益之间有着显著的正相关关系。

表 5 - 17　　　基础设施完善与曼回索民族旅游社区社会关系感知的相关性

		促进当地基础设施（道路、通信等）的进一步完善
对多数人有益	相关系数	0.479 **
	p 值	0.000
	样本量	100

注：** 表示 $p < 0.01$。

由表 5 - 17 可知，促进当地基础设施（道路、通信等）的进一步完善与对多数人有益之间的相关系数值为 0.479，并且呈现出 0.01 水平的显著性，因而说明促进当地基础设施（道路、通信等）的进一步完善与对多数人有益之间有着显著的正相关关系。

（二）傣族园民族旅游社区社会关系影响因素分析

通过问卷统计、访谈发现，目前傣族园民族旅游社区居民最关注的经济因素是土地出租出让价格、门票收入分配、就业机会与岗位、居民旅游经营收益、民族文化旅游资源产权回报。

在调查中，90.5%的被调查者认为土地出租出让价格是影响傣族园民族旅游社区社会关系的主要因素、80%的被调查者认为门票收入分配是影响傣族园民族旅游社区社会关系的主要因素、60%的被调查者认为就业机会与岗位是影响傣族园民族旅游社区社会关系的主要因素、42.9%的被调查者认为居民旅游经营收益是影响傣族园民族旅游社区社会关系的主要因素、40%的被调查者认为傣族园民族文化旅游资源产权回报是影响傣族园民族旅游社区社会关系的主要因素（见表5－18和表5－19）。

表5－18　　　　　影响傣族园民族旅游社区社会关系的主要因素

序号	影响民族旅游社区社会关系的主要因素	支持人数（人）	所占比例（%）
1	土地出租出让价格	95	90.5
2	门票收入分配	84	80
3	就业机会与岗位	63	60
4	居民旅游经营收益	45	42.9
5	民族文化旅游资源产权回报	42	40

表5－19　　　　土地出租价格与傣族园民族旅游社区社会关系感知的相关性

			土地出租价格	民族旅游社区关系感知
Kendall 的 tau_b	土地出租价格	相关系数	1.000	0.863 **
		Sig.（双侧）	0.000	0.000
		N	105	105
	民族旅游社区关系感知	相关系数	0.863 **	1.000
		Sig.（双侧）	0.000	0.000
		N	105	105

续表

			土地出租价格	民族旅游社区关系感知
Spearman 的 rho	土地出租价格	相关系数	1.000	0.863 **
		Sig.（双侧）	0.000	0.000
		N	105	105
	民族旅游社区关系感知	相关系数	0.863 **	1.000
		Sig.（双侧）	0.000	0.000
		N	105	105

注：** 表示 $p < 0.01$。

本书运用统计软件 SPSS 25，采用等级相关性分析的原理，对土地出租价格、门票收入分配、就业机会与岗位、居民旅游经营收益和民族文化旅游资源产权回报等经济因素与傣族园民族旅游社区社会关系感知的相关性进行分析，结果见表 5－20～表 5－23。

表 5－20   门票收入分配与民族旅游社区社会关系感知的相关性

			门票收入分配	民族旅游社区关系感知
Kendall 的 tau_b	门票收入分配	相关系数	1.000	0.769 **
		Sig.（双侧）	0.000	0.000
		N	105	105
	民族旅游社区关系感知	相关系数	0.769 **	1.000
		Sig.（双侧）	0.000	0.000
		N	105	105
Spearman 的 rho	门票收入分配	相关系数	1.000	0.782 **
		Sig.（双侧）	0.000	0.000
		N	105	105
	民族旅游社区关系感知	相关系数	0.782 **	1.000
		Sig.（双侧）	0.000	0.000
		N	105	105

注：** 表示 $p < 0.01$。

表 5 – 21　　　　　就业机会与岗位与民族旅游社区社会关系感知的相关性

			就业机会与岗位	民族旅游社区关系感知
Kendall 的 tau_b	就业机会与岗位	相关系数	1.000	– 0.106
		Sig.（双侧）	0.000	0.281
		N	105	105
	民族旅游社区关系感知	相关系数	– 0.106	1.000
		Sig.（双侧）	0.281	0.000
		N	105	105
Spearman 的 rho	就业机会与岗位	相关系数	1.000	– 0.106
		Sig.（双侧）	0.000	0.283
		N	105	105
	民族旅游社区关系感知	相关系数	– 0.106	1.000
		Sig.（双侧）	0.283	0.000
		N	105	105

表 5 – 22　　　　居民旅游经营收益与民族旅游社区社会关系感知的相关性

			经营收益	民族旅游社区关系感知
Kendall 的 tau_b	居民旅游经营收益	相关系数	1.000	0.506 **
		Sig.（双侧）	0.000	0.000
		N	105	105
	民族旅游社区关系感知	相关系数	0.506 **	1.000
		Sig.（双侧）	0.000	0.000
		N	105	105
Spearman 的 rho	居民旅游经营收益	相关系数	1.000	0.514 **
		Sig.（双侧）	0.000	0.000
		N	105	105
	民族旅游社区关系感知	相关系数	0.514 **	1.000
		Sig.（双侧）	0.000	0.000
		N	105	105

注：** 表示 $p < 0.01$。

表 5 –23　　　民族文化旅游资源产权回报与民族旅游社区社会关系感知的相关性

			民族文化旅游资源产权	民族旅游社区关系感知
Kendall 的 tau_b	民族文化旅游资源产权回报	相关系数	1.000	1.000 **
		Sig.（双侧）	0.000	0.000
		N	105	105
	民族旅游社区关系感知	相关系数	1.000 **	1.000
		Sig.（双侧）	0.000	0.000
		N	105	105
Spearman 的 rho	民族文化旅游资源产权回报	相关系数	1.000	1.000 **
		Sig.（双侧）	0.000	0.000
		N	105	105
	民族旅游社区关系感知	相关系数	1.000 **	1.000
		Sig.（双侧）	0.000	0.000
		N	105	105

注：** 表示 $p < 0.01$。

（三）阿者科民族旅游社区社会关系影响因素分析

通过对阿者科的问卷调查和访谈发现，目前阿者科民族旅游社区居民最关注的因素是经济收入、居住环境、政策和资金支持、就业机会和基础设施建设。

在调查中，所有被调查者都认为经济收入是影响阿者科民族旅游社区社会关系的主要因素，88.2%的被调查者认为政府政策、资金支持是影响阿者科民族旅游社区社会关系的主要因素，78.6%的被调查者认为居住环境是影响阿者科民族旅游社区社会关系的主要因素，57.7%的被调查者认为就业机会与岗位是阿者科影响民族旅游社区社会关系的主要因素，76.9%的被调查者认为阿者科基础设施是影响民族旅游社区社会关系的主要因素（见表 5 –24）。

表5-24   影响阿者科民族旅游社区社会关系的主要因素

序号	影响民族旅游社区社会关系的主要因素	支持人数（人）	所占比例（%）
1	经济收入	112	100
2	居住环境	88	78.6
3	政府政策、资金支持	90	88.2
4	就业机会	64	57.7
5	基础设施	86	76.9

本书运用统计软件 SPSS 25，采用等级相关性分析的原理，对经济收入、居住环境、政府支持、就业机会、基础设施完善、诚信经营等因素与阿者科民族旅游社区社会关系感知的相关性进行分析，结果如表 5-25 ~ 表 5-29 所示。

表5-25   经济收入与阿者科民族旅游社区社会关系感知的相关性

		增加个人收入
对多数人有益	相关系数	-0.040
	p 值	0.695
	样本量	100

由表 5-25 可知，增加个人收入和对多数人有益之间的相关系数值为 -0.040，接近于 0，并且 p 值为 0.695 > 0.05，因而说明增加个人收入与对多数人有益之间并没有相关关系。

表5-26   居住环境与阿者科民族旅游社区社会关系感知的相关性

		破坏当地环境	原有文化系统遭到破坏	造成当地物价上涨	自然环境遭到破坏	文化景观遭到破坏	生活空间被侵占	卫生环境变差
对多数人有益	相关系数	-0.465**	-0.491**	-0.242*	0.243*	0.212*	-0.016	0.083
	p 值	0.000	0.000	0.015	0.015	0.034	0.878	0.411
	样本量	100	100	100	100	100	100	100

注：* 表示 $p < 0.05$，** 表示 $p < 0.01$。

由表 5 - 26 可知，破坏当地环境与对多数人有益共 1 项之间全部均呈现出显著性，相关系数值是 - 0.465，并且相关系数值均小于 0，意味着破坏当地环境与对多数人有益共 1 项之间有着负相关关系。原有文化系统遭到破坏与对多数人有益共 1 项之间全部均呈现出显著性，相关系数值是 - 0.491，并且相关系数值均小于 0，意味着原有文化系统遭到破坏与对多数人有益共 1 项之间有着负相关关系。造成当地物价上涨与对多数人有益共 1 项之间全部均呈现出显著性，相关系数值是 - 0.242，并且相关系数值均小于 0，意味着造成当地物价上涨与对多数人有益共 1 项之间有着负相关关系。自然环境遭到破坏与对多数人有益共 1 项之间全部均呈现出显著性，相关系数值是 0.243，并且相关系数值均大于 0，意味着自然环境遭到破坏与对多数人有益共 1 项之间有着正相关关系。文化景观遭到破坏与对多数人有益共 1 项之间全部均呈现出显著性，相关系数值是 0.212，并且相关系数值均大于 0，意味着文化景观遭到破坏与对多数人有益共 1 项之间有着正相关关系。生活空间被侵占与对多数人有益共 1 项之间均不会呈现出显著性，相关系数值是 - 0.016，全部均接近于 0，并且 p 值全部均大于 0.05，意味着生活空间被侵占与对多数人有益共 1 项之间均没有相关关系。卫生环境变差与对多数人有益共 1 项之间均不会呈现出显著性，相关系数值分别是 0.083，全部均接近于 0，并且 p 值全部均大于 0.05，意味着卫生环境变差与对多数人有益共 1 项之间均没有相关关系。

表5-27　政府资金与政策支持与阿者科民族旅游社区社会关系感知的相关性

		政府财力投入不足	法规、政策不明确
对多数人有益	相关系数	0.068	0.312**
	p 值	0.500	0.002
	样本量	100	100

注：** 表示 $p < 0.01$。

由表 5 - 27 可知，政府财力投入不足和对多数人有益之间的相关系数值为 0.068，接近于 0，并且 p 值为 0.500 > 0.05，因而说明政府财力投入不足和对多数人有益之间并没有相关关系。法规、政策不明确和对多数人有益之间的相关系数值为 0.312，并且呈现出 0.01 水平的显著性，因而说明法规、政策不明确与对多数人有益之间有着显著的正相关关系。

表 5 – 28　　就业机会与阿者科民族旅游社区社会关系感知的相关性

		增加就业机会
对多数人有益	相关系数	0.450 **
	p 值	0.000
	样本量	100

注：** 表示 p < 0.01。

由表 5 – 28 可知，增加就业机会和对多数人有益之间的相关系数值为 0.450，并且呈现出 0.01 水平的显著性，因而说明增加就业机会与对多数人有益之间有着显著的正相关关系。

表 5 – 29　　基础设施完善与阿者科民族旅游社区社会关系感知的相关性

		促进当地基础设施（道路、通信等）的进一步完善
对多数人有益	相关系数	0.479 **
	p 值	0.000
	样本量	100

注：** 表示 p < 0.01。

促进当地基础设施（道路、通信等）的进一步完善和对多数人有益之间的相关系数值为 0.479，并且呈现出 0.01 水平的显著性，因而说明增促进当地基础设施（道路、通信等）的进一步完善和对多数人有益之间有着显著的正相关关系。

通过以上分析，可以得出以下结论。

第一，当前，民族旅游社区居民最关注经济利益，其次是文化环境权益，最后是政治权益。经济因素是影响民族旅游社区社会关系的主因。在各种经济因素中，土地出租出让价格、门票收入分配、就业机会与岗位、居民旅游经营收益、民族文化旅游资源产权回报等因素最受关注。其中，土地出租出让价格、门票收入分配、居民旅游经营收益、民族文化旅游资源产权回报与民族旅游社区社会关系感知的相关性显著，就业机会与岗位与民族旅游社区社会关系感知的关联度不大。

第二，中国社会正在转型，民族旅游社区正处于从以农业为基础的传统乡土社会转变为一个以其他产业为基础的现代社会的进程中。民族旅游社区社会关系的感知不仅仅涉及居民自身，还涉及旅游者、旅游企业、政府部门等利益相关者。民族旅游社区良性社会关系的构建涉及多个利益相关者协调和多种关系的整合。这些协调和整合围绕着经济诉求而展开。

第三，经过旅游开发和社会交流，民族旅游社区居民接触了越来越多的旅游者，居民对旅游活动的态度也发生着变化。民族旅游社区居民对旅游活动的态度是随着经济环境、政治法律环境、社会文化环境、生态环境等外部因素的变化而变化。民族旅游社区居民对旅游活动的态度与各个利益相关者不断博弈的结果密切相关。社区居民的利益诉求是否得到基本满足是民族旅游社区社会关系良好的重要保证。相应的对策和建议应该基于不同的情景而作安排和调整。

第四，在民族旅游社区这个以民族成员为主体的民族地域性社会中，旅游接待活动已经与该社会成员的日常生活紧密相联，这也使得民族旅游社区的社会关系日趋复杂化。随着商品经济的不断发展，市场观念不断的渗透，民族旅游社区居民的财产意识、维权意识逐渐强化，政治参与的诉求有着不断扩大的趋势。扩大决策的参与度，让更多的居民参与社区旅游决策，是中华民族旅游社区社会关系良性发展的必然路径。

第六章　民族旅游社区利益相关者协同共生系统研究

2000 年以来，通过发展旅游业来促进民族地区地方经济发展、推进民族地区乡村的社会转型取得了较大的成效，旅游业促进民族地区实现跨越式发展已经形成共识。作为民族地区的基本单元，民族旅游社区的可持续发展受到了广泛的关注。民族旅游社区冲突与纷争的疏解已经成为和谐社会、旅游扶贫、边疆稳定、社会发展的重要条件。在民族旅游社区正在从以农业为基础的传统乡土社会转变为以其他产业为基础的现代社会的进程中，如何疏解民族旅游社区的冲突与纷争，建设和谐的民族旅游社区，以旅游带动民族社区经济、文化和城镇化发展呢？民族旅游社区冲突与纷争的疏解，是一项艰巨而复杂的社会工程，并不是简单地把生产用地变为景区用地、把农民变为旅游生意人就可以实现的，也不是达到一系列经济指标就可以完成的。民族旅游社区冲突与纷争的疏解需要了解民族旅游社区各主要利益相关者的利益诉求，在对民族旅游社区矛盾产生的原因和机理的充分认识基础上，从系统的角度来疏解民族旅游社区各利益群体的冲突与纷争。构建民族旅游社区利益相关者共生系统，力争在民族旅游社区中实现不同利益群体的共同发展，无疑是整合民族旅游社区多种关系、疏解民族旅游社区冲突与纷争的一种新思路，是促进民族地区社会和谐、实现民族地区可持续发展的一种新途径。

第一节　构建民族旅游社区利益相关者协同共生系统的基础

从生物学的层面来说，共生是不同种类的生物共同生活的现象。然而，共生不仅是一种生物现象，也是一种社会现象。同时，共生也不仅是生物生存的一种机制，还是一种社会组织的方式（鲁波和刘泰子，2012）。从系统工程的角度来讲，共生是各个子系统之间相互依存的存在方式。民族旅游社区涉及的利益相关者众多。民族旅游社区中旅游者、当地居民、政府、旅游企业等利益相关者之间存在着相互依存、相互共生的关系，各个具有不同利益诉求的利益相关者之间的关系错综复杂。可以说，民族旅游社区发展是一个整合多种关系、协调多个利益相关者利益的复杂的系统工程。民族旅游社区发展涉及不同利益群体的发展，需要各主要利益相关者的共同发展才能得到发展。为了更好地把握民族旅游社区利益相关者共生系统的情况，有必要对民族旅游社区利益相关者协同共生系统的构成要素及其逻辑关系进行梳理、对民族旅游社区利益相关者的共生条件进行分析。

一、民族旅游社区利益相关者协同共生系统的要素及其逻辑关系

共生在生物学中指的是不同的共生单元按照某一种共生的模式在某一特定的共生环境生存所形成的关系。这种共生关系不是一成不变的，是所有共生单元、共生模式和共生环境相互作用的结果。民族旅游社区利益相关者协同共生系统是民族旅游社区中各个共生单元在民族旅游社区这一共生环境中按照一定的共生模式相互作用所形成的共生关系的集合。共生单元、共生模式与共生环境是构成民族旅游社区利益相关者共生的三要素，而链接这三个基本要素，使之保持物质、信息与能量动态交换的核心媒介是共生界面（李灿，2013）。本书根据民族旅游社区利益相关者的诉求特征，在借鉴袁纯清（1998）对共生单元、共生模式、共生环境定义的基础上，对民族旅游社区利益相关者共生系统的要素进行分析。

（一）共生单元

共生单元是指构成共生体的基本能量生产和交换单位。共生单元是形成共生体的基本物质条件（袁纯清，1998）。共生体即共生系统。共生单元所处的共生系统不同，其性质与特征不同。不同层次的共生单元，其性质和特征不同。在民族旅游社区利益相关者共生系统中，存在着如旅游者、社区居

民、旅游开发商、旅游企业、当地政府、旅游企业员工以及竞争者等利益相关者组合而成的利益相关群体。这些利益相关群体影响着民族旅游社区的生产和发展，同时，也被民族旅游社区生产和发展状况影响。旅游者、社区居民、旅游开发商、旅游企业、当地政府、旅游企业员工以及竞争者等利益相关者构成民族旅游社区利益相关者共生系统的共生单元。

由于民族旅游社区的利益相关者众多，关系错综复杂，且就民族社区的生产和发展来说，一些利益相关者的矛盾与纷争相比较而言不是民族旅游社区矛盾纷争的主体。因此，本书选择民族旅游社区的社区居民、旅游者、当地政府、旅游企业四个民族旅游社区的主要利益相关者作为分析研究的对象。本书的民族旅游社区利益相关者共生系统的共生单元指的是民族旅游社区中的社区居民、旅游者、当地政府和旅游企业。

（二）共生模式

共生模式也称共生关系，按照袁纯清的定义，指的是共生系统中的共生单元之间相互作用的方式或相互结合的形式。共生模式既反映了共生单元之间作用的方式，也反映了共生单元之间作用的强度；既反映了共生单元之间的物质信息交流关系，也反映了共生单元之间的能量互换关系（袁纯清，1998）。由于分类的角度不同，共生模式的分类也不同。根据共生单元的行为方式，将共生模式划分为寄生、偏利共生、非对称互惠共生、对称互惠共生四种；根据共生单元的组织程度，将共生模式划分为点共生、间歇共生、连续共生、一体化共生四种。其中，一体化共生是民族旅游社区利益相关者共生系统的理想组织模式；对称互惠共生是民族旅游社区利益相关者共生系统社会进化的最终目的和结果（袁纯清，2008），是民族旅游社区发展的理想行为模式，是民族旅游社区利益相关者共生系统进化的基本方向和最终目标。对称互惠共生状态可以达到帕累托最优，同时也是最佳激励兼容状态或最佳资源配置状态（吴泓和顾朝林，2004）。对称互惠共生和一体化共生模式可以保证民族旅游社区实现互利多赢、确保多方利益的均衡、促进民族旅游社区的可持续发展。对称互惠共生和一体化共生模式是保证民族旅游社区可持续发展的最佳行为模式和组织模式。

（三）共生环境

共生环境指的是共生关系发展的外生条件，或者是共生模式存在的外生条件。共生单元以外的所有因素的总和构成共生环境（袁纯清，1998）。在民族旅游社区利益相关者共生系统中，共生单元（民族旅游社区的各个利益相关者）之间的关系即民族旅游社区利益相关者共生模式是在一定的环境中产生和发展的。在民族旅游社区各利益相关者共生系统中，除去共生单元——各利益相关者之外，所有对民族旅游社区发展产生影响的因素都是各个利益相关者存在的外生条件，这些因素构成了民族旅游社区各利益相关者共生系统共生环境。民族旅游社区的自然环境条件（地质、水文、地貌、气候等）、人文社会环境条件（政策、法律、制度、社区关系人员素质、文化氛围）、经济发展条件（区位和客源条件、基础设施条件、居民收入、配套服务设施条件）等构成了民族旅游社区各利益相关者共生系统共生环境。需要特别说明的是，共生关系存在的环境往往是多重的。在民族旅游社区各利益相关者共生系统中，不同类型的共生环境对共生关系的影响是不同的。民族旅游社区各利益相关者共生系统的共生环境，按照影响的方式不同，共生环境分为直接环境和间接环境。按照影响程度不同，共生环境分为主要环境和次要环境。共生环境对共生系统产生影响，这种影响是通过一系列环境变量的作用来实现的。在民族旅游社区利益相关者共生系统中，当整个系统向正向发展，处于积极的环境之中时，共生环境将对整个民族旅游社区利益相关者共生系统起到积极和激励的正向作用。此时，民族旅游社区利益相关者共生系统达到均衡的可能性将增加，相应地，整个共生系统的净收益将会得到增加；当共生系统向反向发展，处于消极环境之中时，共生环境将对整个民族旅游社区利益相关者共生系统起抑制和消极作用，整个共生系统的净收益将会减少。相对于共生单元和共生模式而言，共生环境是外生的。对民族旅游社区的各利益相关者来说，共生环境往往具有不可抗性。

（四）共生界面

在生态学的共生理论中，共生界面是决定共生单元之间相互作用的机制或规则，在社会与经济领域，共生界面是一种有形或无形的契约（李灿，

2013）。在民族旅游社区中，共生界面具有在共生单元间传递信息、交流物质、传导能量、分工合作的功能，是共生单元之间传导信息与能量、进行物质交流与分配的纽带。在民族旅游社区利益相关者共生系统中，共生模式与共生界面是相互匹配的，是紧密联系在一起的。在这样的联系中，共生界面的性质及其变化对民族旅游社区的共生关系形成和发展具有极其重要的作用。共生界面功能的强弱决定了整个民族旅游社区各利益相关者共生系统作用机制的效果与效率，是民族旅游社区各利益相关者协同共生的前提条件。在生态学领域中，共生界面是自然界选择的结果，而在社会与经济领域，共生界面是社会发展和市场竞争规律下的必然选择。

共生界面可以分为无形界面与有形界面，也可以分为单介质界面和多介质界面。在民族旅游社区利益相关者共生系统中，社区居民为旅游者提供的旅游商品、参与景区经营管理是一种共生界面，旅游企业为旅游者提供旅游产品、管理措施是一种共生界面，当地政府所制定的旅游相关政策、管理运营机制是一种共生界面，旅游者所提出的建议是一种共生界面，等等。这些有形与无形、单个与多个的共生界面共同构成了民族旅游社区利益相关者共生系统的共生界面。

民族旅游社区利益相关者共生系统由民族旅游社区中的各个利益相关者组成。在这个共生系统中，各利益相关者的共生关系是民族旅游社区利益相关者共生系统中的共生单元、共生模式、共生环境、共生界面相互作用的结果。其中，共生单元是民族旅游社区利益相关者共生的基础，共生模式是民族旅游社区利益相关者共生的关键，共生环境是民族旅游社区利益相关者共生的外部条件，共生界面是民族旅游社区利益相关者共生的纽带（见图6-1）。

在民族旅游社区中，各种法律法规、伦理道德观、政策指令、协议、制度、合同等有形或无形的规范构成了民族旅游社区利益相关者共生关系中的共生界面，各共生单元之间借助这些共生界面来进行物质交流与物质分配，进行民族旅游社区利益相关者共生系统的信息与能量的传导。如果共生界面的选择符合共生体系统进化的方向，民族旅游社区各共生单元之间保持了互惠共生的作用模式，则整个民族旅游社区就处于可持续发展的良性状态；如果共生界面阻碍了互惠共生模式的形成，共生界面的选择与共生体进化的方

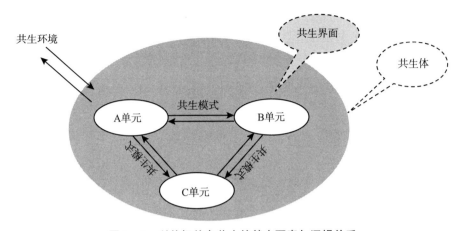

图 6 - 1　利益相关者共生的基本要素与逻辑关系

资料来源：李灿. 基于共生理论的企业利益相关者关系研究——基本逻辑与演进机理 [J]. 湖南师范大学自然科学学报，2013，36（6）：88 - 92.

向不相符时，则民族旅游社区的共生单元之间利益分配将会处于非均衡状态，民族旅游社区利益相关者共生环境成本增加，民族旅游社区各利益相关者之间将会出现利益冲突，最终将导致民族旅游社区发展停滞或倒退。在民族旅游社区利益相关者共生系统中，民族旅游社区社会经济的发展是共生界面产生的动力，相对应地，资源减少、环境恶化是共生界面产生的阻力。在共生系统中，只有动力大于阻力时，民族旅游社区利益相关者协同共生系统内部才能实现共生。

二、民族旅游社区利益相关者共生的条件分析

根据共生理论，民族旅游社区各利益相关者间共生关系的形成必须具备以下三个条件：一是共生单元之间至少有一组质参量兼容；二是共生单元之间至少生成一个共生界面，而且共生单元可同时在共生界面自主活动（屠梅曾和赵旭，1997）；三是通过共生界面，共生单元之间能够进行物质交流、信息交流和能量交流，共生关系才可能发生。

（一）共生单元兼容

民族旅游社区的利益相关者之间具有内在性质的兼容。民族旅游社区的

利益相关者具有共同的愿望，他们相互作用、密切相关、相互影响。民族旅游社区旅游活动的供给者——民族旅游社区的当地政府、社区居民、旅游企业都希望能够做好旅游接待，扩大民族旅游社区知名度，招徕更多的旅游者，进一步推动当地旅游业快速发展。民族旅游社区旅游活动的需求者——旅游者的目标是获得高质量的旅游体验。无论是民族旅游社区旅游活动的供给者，还是旅游的需求者，都以当地的传统建筑、民俗民风、宗教文化、生态环境为基础来实现其愿望和目标。根据以上分析，民族旅游社区的各利益相关者之间在旅游发展愿望方面具有内在的兼容性。同时，民族旅游社区所在地的当地政府、旅游企业和社区居民都希望在旅游活动的开展和发展中获得经济效益，而旅游者在旅游过程中需要支付一定的经济补偿来获得旅游体验效益，当地政府、旅游企业、社区居民与旅游者之间产生经济交集。从这一层面来说，民族旅游社区的各利益相关者之间存在着内在性质的兼容。民族旅游社区各利益相关者间共生关系的形成具备了第一个条件。

（二）共生活动界面形成

在民族旅游社区共生系统中，不同的利益相关者之间至少能够生成一个共生界面，并且可以在共生界面内部自主活动。以傣族园为例，由五个村寨组成的傣族园是当地政府、旅游企业、社区居民与旅游者自主活动的空间，当地政府为旅游活动的开展提供行政管理与服务的功能；旅游企业将傣族园的自然风光和人文风情组织起来，为旅游活动的开展提供各种实施、人员服务、协调组织；在旅游企业和当地政府的组织下，傣族园社区居民以自身的文化、习俗为基础，为旅游者提供热情友好的接待服务；旅游者支付一定的经济补偿，体验傣族园的自然风光和人文风情，获取傣族园的一系列服务。以上民族旅游社区各个利益相关者之间相互作用的空间，生成了一个个共生界面，民族旅游社区各利益相关者间共生关系的形成具备了第二个条件。

（三）交流的实现

民族旅游社区的各利益相关者之间能够通过共生界面进行信息交流、物质交流和能量的交流。以傣族园为例，在旅游开发过程中，旅游企业、当地政府、社区居民共同在同一共生界面的作用下，共同交流并组合起来，各利益相关者从不同层面发挥着不同的作用。当地政府作为宏观管理者，争取资金，提升管理，提供公共服务，为提升社区居民的生活水平而竭尽全力，为旅游企业提供支持和帮助，招徕旅游者，提供行政服务；社区居民作为民族旅游社区的资源拥有者，在当地政府与旅游企业的帮助和指导下，遵守统一管理，将自己民族所特有的干栏式建筑、民族风情、宗教文化、饮食文化等资源展示给旅游者，将傣族园的特色与美留在旅游者心目中，塑造傣族园的良好形象，提升傣族园的美誉度；旅游企业接受当地政府的行政监督，组织傣族园村民，组合旅游产品，为旅游者提供服务，向社区居民交纳租金，向当地政府缴纳应缴税金；旅游者作为旅游的体验者，通过支付一定数量的费用，来到傣族园感受和体验傣族人民的干栏式建筑、淳朴民俗民风和醇厚的宗教文化，呼吸纯天然生态环境所带来的新鲜空气，享受美食。通过上述分析可以看出，物质流、信息流和能量流已经在傣族园民族旅游社区中流转，主要利益相关者之间已经能够进行物质交流、信息交流和能量交流，傣族园民族旅游社区具备了很好的共生条件。同时，空间上的接近性和联系的便利性，有利于人员、资金及信息的交流，有利于旅游经济的合作；文化、政治上的联系性或历史民族文化的相近性，在空间上能够形成一定的文化认同感；具有一定量的同类或异类的旅游资源，通过同质组合和异质互补，提高民族旅游社区的总体竞争力（苏章全等，2010）；具有相应的政策法律支撑，形成了能够推动民族旅游社区有力的、有效发展旅游的政策环境，能够推进民族旅游社区的发展。民族旅游社区的各利益相关者之间通过共生界面能够进行物质交流、信息交流和能量的交流，推动民族旅游社区各利益相关者间共生关系的形成，为其形成打下了坚实的基础，使民族旅游社区各利益相关者间的共生具备了第三个条件。

因此，从社会关系上来说，笔者认为民族旅游社区是由社区中的各利益相关者组成的共生系统，这一系统包括社区居民（resident）、旅游企业（enterprise）、当地政府（government）、旅游者（tourist）子系统，民族旅游社区利益相关者共生系统可以简称为 REGT 共生系统。

第二节 民族旅游社区利益相关者共生系统的结构

一、系统结构

不同类别的社区居民有不同的利益诉求，不同类别的社区居民对经济方面的利益诉求、制度方面的利益诉求、社会文化心理方面的利益诉求的侧重点不同。由于民族旅游社区主体的这一特点，因此，民族旅游社区利益相关者共生系统、每一个子系统、内部各要素都与系统外部环境存在着复杂的、非线性的相互作用，系统中的各要素和相应参数之间所存在的强耦合作用使得民族旅游社区利益相关者共生系统内部形成了某种内在结构。

民族旅游社区 REGT 共生系统是一个层次复杂、要素众多、关系错综、目标和功能多样的大系统。民族旅游社区 REGT 共生系统的每个子系统由若干个因素而组成。根据民族旅游社区各利益相关者因经济、制度、社会文化心理产生的耦合关系，将民族旅游社区利益相关者共生系统的结构确定如图 6－2 所示。

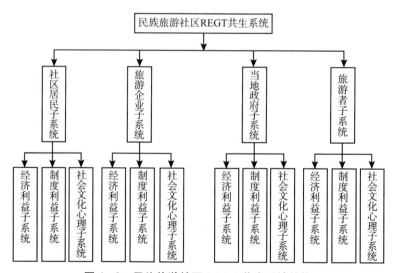

图 6－2 民族旅游社区 REGT 共生系统结构

二、系统网络关系

民族旅游社区 REGT 共生系统中，社区居民子系统、旅游企业子系统、当地政府子系统、旅游者子系统共同构成 REGT 共生系统，这些子系统相互作用、相互影响、相互制约，并在相互作用的过程中形成了纵横交错、纷繁复杂的关系。一方面，民族旅游社区 REGT 共生系统中的各个子系统之间有着积极的互动。例如，通过向其他子系统提供一定数量的劳动力，社区居民子系统满足其他子系统生产和再生产的需要，而社区居民子系统从其他子系统处也获得自身发展所需要的各种各样的条件。又如，当地政府子系统满足社区居民子系统制度利益的诉求，旅游企业子系统满足社区居民子系统经济利益诉求、制度利益诉求、社会文化心理诉求，当地政府子系统满足旅游者子系统制度利益诉求、社会文化心理诉求等。另一方面，民族旅游社区 REGT 共生系统中的各个子系统之间也存在着消极的作用。例如，旅游者数量增大会要求社区居民子系统、旅游企业子系统、当地政府子系统提供更多的物质文化生活资料，这必然会加剧社区居民子系统生活环境的恶化，加剧旅游企业子系统对资源的挤占，加剧当地政府子系统公共服务体系建设的难度。这种纵横交错、纷繁复杂的关系构成了民族旅游社区 REGT 共生系统网络关系如图 6 - 3 所示。

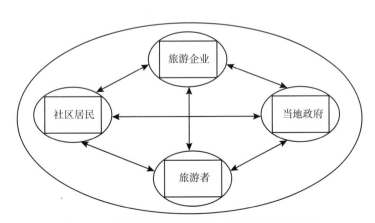

图 6 - 3 民族旅游社区 REGT 共生系统网络关系

第三节　民族旅游社区利益相关者
协同共生系统的特征

在民族旅游社区 REGT 共生系统中，当地政府子系统、社区居民子系统、旅游者子系统、旅游企业子系统在共生界面下相互作用、相互交流，并通过物质、信息和能量的交流，产生出共生能量，进而推动民族旅游社区的持续性发展。当共生关系不存在时，为了自身的发展，民族旅游社区的各利益群体会自行对资源进行掠夺，这种各自为政的掠夺是无序的。这种无序的掠夺必然会造成资源的枯竭、环境的恶化、秩序的混乱。这种状况最终将导致各利益群体失去赖以生存的共生环境，无法生存和发展。民族旅游社区 REGT 共生系统除了具备多重性、自主增容性、不可逆性、共进化性等一般共生系统的主要特征外，还具有以下特点。

一、复杂性

民族旅游社区 REGT 共生系统由当地政府、旅游者、社区居民、旅游企业等子系统组成，每一个子系统又是由为数众多的元素构成。以社区居民为例，从性别上划分，有男女之别；从年龄层次上划分，有儿童、少年、青年、中年、老年；从文化程度上划分，可以分为小学及以下、初中、高中或中专、大专及以上……不同类别的社区居民有着不同的利益诉求。以旅游企业为例，其内部又包含成本、人员、资本、产品、技术、收益、利润等要素……民族旅游社区 REGT 共生系统、其中的各子系统、每个子系统的内部要素与系统外部的环境之间有着复杂的、非线性的关系，民族旅游社区各利益相关者因经济、制度、社会文化心理产生的耦合关系，使得民族旅游社区利益相关者共生系统内部形成了一定的内在结构。在变化与运动中，系统中的各个要素及其参数形成了稳定的行为模式、组织模式和作用以及制约机制。这些稳定的组织模式、行为模式和作用以及制约机制将对民族旅游社区共生系统的演化与发展产生限制或激发的作用。

此外，民族旅游社区 REGT 共生系统的复杂性还表现为民族旅游社区 REGT 共生系统及其子系统之间的循环运动，表现为系统之间进行信息与能量传递、物质交流与分配的过程中所面临的混沌、模糊甚至无序状态。民族旅游社区利益相关者共生与可持续发展，就是要寻找有效的激励政策与机制和途径，来引导民族旅游社区 REGT 共生系统从那些混沌的、模糊的、无序的状态中走出来，向着协同、向着明确与有序靠近，并不断进化与演进。

二、人的参与性

民族旅游社区 REGT 共生系统并不是一个孤立的、封闭的系统。在民族旅游社区 REGT 共生系统中，社区居民、旅游者、当地政府、旅游企业各子系统之间以及系统外部环境之间相互影响、相互作用，存在着多种多样的、强烈的互动与交流。在系统中，信息、物质、能量等的相互交换、相互传递随时都在进行。在这样一个开放的系统中，人的参与性体现得尤为明显。无论是旅游者、社区居民、旅游企业、当地政府，其行动主体都是人，民族旅游社区利益相关者共生系统是有人参与其中的复合系统，且以人为主体，这些主体之间相互作用、相互影响。

民族旅游社区 REGT 共生系统是一个特殊的系统。该系统介于人工系统与自然系统之间，与自然系统、人工系统的结构和功能相比，其结构和功能有着较大的不同。民族旅游社区 REGT 共生系统既具有自然系统的自组织现象，又具有人工系统的组织作用。因此，参与者不仅包括具有高度学习能力的智能人，包括能够调节和控制自身思维和行动的理性人，还包括具有生态观念的生态人，这些参与者的价值观念、决策方式、行为准则对民族旅游社区利益相关者共生系统的可持续发展具有很大影响。基于这样的现实情况，建立人的全面发展观、提高人口素质、树立民族旅游社区可持续发展的价值观已经成为可持续发展对民族旅游社区的基本要求。因此，在当前的态势下，在民族旅游社区利益相关者共生系统中，重视人的组织与调控作用，培育理性生态人的观念，建立激励机制、权变机制、创新机制、协调机制以及与之相适应的制度安排是促进民族旅游社区可持续发展的又一路径。

三、信息的不对称性

在社会经济发展的过程中，信息一直是一种重要的经济资源。在民族旅游社区中，信息对每一个利益相关者都有着重要的作用，对每一个利益相关者都很重要。例如，有的社区居民由于对外界信息了解较多，在开办傣家乐的过程中，就比较能够把握旅游者需求，能够紧扣旅游者需要，提供的物品和服务能够满足旅游者的需要，其所开办的傣家乐收益就多；在傣族园管理公司上班的傣族园社区居民由于学习和了解公司相关制度和工作安排，就比较能够遵守相关制度，对公司的相关措施给予支持；当地政府经常到社区走访，其制定的工作方案就能够更加贴近社区实际，受到社区居民的欢迎，执行起来也较为顺畅；旅游者在正式进入民族旅游社区前对社区风俗有所了解，就更能文明旅游。可见，信息顺畅可以促进民族旅游社区旅游活动的顺利开展，促进各方关系的和谐。

然而，在社会经济活动中，由于地位、能力、兴趣、接触信息的便利性等因素的影响，各类人员对信息的了解是有差异的。这种差异产生了信息的不对称。由于信息的关键性作用，信息不对称理论认为信息不对称造成了市场交易双方的利益失衡，那些信息掌握较为充分的人员，常常处于较为有利的位置，而那些缺乏信息的人员，则由于没有信息而处于较为不利的位置，这种状况会对社会的公平、公正的原则以及市场配置资源的效率产生影响。这种影响在民族旅游社区中表现得尤为明显。作为一个错综复杂的系统，民族旅游社区 REGT 共生系统各个子系统之间、各个层次结构之间、各个要素之间的变化都应与外部环境变化有关系，各种模糊因素、随机因素、非线性因素时刻扰动着民族旅游社区 REGT 共生系统，使其存在着不确定性。由于民族旅游社区 REGT 共生系统的复杂，这些不确定性会使得完全掌握系统的所有信息变得不可行。同时，这些不确定性也会使得获取信息代价太大而使得完全掌握系统的所有信息变得不可行。

四、动态演化性

系统的内在结构、系统的共生关系和外部环境等对系统演化的趋势、速度及其最终结果有着重要的影响。同时，系统的初始状态，或者称为路径依赖也对系统演化的趋势、速度及其最终结果产生重大的影响。除此之外，系统演化受到演化路径、外界扰动、外界冲击、均衡状态与持续时间等的影响。系统演化的最终结果由这些影响的程度和大小决定。当系统趋近并达到一个低级均衡状态后，如果没有足够的外界扰动或内激发等条件发生，则系统将只能停留在这一低级层次均衡状态附近波动而无法上升至最高一层次的均衡状态，这便称为锁定（张旭，2004）。

民族旅游社区的可持续发展过程是一个动态的过程，在整个过程中，演变、发展、变化、更新不断出现，整个过程是一个连续、演化的过程。民族旅游社区的可持续发展存在于民族旅游社区 REGT 共生系统趋近并达到某一层次的均衡过程中，存在于从一个均衡转化于另一个均衡转移过程中。整个过程会出现各种变化，复杂多变的格局，千差万别的状态。这使得民族旅游社区 REGT 共生系统的演化呈现出动态并行性，形成动态演化发展模式。民族旅游社区 REGT 共生系统的动态演化表现在两个方面：一方面，民族旅游社区利益相关者共生系统趋近并达到均衡，同时是从一个均衡往另一个均衡转换的过程，是非均衡；另一方面，民族旅游社区 REGT 共生系统整个的结构、功能、体制不断调整，不断变动，这样的变动引发了民族旅游社区利益相关者共生系统整体均衡的格局发生变迁。民族旅游社区 REGT 共生系统的动态演化是一种常态。由于民族旅游社区 REGT 共生系统的复杂性，这种常态不是维持在某一层次均衡状态，也不是停留在或围绕其单一趋势周围的运动，而是一个在均衡状态之间迁移的非均衡过程，其演化行为会导致多种复杂的形式出现，相应格局会发生变化，例如锁定、路径依赖、多重均衡等。同时，由于民族旅游社区 REGT 共生系统常处于混沌、无序、不确定的环境中，存在着非对称的激励格局和非线性的相互作用机制，因此，民族旅游社区 REGT 共生系统演化的最终结果并不是唯一确定的，其结果是多重的，且存在着多重均衡现象。

因此，民族旅游社区 REGT 共生系统选择正确的演化路径，选择和设计正确的、与之相适应的激励机制和制度安排，激励民族旅游社区的各利益相关者，加快推动民族旅游利益相关者共生系统从低层次均衡向高层次均衡的不断转化，对民族旅游社区可持续发展的实现与维护尤为重要。

第四节　民族旅游社区利益相关者
共生系统的功能

民族旅游社区 REGT 共生系统是一个开放系统，具有典型性，其结构是耗散结构。在民族旅游社区 REGT 共生系统中，通过民族旅游社区这一共生环境，社区居民、旅游者、旅游企业、当地政府之间实现了信息的流动、物质的流动、人员的流动、能量的流动、价值的流动及其相互之间的转化，从而把社区居民子系统、旅游者子系统、当地政府子系统、旅游企业子系统以及其内部的各要素联结起来，进而形成了可持续发展的有机整体。因此，民族旅游社区的可持续发展就是使民族旅游社区利益相关者系统始终处于一种动态平衡的状态。在民族旅游社区的可持续发展进程中，为了使民族旅游社区利益相关者系统处于动态平衡的状态之中，采取相关措施使得物质流、能量流、信息流、人员流、价值流循环起来，就显得尤为必要。可以说，民族旅游社区利益相关者的共生就是通过信息传递、物质循环、人员流动、能量流动、价值增值的有效开展来实现。

一、民族旅游社区利益相关者共生系统的物质流

在生物学领域，物质流是一个生态系统中的物质运动与物质转化的动态过程，指的是水、氮、磷、钾、碳、硫和各种微量营养元素等一切构成生物体的物质以及一切非生命体构成的必要物质，在生态系统中的传递与转化。在生态系统中，物质流有两种主要的过程，一种流动过程是地质大循环过程，也称为地球化学循环过程。这种过程是物质在各种物理和化学的作用力影响下，由体系外引入、经过体系内循环转化和还原后流向体系外的过程；另一种流动过程是物质受生物力的作用，被生物选择吸收，并在生态系统内沿着生产者—消费者—还原者的方向流动的过程，称为生物学小循环。一般来说，物质流可分为自然物质流、经济物质流和废弃物质流三大类。民族旅游社区 REGT 共生系统中各子系统间的相互作用，形成了十分复杂的物质

流。民族旅游社区 REGT 共生系统的自然物质流，是指水、空气、土壤、植被等元素的循环；民族旅游社区 REGT 共生系统的经济物质流，是指民族旅游社区的物质原料在投入产出链或者生产消费链中进行流动时所形成的物质流。这些物质流，既包括在生产过程中，民族旅游社区 REGT 共生系统随着原料→初级产品→中间产品→最终产品的线路和途径而形成物质流，这种物质流是通过人类劳动进行了加工的，同时，也包括在流通过程中，民族旅游社区 REGT 共生系统形成的、以使用价值的交换为特点的商品流，包括进行人们生活消费和消费最终产品而形成的物质流，这种物质流是在消费过程中形成，体现了人类的劳动力和再生产能力。民族旅游社区 REGT 共生系统产生了废弃物质流，这种废弃物质流是随着自然物质流之上的生产生活废弃物而产生的，也随着混入自然物质流之中其他流动的各种生产生活性废弃物，形成流动。例如民族旅游社区中的污水。值得一提的是，随着科学技术水平的不断提高，原有的废弃物质也有了变废为宝的可能，从没有用处，变成能够用于生产的原料，进而产生新的物质流。

二、民族旅游社区利益相关者共生系统的能量流

所有的物质流都是伴随着一定的能量流动而产生和流动的。可以说，物质流与能量流是相伴相生，互为依赖。民族旅游社区利益相关者共生系统的物质流和能量流也是相伴相生，互为依赖。相对应于民族旅游社区 REGT 共生系统的物质流，民族旅游社区 REGT 共生系统中的能量流包括三类：自然能量流、经济能量流和废弃物能量流。因此，民族旅游社区 REGT 共生系统的自然能量流应如此定义：是指构成民族旅游社区利益相关者共生系统的能量资源来源的生物能量流、太阳能量流、风能量流、矿物能量流、水能量流等。系统中的每一个自然能流之间，都存在着相互转化的自然形态。例如，经过植物的光合作用太阳能量流能够转化成生物能量源。这种能量源随着食物链的相应途径进行各种生物间的能量流动。民族旅游社区 REGT 共生系统的经济能量流是各种有用原料随着投入产出链或者随着生产消费链流动，在流动的过程中，形成了能量的流动。民族旅游社区 REGT 共生系统的经济能量流不仅包括旅游供给者劳动加工的能量流，而且包括实现旅游需求者充电

后再生产的能量流。民族旅游社区 REGT 共生系统的废弃能量流是指在流动过程中未被人们利用的能量所形成的能量流。

三、民族旅游社区利益相关者共生系统的信息流

信息流可以简单地理解为流动着的信息，或信息处于运动状态。在自然界、人类社会、思维领域，以及各个系统、各管理层内部联系与外部环境交往中都存在信息的交流。信息从信源出发，并依赖特定的载体来实现从信道到信宿的信息流动。信息流伴随物质流、能量流而产生。信息流是经过人机操作筛选后而流动的。信息流规划和调节着物质流和能量流的数量、方向、速度目标，并驾驶着物质流和能量流进行有目的、有计划的活动。管理过程也是一个信息流的过程。信息流畅通与否，决定着物质流、能量流是否正常运动。如果一个社会信息流堵塞，该社会将会处于极度混乱之中（李国杰，1991）。民族旅游社区 REGT 共生系统和其他事物一样，其自身组成要素及系统本身存在大量信息，通过物质流、人员流、能量流和价值流等载体将这些信息流动，从而实现信息的储存、获取、传递、加工和转化。这就是民族旅游社区 REGT 共生系统的信息流动过程。民族旅游社区 REGT 共生系统的信息流可以划分为人工信息流和自然信息流两大类：人工信息流的主体是人，即民族旅游社区中的主体的人进行的与外界的交流，通过交流来传递、获取、存储、加工、使用信息，是一个复杂的运动过程。自然信息流是信息运动的过程，即由构成民族旅游社区 REGT 共生系统的各子系统之间以及各子系统内部各要素间的信息运动过程。

四、民族旅游社区利益相关者共生系统的人员流

民族旅游社区 REGT 共生系统是在社区居民子系统、旅游企业子系统、当地政府子系统、旅游者子系统等子系统的生产和再生产活动基础上组成的有机整体。民族旅游社区 REGT 共生系统的物质流、信息流、能量流、价值流必然会带来相应的再生产，从而也就会带来劳动力、人口和人才的迁移和流动。民族旅游社区 REGT 共生系统的人员流动包括系统内的人口流动和人

才劳力流动。系统内的人口流动包括民族旅游社区的常住人口的自然增长与机械增长；人才劳力流动指的是民族旅游社区劳动力和人才的流入与流出，这种流动是机械性的，以及不同再生产系统间的劳动力流动和人才的流动。人员流动使得民族旅游社区 REGT 共生系统更加充满活力。

五、民族旅游社区利益相关者共生系统的价值流

在商品经济条件下，价值的流动是经济性物流、经济性能量流、经济性人员流动形成的基础。民族旅游社区 REGT 共生系统身处于商品经济中，其价值的流动形成了民族旅游社区 REGT 共生系统的价值流。民族旅游社区 REGT 共生系统的价值流可以分为三个主要阶段：一是价值流的投入阶段；二是价值流的物化阶段；三是价值流的实现和产出阶段。在第一个阶段中，人们投入相应数量的资金或者资本购买劳动资料、支付劳动者的劳动报酬，这一流动使活劳动与物化劳动有机结合起来，进而实现了各种再生产，这就是民族旅游社区 REGT 共生系统价值的投入过程。在第二个阶段中，劳动者运用一定的技术手段和劳动技能，通过各种特殊的、合乎目的的劳动消耗着物化劳动和活劳动，将劳动物化在各个再生产过程中。人们在创造新的使用价值的同时，不仅把所消耗的生产资料的价值转化到新产品的价值中去，而且还在劳动过程中消耗了一定量的抽象劳动，又创造了一定量的新价值，使价值流有所增大。这种价值流增大不仅包括系统价值流的形成与增值的数量，还包括人类改变自然环境所形成的生态环境价值的数量（正值的或负值的）。在第三个阶段中，价值是人类在使用价值时，通过商品流通和交换而实现的，价值流是伴随着使用价值而产生的。因此，民族旅游社区 REGT 共生系统能量流与物质流的合理、有效运行是民族旅游社区 REGT 共生系统价值实现的基础。只有这样，民族旅游社区 REGT 共生系统价值才能实现流动，从而才能实现合理的增值。

当民族旅游社区 REGT 共生系统实现信息流、物质流、能量流和价值流的协调与流动，民族旅游社区 REGT 共生系统才能成为一个结构合理、功能高效的共生系统，从而推动民族旅游社区的可持续发展。

第七章　民族旅游社区利益相关者协同共生机制研究

第一节　民族旅游社区利益相关者共生的动力机制

一、运用政策驱动促进共生

民族地区旅游活动发展离不开政策激励。政策激励是推动民族旅游社区可持续性发展的强有力的因素。多年来，我国政府和各级民族地区政府出台了一系列有利于推动民族地区旅游活动良性发展的政策，对民族地区的旅游活动给予扶持。从《国务院关于加快发展旅游业的意见》，到文化和旅游部、国家民委、国家发展改革委印发《关于实施旅游促进各民族交往交流交融机会的意见》的颁布，都肯定了旅游业对民族地区的发展的促进作用，并从国家层面制定相应政策来促进民族地区旅游业的发展。值得注意的是，在实施政策激励的过程中，应在充分考虑环境保护和市场运行规则的前提下，发挥政府的主导作用和公共服务职能，采取有效措施，协调各方利益，促进民族社区旅游文化资源跨部门、跨地区、跨行业、跨所有制的整合或重组，提升民族社区旅游经济发展的吸引力和竞争力，减少民族旅游社区因经济原因产生的矛盾与纷争，促进民族旅游社区利益相关者的和谐发展。

二、运用技术驱动促进共生

技术进步是推动近现代旅游活动规模扩大的重要原因之一。民族社区旅游活动的发展也离不开技术的进步。当前，民族社区的旅游活动应充分运用网络等现代信息技术。一方面，通过网络等信息技术，大力宣传民族社区的旅游活动；另一方面，运用网络等信息技术方便潜在旅游者通过网络更迅速、更便捷地搜索、了解、筛选旅游信息并作出旅游决策。同时，运用网络等信息技术，在民族旅游目的地与旅游者之间搭建信息桥梁，开展有助于旅游活动良性开展的活动，进而推动民族旅游社区的可持续性发展。

三、运用人才驱动促进共生

在人才是重要生产力的今天，民族地区旅游活动的开展离不开人才的支持。民族地区旅游人才问题可通过以下途径解决：一是培养，二是引进。进行人才驱动，需要健全、完善人才发展政策体系；创新人才培养模式；建立"干"中学与专业化教育相结合、国内培养与国际交流合作相衔接的开放式培养体系；树立人力资本投资意识；与国内外高等院校、科研单位和相关咨询公司等组织合作，加大知识更新培训力度；对紧缺人才的培养适度倾斜，建立完善津贴制度，强化激励，科学管理；制定落实人才柔性流动政策，引导人才向一线有序流动。根据民族旅游社区的特点与现状，重点培养和引进以下旅游人才：旅游创意人才、旅游营销及策划人才、民族文化创新和传承人才、具有经营意识和能力的专门性旅游人才、新型民族社区社会工作管理人才。通过培育相应的人才，从制度层面、社会文化心理层面，来进一步化解民族旅游社区的利益冲突与纷争，进而推动民族旅游社区利益相关者协同，促进民族地区的和谐发展。

第二节　建立民族旅游社区利益
相关者共生的保障机制

一、运用制度保障共生

建立制度来保障民族旅游社区利益相关者的共生。通过确立一系列行之有效的法律法规、政策政令、规章制度等来保障民族社区的旅游活动得以顺利开展。制定相关法律法规，在旅游行政管理部门或立法机构制定的旅游规划实施细则中加以详细说明相关的规章、制度，明确民族社区旅游活动的目标、性质、内容、机构、组织、职能、利益相关者的权限、处罚办法等，从而保证民族社区的旅游活动有法可依、有章可循。通过制定相关制度，加强和改进民族社区的旅游行风建设，积极倡导诚信旅游，形成行政管理部门廉洁从政、依法从政，旅游经营企业守法经营、诚信经营，旅游从业人员诚实守信，旅游者绿色消费的良好局面；通过制定相关制度，逐步建立和完善民族社区利益相关者的分配制度，进一步解决民族社区旅游发展过程中的效率与公平问题；通过相关制度的制定，使民族社区的各利益相关者的介入方式更加多样化，使民族社区的居民能够从更多渠道来获益，不再需要通过简单的劳动力提供或落后的经营方式来获得微弱的报酬，从而调动起大多数居民参与旅游活动的主动性，进而推动民族旅游社区的可持续性发展。

二、运用资源的优化配置保障共生

民族社区的旅游活动涉及该社区的政治、经济、社会、文化等各个领域，受到该社区方方面面的影响。民族社区旅游活动因其涉及范围广，其利益相关者也较为复杂化和多元化。民族社区旅游活动的持续发展，离不开民族社区各利益相关主体诉求的满足。各相关主体的利益诉求不应该是无限制的满足，而应该是在一定条件下的、一定的基础上给予的相对满足。因此，建立责、权、利明晰的资源配置制度，明确民族旅游社区中的各个利益相关者的权利和责任，不断改进和完善民族社区旅游活动利益相关者的权利均衡机制，才能促进民族社区旅游活动的持续发展。

同时，民族社区的旅游活动要良性发展，需要对公共资源进行优化配置。对公共资源的优化配置离不开政府的作用。在民族社区旅游活动的实施过程中，政府职能的强化尤为必要。当前，民族旅游社区尤为需要政府公共服务职能的强化，尤为需要加快建成能够适应和保障民族社区良性旅游发展的服务型政府体系。通过一系列的制度性改革，赋予民族旅游社区的各利益相关者话语权，提升参与度，促进民族旅游社区的持续发展。

三、运用社区参与保障共生

民族社区旅游活动的良性发展是在一定的保障机制下进行的，社区参与是民族社区旅游活动良性发展的重要途径。社区参与能够让更加广泛的社区居民了解、理解民族社区的旅游活动，从而提升社区居民参与旅游的积极性，进而支持民族社区的旅游活动，促进民族社区旅游活动的良性开展。在民族社区旅游活动的开展中，社区参与的机会是现阶段需要重点考虑的问题。在民族旅游社区的发展过程中，应摒弃狭隘的个人主义，从共生、协同发展的理念出发，在具体的民族社区旅游活动中找寻相关要素，积极地创造机会，在交往、交流、交融的基础上，让社区居民参与到民族社区的旅游发展中。通过社区居民的参与，让民族社区的居民了解民族社区的旅游活动，为民族社区的旅游活动献计献策，融入民族社区的旅游发展中。具体而言，要提供社区参与机会，首先就是要让民族社区的居民参与规划，使他们了解民族社区旅游发展规划的进行情况，征求他们的意见。其次，从经营和管理的角度出发，要尽量由社区居民担任旅游接待服务和经营管理工作。只有让社区居民参与到民族地区的旅游经营与管理中，才能确保民族地区的保护管理工作得以落实与执行（钟永德等，2009）。同时，还应从利益分配方式上着手，采用公积金、公益金、股金分红等多种分配方式，体现"风险共担、利益共享、多投入多得"的原则，保证社区居民的合法利益，维护其参与旅游经营和保护旅游资源积极性，实现社区参与的深层次转变（阎友兵和肖瑶，2007）。通过这些方式，保障民族旅游社区共生系统的功能向均衡化方向发展。

四、运用监督评估保障共生

监督评估机制是反馈民族旅游社区发展中存在问题、监督相关政府及企业行为、调和旅游发展所产生的社会、经济、文化矛盾的重要保障机制。为保证民族社区各利益相关主体的权利得到切实有效的保障，民族地区政府应建立专门的执法和监督机构，并赋予这些执法和监督机构有足够的权力，使之在权限范围内，负责对民族社区的旅游活动中的旅游者、旅游公司、管理部门、经济团体等利益相关主体的行为进行监督和评估，全面协调民族社区旅游活动各利益相关主体之间关系及有关事宜，确保各利益相关主体的行为符合民族社区旅游活动持续发展的要求，推动民族社区社会经济的良性发展。在民族社区旅游活动的监督评估机制实际推行过程中，除了建立和完善政府相关部门的监督评估机制外，还可以建立行业协会、社区居民联合会、旅游者组织等的监督评估机制，并在政府和相关组织之间建立信息立交桥，保证民族社区各利益相关主体的意见与建议切实得到关注，并得以解决。通过监督评估机制的运用来保障民族旅游社区利益相关者的共生。

第三节　建立民族旅游社区利益相关者共生的协调机制

一、用观念协调共生过程中的矛盾

树立和谐旅游的观念。和谐旅游是民族社区旅游活动良性运行的目标和具体体现。民族旅游社区和谐旅游指的是构成旅游活动的各要素以及各要素之间处于和谐利用或相互协调状态的旅游发展模式（见图 7 – 1）。

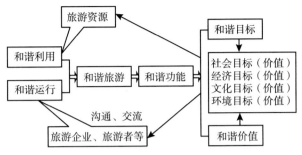

图 7 – 1　和谐旅游的目标概念体系

资料来源：谢清溪. 和谐社会背景下和谐旅游的构建及其实现 ［J］. 人文地理，2006（4）：98 – 101.

　　在民族社区旅游活动运行的过程中，不仅要求旅游资源得到和谐利用、旅游企业得以和谐运行、旅游者开展和谐旅游，而且还应将社会目标（价值）、经济目标（价值）、环境目标（价值）和文化目标（价值）的和谐实现作为民族社区旅游活动运行的目标。通过旅游活动的和谐运行，协调民族社区旅游活动各利益相关主体之间的关系，实现民族社区旅游活动的和谐价值与和谐目标，从而促进民族社区人与自然、人与文化以及人与社会的和谐，促进民族社区社会经济的和谐发展。

二、用信息沟通平台协调共生过程中的矛盾

　　用信息沟通平台协调民族旅游社区利益相关者共生过程中的矛盾。共赢与和谐是民族社区旅游活动协调的根本目标。信息经济学的"囚徒困境"告诉我们，显性的信息交流——沟通是建立合作机制的基础，而只有合作才能实现"共赢"（赵书虹和吕宛青，2007）。因此，搭建民族社区旅游活动信息沟通平台，提供一个诉求的通道，使民族社区旅游活动的各利益相关主体的利益要求得以充分及时的表达，使不同的利益相关主体的各种利益矛盾在上升为冲突之前，有一个释放不满空间和解决矛盾的途径，就显得尤为重要。在搭建民族社区旅游活动信息沟通平台的过程中，首先应建立民族社区旅游活动信息显性化机制，通过网络等科技手段，为民族社区旅游活动的各利益相关主体搭建持续、稳定、公开和低成本的信息交流平台，避免由于信

息不完全和信息不对称而产生的机会主义行为对利益相关主体造成伤害，使利益相关者的利益要求准确、及时、有效地传递，消除彼此之间的不满情绪，从而达到相互沟通、相互理解、相互支持、相互合作的效果（肖琼，2009）；采用简便有效的信息传递渠道和方式，在增加旅游决策透明度和公正性的基础上，通过社区委员会、居民联络员、古镇广播或电视媒体等信息传递途径，及时公布政策消息和最新发展动态；及时了解和掌握各利益相关主体的利益诉求，能够根据实际情况调整民族社区相应的旅游活动内容，避免因信息传递的不及时、情况不掌握而造成的冲突与纷争，从而促进民族社区旅游活动的有序开展，实现民族社区旅游活动各利益相关主体的共赢，推动民族社区社会经济的和谐发展。

三、用服务型政府体系协调共生过程中的矛盾

转变政府角色，建立服务型政府体系。民族社区旅游活动的实施过程中，应转变政府角色，将政府职能从完全主导转化为有限主导，构建合理体制。政府要通过旅游产业政策来引导调控旅游开发商和旅游企业的经济行为，将微观层面的职能转由市场机制去完成，要不断弱化自身的经济职能，从宏观方面把握旅游产业空间布局、旅游产业结构、旅游产业战略定位、旅游战略目标等战略性、全局性的问题（熊元斌和龚箭，2007）。一方面，民族社区政府要搞好旅游规划，从宏观上规划和调控民族社区旅游发展的速度、规模和层次水平。通过预算支配，兴建旅游活动所需的基础设施，为民族社区旅游活动的良性发展提供基本保障；另一方面，通过制定民族旅游社区发展的鼓励性政策和措施，调动民族旅游社区各利益相关者的主动性，积极争取国内外各种旅游活动的主办权，并对参与单位给予大力的帮助和支持。通过各种旅游活动的开展，提高民族社区的知名度和影响力，促进民族社区社会经济的发展。

特别需要指出的是，在民族旅游社区发展中，政府部门的公共服务具有重要的推动作用。强化当地政府部门的公共服务职能，加快建成与民族社区旅游发展相适应的服务型政府体系尤为必要。同时，与强化政府的公共服务职能相对应，还需要逐步建立和完善民族社区旅游活动利益相关者的利益协

商调节机制、利益诉求机制、利益矛盾化解机制、利益补偿机制，通过相应机制的建立，尽可能地使民族社区旅游活动利益相关者的权利向均衡方向发展，使民族旅游社区的利益相关者都能够有机会表达自己的诉求、最大限度地实现诉求，从而促进民族社区旅游活动的持续发展。

四、用完善的旅游行业协会协调共生过程中的矛盾

建立民族社区旅游组织，完善旅游行业协会职能。民族社区可参照发达旅游社区的先进理念和管理体制、结合自身实际来设置旅游组织。民族社区的旅游组织应参与到民族社区旅游行业管理中，与行政管理部门一起负责旅游活动的组织与协调，逐步将民族社区旅游活动的利益相关主体连成一体，实现民族社区旅游活动的和谐发展、持续发展。一方面，民族社区的旅游组织应建立行业资质评审与等级评估制度，对民族社区旅游市场实行准入机制、民族社区旅游活动的行业标准等进行明确的规定，淘汰劣质经营主体，为民族社区旅游活动的保质保量开展打下基础；另一方面，民族社区的旅游组织应密切关注、跟踪国际旅游业的发展动向，积极与相关旅游组织和旅游教学研究机构合作，开展培训和理论研究，为民族社区旅游活动的持续发展提供人才支撑和智力保障。

第四节　建立民族旅游社区利益相关者共生的创新进化机制

一、强化民族旅游社区 REGT 共生系统的创新进化观念

在生物进化理论中，生物进化就是指生物种群多样性和适应性的变化在生物进化理论中，生物进化就是指生物种群多样性和适应性的变化或一个群体在长期遗传组成上的变化（杨忠直，2003）。这种变化是生物与环境相互作用并与其他生物生存相互作用的结果。民族旅游社区 REGT 共生系统的进

化是民族旅游社区各利益相关者在适应变化环境，在环境变化中谋求生存与发展，从而发生的一系列的变化过程和结果，这是一个相对稳定的变化过程和结果。这是一种充分运用各种资源，因势利导，促进民族旅游社区的共生单元可持续发展的行动。也就是说，构建民族旅游社区 REGT 共生系统不仅是促使民族旅游社区中的各利益相关者共生，而且是为了促进民族旅游社区 REGT 共生系统中各个共生单元能够实现一体化共生，能够更好地、更快地进化，在不断的进化中实现可持续发展。

民族旅游社区 REGT 共生系统的进化是通过整合民族旅游社区 REGT 共生系统的核心能力，以获得竞争的优势，最终适应环境的变化，从而实现民族旅游社区的可持续发展。根据达尔文的生物进化理论，在自然界，物竞天择，适者生存。在民族旅游社区 REGT 共生系统中，各个共生单元及其所处的环境之间存在着互动关系，他们之间存在着相互推动、相互制约的关系。在正确地识别外部环境、识别发展规律的基础上，民族旅游社区 REGT 共生系统不断自我调整，运用资源的共享、重新配置等方式来适应环境的变化。民族旅游社区 REGT 共生系统的进化是各个共生单元在适应不断变化的环境的过程中，相互适应，并在适应过程中所做的调整与创新。这种调整与创新是各个共生单元之间的管理协同效应、经营协同效应、资源利用协同效应等的整合。

二、规范民族旅游社区 REGT 共生系统的创新进化环境

优胜劣汰、适者生存虽然是自然界的生存法则，但是，哪怕是最低等的动物和植物间也不只是纯粹的相互竞争的关系，其中也不乏共生双赢的例子。民族旅游社区 REGT 共生系统中的各个共生单元之间并不是敌对的关系，而是相互协作、相互补充的关系。从民族旅游社区核心利益相关者诉求的分析可知，民族旅游社区 REGT 共生系统中的各个共生单元之间能够进行物质交流、人员交流、信息能量的交流。同时，民族旅游社区 REGT 共生系统中的各个共生单元空间的接近性或联系的便利性，使得旅游经济的合作，人员、资金及信息的交流更加有利；民族旅游社区的各个共生单元在文化和政治上有着联系性和相近性，具有空间上的文化认同感。共生单元之间通过

同质组合和异质互补，使得民族旅游社区 REGT 共生系统的总体能力得到加强。为了进一步促进民族旅游社区各利益相关者的和谐共生，规范民族旅游社区 REGT 共生系统的创新进化环境、将从无序竞争转向规范多赢已经成为必然。

　　首先，民族旅游社区 REGT 共生系统的各个共生单元应分工合作，规范共赢。旅游者是民族社区旅游产品的需求方和购买者，是民族旅游活动的体验者、受益者、监督者；当地政府是民族旅游社区旅游活动的控制和管理的主导力量；社区居民既可以是民族旅游社区经营活动的利益享有者，也可以是民族社区旅游活动经营的参与者和服务者；旅游企业是将民族社区旅游资源实现属性转化的主要力量，是民族社区旅游活动的具体开发者和行动执行者。民族旅游社区 REGT 共生系统中，旅游者、当地政府、社区居民、旅游企业等各个共生单元各司其职，从社会责任、法律要求、诉求满足等方面，规范各自行为，有效沟通，相互合作。其次，民族旅游社区中的旅游经营者，不仅包括旅游企业，还包括从事旅游经营的社区居民，应从恶性竞争转向行业自治和行业自律。相关企业以行业协会等方式，来共同规范同行业的企业行为，将大家联合起来，共同遵守，一起营造规范、诚信、公平的发展行业环境，将区域性的产业集聚起来，发展优势，进而促进行业持续长远的发展。同时，民族旅游社区 REGT 共生系统进化的过程中，民族旅游社区中的旅游经营者应敏锐地捕捉市场信息，及时调整、分工合作、优势互补，不断强化内部管理、市场开拓、科技创新、企业文化，提供有特色的、符合旅游消费者诉求的旅游产品，凝心聚力，抱成一团。再次，充分发挥当地政府的力量，强化政府为旅游活动提供公共服务的职能。在民族旅游社区 REGT 共生系统进化的过程中，政府主要负责规范民族旅游社区 REGT 共生系统的共生环境，通过主导建立和完善民族旅游社区利益相关者的利益诉求表达机制、利益纷争协调机制、利益冲突化解机制、利益损失补偿机制，尽最大可能为民族旅游社区的利益相关者提供参与旅游活动的机会，保障各个利益相关者的权益，做好服务、引导、促进、监督、管理工作，维护民族旅游社区 REGT 共生系统的良性共生界面，促进民族地区经济、社会、环境的健康、有序发展，进而促进民族旅游社区的持续发展。

三、建立民族旅游社区 REGT 共生系统共生单元的学习创新机制

先进经验因信息沟通的快捷性加快，技术因快捷的信息沟通而产生外溢的速度加快。这使得个体层面的创新与进步更加容易上升到新的层面，这种整体层面的创新和进步促进了整个系统结构、整体技术水平的升级与发展。民族旅游社区 REGT 共生系统只有不断创新，才能实现可持续发展。在创新过程中，不仅在民族旅游社区 REGT 共生系统的共生单元之间需要信息交换，民族旅游社区 REGT 共生系统与外界也需要大量的信息交换。民族旅游社区 REGT 共生系统每一个共生单元都不是孤立存在的。民族旅游社区 REGT 共生系统创新已经不是一个共生单元孤立的行为。从某种程度上来说，创新是整个共生系统集体努力的结果。因此，在民族旅游社区 REGT 共生系统创新的过程中，必须以整体的、全局的观念，将系统中的共生单元与共生单元所处的环境放在同一系统中进行考虑。只有各种与创新活动有关的共生单元主体之间建立密切的合作与学习关系、建立交流与共享机制、彼此对等地交换信息才有可能促进共生系统通过各种正式的和非正式的场合和平台来提高创新能力，形成竞争优势。

在民族旅游社区 REGT 共生系统中，各个共生单元通过合作与学习，有利于提出创新集成的方向，使各个共生单元认识到存在于彼此间的创新缝隙，促进创新的横向集成，从而降低风险；通过创新成果的分享，提高系统中各共生单元的价值创造，进而帮助价值流进行良性流动，从而使价值得到优化。在民族旅游社区 REGT 共生系统内，共生单元之间在整体利益和个体利益的基础上，运用相互学习来提高共生单元整体的竞争能力，加速共生单元彼此能力的成长。共生有利于共生单元之间的相互学习，共生单元之间的相互学习与共生是交织在一起的，共生单元之间的相互学习反过来促进民族旅游社区 REGT 共生系统共生度的提高。

四、通过协同提高民族旅游社区 REGT 共生系统的进化效率

在全球化发展程度不断提高的今天，民族旅游社区 REGT 共生系统进化

效率是一个共生体的集体努力。忽视与共生系统中其他共生单元间的协同，单纯依靠单个共生单元自身的拼搏和努力是很难实现民族旅游社区 REGT 共生系统的持续进化和可持续发展的。协同进化是民族旅游社区 REGT 共生系统动态演化的必然要求。通过协同进化，可以促使民族旅游社区 REGT 共生系统的资源结构、组织结构、业务结构更加优化，进而提高整个系统进化的效率。需要说明的是，协同进化并不是不竞争，也不是排除竞争，而是对竞争持鼓励的态度，欢迎合理的竞争。协同进化并不是使民族旅游社区 REGT 共生系统中的共生单元在未来的发展过程中趋于同化，而是强调协作竞争，特别强调同一个群落中的具体个体的协作竞争。民族旅游社区 REGT 共生系统的协同进化要求的共生单元之间建立一种互惠共生关系，通过合作来提高整个共生系统进化的效率，从而实现民族旅游社区社会的和谐发展。

第八章　民族旅游社区利益相关者协同共生的实现路径研究

第一节　树立民族旅游社区 REGT 共同体意识

一、认识和了解民族旅游社区 REGT 系统

民族旅游社区利益相关者共生系统（REGT 系统）是由存在于民族旅游社区共生环境中的共生单元按照一定的相存模式而构成的共生关系的集合。在 REGT 系统中，各个利益相关者组成了共生单元，各个利益相关者之间的相互关系都是在民族旅游社区这一共生环境中共生模式的具体呈现。行动上的协同需要在思想上先协同起来。因此，在共生单元（利益相关者）之间树立民族旅游社区 REGT 共同体意识尤为重要。首先，建立民族旅游社区 REGT 共生系统。其次，将民族旅游社区 REGT 共生系统的结构、特征、功能用图形、文字等方式，传递给民族旅游社区的每一个利益相关者，认识民族旅游社区 REGT，相互了解在自己与其他利益相关者之间、与民族旅游社区之间的关系，形成民族旅游社区 REGT 共同体意识。

二、认识和了解共生单元（利益相关者）

共生单元是指构成共生体的基本能量生产和交换单位。每一个利益相关

者都有着自己的诉求，都希望通过旅游发展来实现诉求的满足。需要明确的是，在民族旅游社区 REGT 系统中，除了社区居民、旅游者、当地政府、旅游企业四个旅游活动的主要利益相关者外，民族旅游社区的利益相关者还会因为旅游活动的目的、内容、方式等不同而发生变化。尤为需要注意的是，在不同的共生系统中、不同层次、不同时间的共生分析中，共生单元的性质和特征总是不同的。民族旅游社区 REGT 系统的共生单元的性质和特征亦是如此。在民族旅游社区利益相关者共生系统中，除了社区居民、旅游者、当地政府、旅游企业等主要旅游活动的利益相关者外，旅游产品原料供应商、旅游中间商、旅游产品的竞争者与替代者、旅游企业员工、媒体、公益组织、旅游教育者、科研机构、外地游子等都会与民族旅游社区产生联系。这些人员也是民族旅游社区的利益相关者，其意见和行为都会在不同程度上影响着民族旅游社区的发展。

三、认识和了解民族旅游社区共生系统的特性

共进化性、不可逆性、自主增容性等共生系统的一般特性之外，还具有复杂性、人的参与性、信息的不对称性、动态演化性等自身独特的个性。民族旅游社区 REGT 共生系统通过物质、能量、信息、人和价值的流动与转化，把社区居民子系统、旅游企业子系统、当地政府子系统、旅游者子系统以及系统中内部的各个要素联结起来。当这种联结是均衡、稳定的时候，民族旅游社区 REGT 共生系统就成长为一个可持续发展的有机整体。通过物质循环、能量流动、信息传递、人员流动、价值增值使民族旅游社区共生系统运行起来。通过系统的运行，化解民族旅游社区冲突与纷争，进而促进民族旅游社区社会关系的和谐，推动民族旅游社区的可持续发展。"动态平衡"是民族旅游社区 REGT 共生系统运行的基本准则。

四、认识和了解民族旅游社区的共生界面

在民族旅游社区中，不同层面的法律法规、政策指令、制度、伦理道德观、协议、合同等有形或无形的规范构成了民族旅游社区利益相关者共生关

系中的共生界面，各利益相关主体借助这些共生界面来进行物质交流、资源的分配、信息的传递和能量的传导。民族旅游社区的各利益相关者彼此密切相关，相互作用、相互影响，具有共同的愿望，共生单元之间生成至少一个可以内部自主活动共生界面，各利益相关者之间能够通过共生界面进行物质、信息和能量的交流。民族旅游社区 REGT 都应充分了解自身所处环境的情况，了解所处环境涉及的法律法规、政策指令、制度、伦理道德观、协议、合同等有形或无形的规范，减少无知、不知、少知所带来的冲突与纷争，提升协同共生的行动力。

第二节 动态化构建民族旅游社区 REGT 共生模式

共生模式是共生单元之间相互作用的方式或相互结合的形式。民族旅游社区 REGT 共生模式不是一成不变的，在民族旅游社区 REGT 共生系统中，社区居民子系统、旅游企业子系统、当地政府子系统、旅游者子系统之间相互作用、相互影响、相互制约，并形成和推动着民族旅游社区 REGT 系统的物质流、能量流、信息流、人员流、价值流的循环。寄生、偏利共生、非对称互惠共生、对称互惠共生四种模式是根据共生单元的行为方式来划分的，共生、间歇共生、连续共生、一体化共生四种共生模式是按照组织的程度来划分的。从组织的模式而言，一体化共生是民族旅游社区 REGT 共生系统的理想模式；从行为模式而言，对称性互惠共生是民族旅游社区 REGT 共生系统的理想模式。

一、投入期民族旅游社区 REGT 共生模式构建

旅游活动进入民族社区的初期，相关信息不充分现象突出，相应资源的开发还没有到位。大部分处于旅游开发投入期的民族社区主要以农业产业为主。这些社区普遍居民经济收入不高，社区生活基础条件较差。大部分民族

社区出行不便，居住环境亟待改善。旅游开发企业希望通过对民族社区的旅游开发，获得经济回报。民族社区的居民对发展旅游的期望非常高，社区居民急需用旅游活动这一动力来改善生存环境、提高经济收入。社区居民对旅游开发的态度十分积极，都期待着因旅游而带来的新生活的到来，呈现出愿意以各种途径来参与旅游活动的强烈意愿。旅游者希望得到新的旅游体验，获得旅游满足感。在此阶段中，民族旅游社区所处的当地政府希望能够通过旅游开发来增加当地居民收入、带动当地居民脱贫致富的诉求占据主导地位。当地政府往往十分积极地投入旅游的招商引资中，相应的招商引资力度极大。为了吸引投资者、吸引旅游消费者，偏利共生是民族旅游社区 REGT 这一阶段的普遍共生模式。在这个阶段中，民族旅游社区 REGT 之间的冲突与纷争比较温和，一切行动都是围绕着旅游项目的落地来展开，相关政策、方案等均向旅游开发者倾斜。

二、成长期民族旅游社区 REGT 共生模式构建

在这一阶段，民族旅游社区进入了快速发展的时期，民族旅游社区的利益相关者还是相互配合的。当地政府继续为旅游企业的旅游开发提供支持和协调；为了获得更多的经济利益，旅游企业不断推进开发力度；民族社区的环境因旅游的开发而得到改善，社区居民通过参与旅游活动得到了实惠，民族旅游社区居民经济收入得到了提高；民族旅游社区的相关信息得到了传播，旅游者对民族旅游社区的相关情况有了一定的了解，相应地，也获得了一定的旅游体验，从某种程度上获得了一定的旅游满足感。在这一阶段，民族旅游社区的各利益相关者获得了一定的收益。随着社会的不断发展，在旅游活动开展的过程中，民族旅游社区的经济交往内容发生变化，民族旅游社区的社会结构发生变化，交流的增多、外部信息的涌入拓宽了民族旅游社区居民的眼界，社区居民的财产意识、维权意识逐渐强化。随之而出现的经济收益与分配、社区居民的商品经济意识与传统民族的淳朴意识的碰撞、旅游者不文明行为与民风民俗的碰撞、群体意识与个体意识的碰撞带来了一系列的冲突与纷争，民族旅游社区中旅游活动的负面影响逐渐显现。这些负面影响中，以经济利益冲突与纷争所产生的负面影响最大。在这一阶段，可以继

续以旅游发展的推动为主要目标，采用非对称互惠共生的模式，增加其他利益相关者的实惠，通过连续性的共生组织来推动民族旅游社区的和谐社会建设和可持续发展。

三、成熟期民族旅游社区 REGT 共生模式构建

在这一阶段，旅游活动趋于稳定，各种规章制度、运行机制更加完善，民族旅游社区的各利益相关者获得了极大的收益。通过不断的磨合，民族旅游社区内部的各利益相关者的利益关系达到了均衡，民族旅游社区的各个利益相关者之间形成了一定程度的默契，民族旅游社区整体实现了良好的发展。民族旅游社区所属的当地政府积累了一定的经验，并形成了一定的规章制度，能够轻车熟路地为社区居民、旅游者、旅游企业提供支持和服务；旅游企业将各方面的关系都理顺，得到稳定的经济利润；民族旅游社区居民得到经济实惠，社区环境得到进一步的改善；旅游者有了更为充分的信息，能够充分了解民族旅游社区的基本情况，在信息较为充足的情况下所开展的民族旅游社区旅行较为理性，在民族旅游社区的旅游体验满足感较高。此时，还可以继续使用非对称互惠共生的模式。

然而，随着民族旅游社区的影响越来越大，社会交往的复杂化、经济交往的多样化、个体心理需求的差异化等在旅游活动的规模化后表现得尤为显著，随之而产生的人满为患、物价高涨、治安问题、制度执行过程中的个体疏忽等情况出现，民族旅游社区在成长期所形成的短暂的均衡被打破。民族旅游社区非均衡的利益关系出现，民族旅游社区利益相关者之间的新的冲突与纷争又会产生。在这一阶段中，民族旅游社区由于有了前期的良好运营基础，因此，即便出现新的冲突与纷争，也能够及时得到疏解，民族旅游社区各利益相关者之间的利益关系也再次达到均衡。在旅游发展成熟期，民族旅游社区的利益关系表现为均衡与非均衡共存。在旅游开发的成熟期，民族旅游社区的冲突与纷争主要表现为因经济利益诉求差异和社会心理诉求的变化而引起的冲突与纷争。这一阶段，对称互惠共生模式成为必然选择。

四、再生期民族旅游社区 REGT 共生模式构建

旅游产品推入市场较长时间后，难免会出现老化的情况，在旅游产品老化、旅游产品的市场活力降低的同时，新的旅游替代品出现。这就成为民族旅游社区发展的再生阶段。在旅游者的兴趣转移，旅游活动带给民族旅游社区各利益相关者的利益减少。新的产品、新的经济结构、新的文化、新的消费方式、新的运营机制呼之欲出。新产品、新经济结构的出现会引发体制的变化。在新旧经济结构交替的时期，不适应社会发展的旧经济结构慢慢瓦解，而新的经济结构还未完全形成。此时，已有的机制、体制、政策、法规和条例等约束手段不再强劲有力，民族旅游社区所面对的市场环境出现了不同程度的混乱。这种混乱环境为冲突与纷争的产生提供了土壤。冲突与纷争带来了社会的变革。新的社会力量和新的社会群体在社会变革中产生。新产生的社会力量和社会群体希望具有相应的政治地位。这些力量和群体急需要政治参与来提高政治地位。于是，新旧社会力量、新旧社会群体之间的冲突与纷争产生。与此同时，新文化产生。新文化适应社会发展的需要，并引导着社会的发展。新文化与旧文化的碰撞产生了新旧文化之间的冲突。在新旧文化冲突的过程中，新文化与旧文化在碰撞同时相互作用。在旧文化中，那些不适应社会发展的部分被淘汰，那些适应社会发展的部分被留存。在新文化中，那些仅仅只是肤浅的、为了标新立异而标新立异的部分被淘汰，那些有思想的、引导社会发展的部分被留存。这些新旧文化相互吸收、相互融合，进而形成一种新的社会文化。在再生期，是前进还是退出，需民族旅游社区 REGT 统一战线，形成合力，不计个人得失，共同为民族旅游地区的发展共同努力，一体化式的对称互惠共生模式成为破茧成蝶的重要途径。

第三节　运用协同共生机制推动民族旅游社区 REGT 系统功能的发挥

民族旅游社区的可持续发展体现为民族旅游社区 REGT 系统始终处于

"动态平衡"之中。民族旅游社区 REGT 系统的"动态平衡"需要各个层面的努力。在旅游企业子系统之间与旅游者子系统，在当地政府子系统之间与旅游者子系统之间，都存在着物质循环、能量流动、信息传递、人员流动、价值增值。只有民族旅游社区各个子系统的物质流、能量流、信息流、人员流、价值流有效地循环起来，才能使民族旅游社区 REGT 系统功能得以发挥，才能实现民族旅游社区利益相关者的共生。要促使民族旅游社区 REGT 共生系统始终处于"动态平衡"中，实现民族旅游社区和谐发展，就必须建立相关机制来推动、保障民族旅游社区中的物质流、能量流、信息流、人员流、价值流的有效循环，促进民族旅游社区各利益相关者诉求的实现。

一、建立协同共生动力机制

运用政策、技术、人才来驱动民族旅游社区 REGT 系统功能的发挥。在充分考虑环境保护和市场运行规则的前提下，发挥政府的主导作用和公共服务职能，采取有效措施，协调各方利益；运用网络等信息技术，大力宣传民族社区的旅游活动，在民族旅游目的地与旅游者之间搭建信息桥梁，并帮助旅游者通过网络更迅速、更便捷地搜索、了解、筛选旅游信息并作出旅游决策；通过建立相关制度，从制度层面推动民族旅游社区利益相关者的协同共生；通过增强沟通与交流、引进培养人才，为民族旅游社区冲突与纷争的疏解搭建对话与交流的平台，从社会文化心理层面，强化民族旅游社区各利益相关者的理解与认同，实现民族旅游社区利益相关者的协同发展。

二、建立协同共生保障机制

运用制度、资源优化配置、社区参与、监督评估来保障民族旅游社区 REGT 系统功能的发挥。完善相关法律法规，制定符合实践需要的政策政令和规章制度，通过制度来保障民族社区的旅游活动得以顺利进行。尤为需要注意的是，政府部门的公共服务职能是相关保障机制得以发挥的重要保证。因此，在民族社区旅游活动的实施过程中，强化政府的公共服务职能对于民族旅游社区 REGT 系统功能的发挥尤为必要。建立适应和促进民族社区旅游发展的服务型政府体系是强化政府公共服务职能的重要途径。在服务型政府的基础上，资源配置的优化才能被进一步推进。随着民族旅游社区的发展，越来越多的人认识到社区参与的重要性。社区参与是民族社区旅游活动良性发展的重要途径，已经达成共识。建立相应制度，让当地居民参与旅游活动的经营与管理，让民族社区的居民能够了解、理解、支持民族社区的旅游活动，是民族旅游社区 REGT 共生保障机制中的重要部分。同时，建立监督评估机制，运用监督评估机制来保障民族旅游社区利益相关者的共生也尤为重要。

三、建立协同共生协调机制

运用观念协调、信息沟通平台协调、服务型政府体系协调、旅游行业协会协调等方式来协调民族旅游社区 REGT 系统运行中遇到的问题，及时了解各利益相关主体的利益诉求，以便调整民族社区旅游活动的内容，推动民族旅游社区 REGT 系统协调功能的发挥，从而促进民族社区旅游活动的和谐发展，实现民族社区旅游活动各利益相关主体的共赢，推动民族社区社会经济的发展。同时，民族旅游社区 REGT 系统协调功能的发挥离不开政府公共服务职能的发挥。通过服务型政府体系的协调与监督，来构建民族旅游社区协同共生协调机制往往更具有效性。在民族旅游社区各利益相关群体协商下所构建的利益协商调节机制、利益诉求机制、利益矛盾化解机制、利益补偿机制将更加符合民族旅游社区各利益相关者的需要，所建立起来的旅游活动权力均衡机制将更加受到民族社区利益相关者的认同，从而能够促进民族社区旅游活动的持续发展。

四、建立协同共生创新进化机制

在社会发展的进程中，共生并不仅仅是不同的个体在一起共同生活。在中国特色社会主义新时代，共生是共同生活的个体之间能够更好地生活。因此，民族旅游社区 REGT 共生系统构建目标是促进民族旅游社区 REGT 共生系统中各个利益相关者（共生单元）更好、更快地进化，也就是创新进化。

通过规范创新进化环境、建立学习创新机制、增进协同等方式来推动民族旅游社区 REGT 协同共生系统不断进化由政府来主导建立和完善民族社区旅游活动利益相关者的利益协商调节机制、利益诉求机制、利益矛盾化解机制、利益补偿机制，探索建立民族社区旅游活动利益相关者的权利均衡机制，规范民族旅游社区 REGT 共生系统的共生环境，维护良性的共生界面，做好服务、监督、管理工作，促进当地经济、社会、环境的健康持续发展，进而促进民族社区旅游活动的持续发展。

第九章 研究结论、创新与展望

第一节 研究结论

本研究在民族旅游社区各利益相关者利益诉求不断演变、矛盾纷争日益显现的情势下，以可持续发展为宗旨，根据云南省民族社区众多、旅游业作为战略性支柱产业作用显著的实际，针对民族社区旅游发展所带来的某些社会经济问题，从民族旅游社区各利益相关者的诉求出发，以共生为视角，围绕着民族旅游社区发展的可持续性，探寻了民族旅游社区矛盾疏解的路径和机制，形成以下研究结论。

（1）民族旅游社区是指以少数民族成员为主体，以民族社会成员的共同地缘和紧密的日常生活联系为基础，以旅游接待活动为核心生产内容的民族地域性社会。按照民族旅游社区直接参与旅游开发的利益相关者的不同，将民族旅游社区划分为单个利益相关者参与的"居民自主型"民族旅游社区、两个利益相关者参与的"公司＋农户"型民族旅游社区、多个利益相关者参与的"政府＋社会公益机构＋农户"型民族旅游社区。

（2）民族旅游社区是一个由多个具有多重诉求目标的利益相关者构成的有机系统。民族旅游社区的各主要利益相关者之间存在着相互影响、相互作用、相互依存的关系。随着民族地区旅游活动的不断深入，民族旅游社区利益相关者之间因利益诉求差异而出现了相互抵触、相互摩擦或互不相容利益冲突现象和关系，严重影响了民族地区的形象，严重地阻碍了民族地区社区持续发展的进程，影响了民族地区社会关系的和谐。利益冲突问题成为影响民族旅游社区可持续发展的关键性问题。防止和化解利益相关者的利益冲突成为民族旅游社区经济社会发展迫切需要解决的问题。

（3）利益冲突因利益诉求差异而产生。民族旅游社区利益相关者的利益诉求受到经济因素、政策制度因素、文化因素、资源价值因素、环境安全因素的影响。在不同的发展阶段，民族旅游社区利益相关者的利益诉求不同，且这些不同和差异使得民族旅游社区利益冲突不断演进、变化。民族旅游社区利益相关者利益冲突的化解涉及多个利益相关者协调、多种关系的整合。在民族旅游社区利益相关者利益冲突的化解过程中，应充分考虑民族旅游社区利益诉求动态发展的需求，提供有针对性的利益冲突化解方案。

（4）民族旅游社区的发展是社区中所有群体努力的结果，涉及多个群体、多种关系的协同，构建协同共生机制是化解民族旅游社区利益相关者利益冲突的有效手段。引入生物学领域的共生理论，将民族旅游社区作为一个整体，建立民族旅游社区利益相关者共生系统，尝试构建民族旅游社区利益相关者之间有益无害的协同共生关系，为民族旅游社区利益冲突化解提供了新思路。在民族旅游社区利益相关者协同共生机制构建的过程中，应首先厘清民族旅游社区利益相关者利益冲突的"时空演变、多维路径"与协同共生目标的内在关联，准确把握"动态"与"多维"的核心要领，研判"动态"与"多维"的多元性和差异性特征。然后再构建包括时空维度、经济维度、政策制度维度、文化维度、资源维度、环境安全维度等在内的动态协同共生机制。只有将具有动态多维路径的协同共生机制与民族旅游社区可持续发展的紧密衔接，才能有效化解民族旅游社区利益冲突，消除或预防利益冲突所带来的不利影响，从而促进民族旅游社区可持续发展目标的实现。

第二节　研究创新

一、学术思想创新

（1）本书从共生的视角来探讨民族旅游社区发展的对策与建议，建立民族旅游社区利益相关者协同共生的理论框架，从思想理论建设方面与时俱进地回应了支持民族地区加快发展的时代要求。

（2）本书对民族旅游社区的可持续发展问题在学理上进行阐释，在对民族旅游社区建设中利益相关者诉求差异识别的基础上，从协同共生的视角探讨了民族旅游社区的可持续发展，拓展了可持续发展理论的内涵和外延。

二、学术观点的创新

提出民族旅游社区利益相关者共生系统，构建民族旅游社区 REGT 共生系统作用模型，从共生的视角，建立民族旅游社区利益相关者协同共生机制，探索民族旅游社区矛盾化解的路径。

三、研究方法创新

综合使用管理学、民族学、生物学、统计学、社会学、政治学、经济学等相关成果对民族旅游社区的可持续发展所展开的研究，为可持续发展研究提供新的分析思路和理论基础，有助于形成多元化解决现实问题的跨学科、综合性的理论成果。

第三节　研究展望

随着旅游活动的不断深入发展，旅游活动对民族社区的影响日益增强，民族地区因旅游发展而引起的各种社会问题与社会矛盾日益激烈，民族旅游社区矛盾的化解已经成为亟须解决的问题。中国国内的民族旅游社区研究亟须加强对民族旅游社区发展的影响因素、利益相关者诉求演变轨迹、民族旅游社区矛盾化解机制和可持续发展政策等方面的研究。民族旅游社区中利益相关者之间共生关系是动态演进，对民族旅游社区的利益相关者进行更为深入的分析，从动态的角度来观测民族旅游社区各利益相关者之间的共生关系，探讨民族旅游社区各利益相关者之间的共生机制，进而促进民族旅游社区利益相关者和谐共生的多情景方案，将是非常有价值的研究方向。

参 考 文 献

［1］2013 年全国民族自治地方经济社会发展［EB/OL］.（2017－07－25）［2023－12－18］. https：//www. neac. gov. cn/seac/xxgk/201611/1079220. shtml.

［2］2019 年西藏旅游收入将达到 580 亿元［EB/OL］.（2019－04－11）［2023－12－18］. https：//www. al. gov. cn/info/1034/15458. htm.

［3］2019 年中国云南旅游行业发展现状分析［EB/OL］.（2020－07－30）［2023－12－30］. https：//www. sohu. com/a/410631652_775892.

［4］2019 西藏游客数量及旅游业收入，"冬游西藏"活动提升品牌影响力［EB/OL］.（2020－02－05）［2023－12－18］. https：//www. 163. com/dy/article/F4K6I1DS05387IEF. html.

［5］2023 年"泼水节"西双版纳旅游总收入超 21 亿元［EB/OL］.（2023－04－19）［2023－12－19］. https：//news. yunnan. cn/system/2023/04/19/032554657. shtml.

［6］白凯，郭生伟. 旅游景区共生形象对游客重游意愿及口碑效应影响的实证研究——以西安曲江唐文化主题景区为例［J］. 旅游学刊，2010，25（1）：53－58.

［7］白凯，孙天宇. 旅游景区形象共生互动关系研究——以西安曲江唐文化旅游区为例［J］. 经济地理，2010，30（1）：162－166.

［8］白露. 西部旅游业发展中的景区资源环境管理模式研究［J］. 西北大学学报（哲学社会科学版），2004（2）：22－25.

［9］白晓文. 扎尕那旅游利益相关者利益均衡机制研究［D］. 兰州：西北师范大学，2020.

［10］班倩倩. 长江三峡旅游景区共生空间结构演变及机理研究［D］. 重庆：重庆理工大学，2013.

[11] 保继刚，孙九霞．社区参与旅游发展的中西差异［J］．地理学报，2006（4）：401－413．

[12] 保继刚，孙九霞．雨崩村社区旅游：社区参与方式及其增权意义［J］．旅游论坛，2008（4）：58－65．

[13] 保继刚，尹寿兵，梁增贤，等．中国旅游地理学研究进展与展望［J］．地理科学进展，2011，30（12）：1506－1512．

[14] 保继刚，钟新民．桂林市旅游发展总体规划（2001—2020）［M］．北京：中国旅游出版社，2002．

[15] 陈爱林．西双版纳旅游面临的挑战及对策［J］．创造，2003（6）：24－25．

[16] 陈东芝．民族地区入境旅游与经济增长的实证研究［J］．四川烹饪高等专科学校学报，2011（3）：29－31．

[17] 陈丽坤．离析现代化与旅游对民族社区的文化影响——西双版纳三个傣寨的比较研究［J］．旅游学刊，2011，26（11）：58－64．

[18] 陈鸣．我国少数民族地区旅游资源的开发和利用［J］．地域研究与开发，1997（1）：84－87．

[19] 陈倩，邓敏．民族村寨旅游利益相关者包容性增长模式研究［J］．六盘水师范学院学报，2021，33（3）：11－21．

[20] 陈晓华，张小林．国外乡村社区变迁研究概述［J］．皖西学院学报，2007（5）：114－118．

[21] 陈昕．国内外旅游利益相关者研究综述［J］．西南边疆民族研究，2012（2）：273－282．

[22] 陈学强，刘潇，杨超．基于共生理论的广西北部湾经济区旅游竞合研究［J］．沿海企业与科技，2009（5）：79－81．

[23] 陈岩峰．基于利益相关者理论的旅游景区可持续发展研究［D］．成都：西南交通大学，2008．

[24] 陈旖．浅谈贵州民族文化旅游资源的可持续开发［J］．贵州民族研究，2007（2）：82－85．

[25] 陈勇，吴人韦．风景名胜区的利益主体分析与机制调整［J］．规划师，2005（5）：8－11．

［26］陈玉涛．基于共生理论的黄河三角洲区域旅游合作研究——以滨州与东营两市为例［J］．中国石油大学学报（社会科学版），2011，27（5）：28－34．

［27］程玉申，周敏．国外有关城市社区的研究述评［J］．社会学研究，1998（4）：56－63．

［28］辞海编辑委员会．辞海［M］．上海：上海辞书出版社，1999．

［29］崔树义．关于社会冲突的类型分析［J］．社会主义研究，1996（4）：60－63．

［30］崔肖雪．乡村旅游利益相关者对乡村性的感知评价和影响机制研究［D］．日照：曲阜师范大学，2021．

［31］戴庆厦，邓佑玲．城市化：中国少数民族语言使用功能的变化［J］．陕西师范大学学报（哲学社会科学版），2001（1）：71－75．

［32］戴维·布尔尼．进化：生物如何适应与生存［M］．孙养正，译．北京：生活·读书·新知三联书店，2004．

［33］戴雄武．深度开发湖泊资源发挥多种功能效益——兼谈"千湖之省"的治湖战略［J］．农业现代化研究，1988（6）：34－36．

［34］邓永进，郭山．香格里拉民族生态旅游的设计与实践——来自云南省中甸县霞给村的研究报告［J］．思想战线，2001（2）：69－71．

［35］丁艳平．关中天水经济区旅游共生系统的构建研究［J］．特区经济，2010（1）：171－173．

［36］恩格斯．自然辩证法［M］．北京：人民出版社，1995．

［37］斐迪南·滕尼斯．共同体与社会［M］．张巍卓，译．北京：商务印书馆，2020．

［38］费孝通．乡土中国　生育制度［J］．北京：北京大学出版社，1998．

［39］冯芙蓉，马锦．从利益相关者理论看企业内部控制体制的构建［J］．商场现代化，2010（18）：23－25．

［40］冯强，程兴火．生态旅游景区游客感知价值研究综述［J］．生态经济，2009（9）：105－108．

［41］付鹏飞．旅游利益相关者的活动对草地生态系统服务的影响研究

［D］. 乌鲁木齐：新疆农业大学，2021.

［42］高珊. 梅州古村落保护与发展规划研究［D］. 西安：西安美术学院，2008.

［43］高永久，刘庸. 城市社区民族文化涵化的类型分析［J］. 中南民族大学学报（人文社会科学版），2006（3）：10－14.

［44］高永久，朱军. 民族社区研究理论的渊源与发展［J］. 西南民族大学学报（人文社科版），2009，30（12）：6－11.

［45］龚有坤，庄惠，范水生. 基于共生理论福建省乡村旅游综合体构建研究［J］. 科技和产业，2015，15（6）：25－29.

［46］管宁生. 重建西双版纳旅游形象［J］. 生态经济，2001（2）：36－38.

［47］郭净，杨福泉，段玉明. 云南少数民族概览［M］. 昆明：云南人民出版社，1999.

［48］郭旸. 共生型跨区域旅游空间融合的 CAS 动态演化机制研究［J］. 现代城市研究，2011，26（2）：33－36.

［49］郭永昌. 乡村社区—旅游景区共生模式研究［J］. 资源开发与市场，2011，27（2）：187－189.

［50］韩芳，吴焱，帕尔哈提·艾孜木. 基于共生思想的新疆旅游资源整合研究［J］. 新疆师范大学学报（自然科学版），2005（3）：251－254.

［51］韩明谟. 社会系统协调论［M］. 天津：天津人民出版社，2002.

［52］何彪，马勇. 基于关系营销的旅游目的地利益相关者管理策略研究［J］. 桂林旅游高等专科学校学报，2004（3）：41－44.

［53］贺能坤. 民族村寨开发的基本要素研究［J］. 贵州民族研究，2010，30（1）：127－132.

［54］胡鞍钢，温军. 西部开发与民族发展［J］. 西北民族大学学报（哲学社会科学版），2004（3）：30－58.

［55］胡保利，赵惠莉. 冲突理论视野中高校学术权力与行政权力的关系［J］. 黑龙江高教研究，2008（4）：1－5.

［56］胡欢，章锦河，陈敏. 成本视角的国家公园旅游生态补偿标准测度研究——以黄山国家公园创建区为例［J］. 中国生态旅游，2022，12

（2）：275 - 290.

[57] 怀特.摩尔根生平及《古代社会》[J].徐先伟,译.民族译丛,1979（2）：1 - 11.

[58] 黄芳.发展国内旅游是推动女性再就业的重要举措 [J].青岛行政学院学报,2000（1）：44 - 47.

[59] 黄细嘉,邹晓瑛.基于共生理论的城乡互动型红色旅游区的构建——以江西南昌地区为例 [J].江西社会科学,2010（2）：213 - 218.

[60] 黄燕玲,黄震方.农业旅游地游客感知结构模型与应用——以西南少数民族地区为例 [J].地理研究,2008（6）：1455 - 1465.

[61] 黄震方,顾秋实,袁林旺.旅游目的地居民感知及态度研究进展 [J].南京师大学报（自然科学版）,2008（2）：111 - 118.

[62] 纪金雄.古村落旅游核心利益相关者共生机制研究——以武夷山下梅村为例 [J].华侨大学学报,2011,29（2）：52 - 59.

[63] 景洪市"双节"期间旅游市场热度不断,新业态为假日经济注入新活力 [EB/OL].（2023 - 10 - 08）[2023 - 12 - 08].https：//www. jhs. gov. cn/130. news. detail. dhtml? news_id = 120648.

[64] 科塞.社会冲突的功能 [M].孙立平,译.北京：华夏出版社,1989.

[65] 克莱尔 A. 冈恩.旅游规划：理论与案例 [M].吴必虎,吴冬青,党宁,译.北京：东北财经大学出版社,2005.

[66] 黎洁,赵西萍.社区参与旅游发展理论的若干经济学质疑 [J].旅游学刊,2001（4）：44 - 47.

[67] 李灿.基于共生理论的企业利益相关者关系研究——基本逻辑与演进机理 [J].湖南师范大学自然科学学报,2013,36（6）：88 - 92.

[68] 李东和,叶晴,肖舒羽.区域旅游业发展中目的地居民参与问题研究 [J].人文地理,2004（3）：84 - 88.

[69] 李国杰.现代企业管理辞典 [M].兰州：甘肃人民出版社,1991.

[70] 李宏,李伟.论民族旅游地的可持续发展 [J].云南师范大学学报（哲学社会科学版）,2010,42（1）：130 - 136.

[71] 李积普. 利益相关者视角下的矿山公园旅游可持续发展评价研究 [D]. 福州：福建师范大学，2021.

[72] 李林凤. 优势视角下的西部乡村民族社区发展 [J]. 中央民族大学学报（哲学社会科学版），2012，39（4）：47-50.

[73] 李强. 少数民族村寨旅游的社区自主和民族文化保护与发展——以云南泸沽湖与青海小庄村为例 [J]. 贵州民族研究，2010，31（2）：106-112.

[74] 李仁杰，路紫. 国内生态旅游与区域可持续发展关系研究 [J]. 地理科学进展，2009，28（1）：139-146.

[75] 李向农，丁艳平. 旅游经济与生态环境共生互动模式研究 [J]. 经济师，2007（10）：244-245.

[76] 李晓霞. 新疆民族群体构成及其关系分析 [J]. 新疆社会科学，2009（6）：107-114.

[77] 李亚娟，陈田，王开泳，等. 国内外民族社区研究综述 [J]. 地理科学进展，2013，32（10）：1520-1534.

[78] 李湄，李雪松，郭峦. 西双版纳傣族园村民的旅游态度演变和利益认知程度研究 [J]. 江苏商论，2011（8）：120-122.

[79] 李耀锋. 博弈与共生：旅游地文化生产的结构性困境研究 [J]. 经济与社会发展，2015，13（4）：75-80.

[80] 李志英. 黔东南南侗地区侗族村寨聚落形态研究 [D]. 昆明：昆明理工大学，2002.

[81] 连玉銮. 白马社区旅游开发个案研究——兼论自然与文化生态脆弱区的旅游发展 [J]. 旅游学刊，2005（3）：13-17.

[82] 林龙飞，杨斌. 论民族旅游发展中的民族文化失真与保护 [J]. 贵州民族研究，2007（5）：80-85.

[83] 刘培哲. 可持续发展理论与《中国21世纪议程》 [J]. 地学前缘，1996（1）：1-9.

[84] 刘沛林，刘春腊，李伯华，等. 中国少数民族传统聚落景观特征及其基因分析 [J]. 地理科学，2010，30（6）：810-817.

[85] 刘旺，蒋敬. 旅游发展对民族社区社会文化影响的乡土视野研究

框架 [J]. 经济地理, 2011, 31 (6): 1025 - 1030.

[86] 刘纬华. 关于社区参与旅游发展的若干理论思考 [J]. 旅游学刊, 2000 (1): 47 - 52.

[87] 刘韫. 乡村旅游对民族社区的社会影响——四川甲居藏寨景区的个案调查 [J]. 宁夏社会科学, 2007 (6): 77 - 79.

[88] 龙花楼, 张杏娜. 新世纪以来乡村地理学国际研究进展及启示 [J]. 经济地理, 2012, 32 (8): 1 - 7.

[89] 卢野鹤. 冲突社会学理论简介 [J]. 社会科学, 1986 (11): 54 - 56.

[90] 鲁波, 刘泰子. 汨罗市"城市矿产"产业集群的"生态位"测度分析 [J]. 湖南师范大学自然科学学报, 2012, 35 (1): 90 - 94.

[91] 陆翔兴. 乡村发展呼唤着地理学——关于开展我国乡村地理学研究的思考 [J]. 人文地理, 1989 (1): 1 - 7.

[92] 吕宛青, 成竹. 基于和谐社会构建的旅游地社区利益均衡——以腾冲县和顺古镇为例 [J]. 西南边疆民族研究, 2010 (2): 109 - 117.

[93] 吕宛青, 李聪媛. 旅游经济学 [M]. 3 版. 大连: 东北财经大学出版社, 2021.

[94] 罗永常. 民族村寨旅游开发的政策选择 [J]. 贵州民族研究, 2006 (4): 32 - 37.

[95] 罗永常. 民族村寨社区参与旅游开发的利益保障机制 [J]. 旅游学刊, 2006 (10): 45 - 48.

[96] 马寿荣. 都市化过程中民族社区经济活动的变迁——昆明市顺城街回族社区的个案研究 [J]. 云南民族学院学报 (哲学社会科学版), 2003 (6): 52 - 55.

[97] 马晓京. 西部地区民族旅游开发与民族文化保护 [J]. 旅游学刊, 2000 (5): 50 - 54.

[98] 马勇, 何莲. 鄂西生态文化旅游圈区域共生——产业协调发展模式构建 [J]. 湖北社会科学, 2010 (1): 69 - 72.

[99] 毛长义, 张述林, 田万顷. 基于区域共生的古镇 (村) 旅游驱动模式探讨——以重庆 16 个国家级历史文化名镇为例 [J]. 重庆师范大学学

报（自然科学版），2012，29（5）：71-77.

［100］倪晓波.历史街区旅游开发和管理模式研究——基于利益相关者理论的角度［J］.无锡商业职业技术学院学报，2011，11（5）：17-19.

［101］牛文俊，李江宏.基于共生理论的区域旅游竞合研究——以"和墨洛经济区"为例［J］.现代商贸工业，2015，36（12）：30-32.

［102］牛文元.可持续发展理论的内涵认知——纪念联合国里约环发大会20周年［J］.中国人口·资源与环境，2012，22（5）：9-14.

［103］N.M·帕瑞哈.经济与加拿大的民族社区［J］.郝时远，译.民族译丛，1985（6）：1-5.

［104］潘小玲，邓莹.旅游景区开发中核心利益相关者分析［J］.现代商贸工业，2010，22（7）：92-93.

［105］邱云美.社区参与是实现旅游扶贫目标的有效途径［J］.农村经济，2004（12）：43-45.

［106］R.S·林德，H.M·林德.米德尔敦：当代美国文化研究［M］.盛学文，等译.北京：商务印书馆，1999.

［107］尚玉昌.普通生态学［M］.3版.北京：北京大学出版社，2010.

［108］申秀英，卜华白.中国古村落旅游企业的"共生进化"研究——基于共生理论的一种分析［J］.经济地理，2006（2）：322-325.

［109］石娟.生态旅游利益相关者协调机制研究——以娄底市为例［J］.旅游纵览，2022（23）：67-69.

［110］时昱.社会冲突视野下的环境群体性事件［J］.中共郑州市委党校学报，2011（2）：80-81.

［111］宋秋.论边界共生旅游资源开发中的合作问题［J］.云南民族大学学报（哲学社会科学版），2005（1）：96-98.

［112］宋瑞.生态旅游：多目标多主体的共生［D］.北京：中国社会科学院研究生院，2003.

［113］宋瑞.我国生态旅游利益相关者分析［J］.中国人口·资源与环境，2005（1）：39-44.

［114］宋章海，马顺卫.社区参与乡村旅游发展的理论思考［J］.山地

农业生物学报，2004（5）：426－430.

［115］苏章全，李庆雷，明庆忠．基于共生理论的滇西北旅游区旅游竞合研究［J］．山西师范大学学报（自然科学版），2010，24（1）：98－103.

［116］孙长青，孙冬玲．长江三角洲区域旅游合作系统的共生单元分析［J］．中国商贸，2012（22）：188－189.

［117］孙畅．共生与世界主义：帕克人类生态学视阈下的美国社会［J］．社会杂志，2023，43（2）：123－149.

［118］孙九霞，保继刚．从缺失到凸显：社区参与旅游发展研究脉络［J］．旅游学刊，2006（7）：63－68.

［119］孙九霞，保继刚．社区参与的旅游人类学研究——阳朔世外桃源案例［J］．广西民族学院学报（哲学社会科学版），2006（1）：82－90.

［120］孙九霞，保继刚．社区参与的旅游人类学研究：阳朔遇龙河案例［J］．广西民族学院学报（哲学社会科学版），2005（1）：85－92.

［121］孙九霞，保继刚．社区参与的旅游人类学研究——以西双版纳傣族园为例［J］．广西民族学院学报（哲学社会科学版），2004（6）：128－136.

［122］孙九霞．赋权理论与旅游发展中的社区能力建设［J］．旅游学刊，2008（9）：22－27.

［123］孙立平．社区、社会资本与社区发育［J］．学海，2001（4）：93－96.

［124］唐承财，钟林生，成升魁．旅游地可持续发展研究综述［J］．地理科学进展，2013，32（6）：984－992.

［125］唐顺铁．旅游目的地的社区化及社区旅游研究［J］．地理研究，1998（2）：34－38.

［126］唐晓云，闵庆文．农业遗产旅游地的文化保护与传承——以广西龙胜龙脊平安寨梯田为例［J］．广西师范大学学报（哲学社会科学版），2010，46（4）：121－124.

［127］唐仲霞，马耀峰，魏颖．青藏地区入境旅游共生关系检验研究［J］．干旱区地理，2012，35（4）：671－677.

［128］田艳．民族村寨旅游开发中的利益补偿制度研究［J］．广西民族

研究，2010（4）：181-187.

［129］屠梅曾，赵旭．生态城市可持续发展的系统分析［J］．系统工程理论方法应用，1997（1）：45-52.

［130］Tönnies F T．共同体与社会：纯粹社会学的基本概念［J］．林荣远，译．北京：商务印书馆，1999.

［131］王东红．共生理论视角下的区域旅游资源整合研究［J］．焦作大学学报，2009，23（2）：56-58.

［132］王国红．社会文化心理对政策执行的影响［J］．科学社会主义，2007（3）：104-106.

［133］王海涛．旅游城市化背景下的旅游村落形态发展研究——以丽江市龙泉村（束河古镇）、白华村为例［D］．昆明：昆明理工大学，2010.

［134］王洁钢．"民族社区经济与社会协调发展"学术研讨会综述［J］．社科与经济信息，2001（12）：156-157.

［135］王金亮，将连芳，马剑，何绍福．三江并流区少数民族社区土地利用变化驱动力分析［J］．地域研究与开发，2000（4）：62-64.

［136］王金伟，王士君．黑色旅游发展动力机制及"共生"模式研究——以汶川8.0级地震后的四川为例［J］．经济地理，2010，30（2）：339-344.

［137］王凯．旅游开发中的"边界共生"现象及其区域整合机制［J］．开发研究，2004（1）：42-44.

［138］王克岭，李刚．乡村旅游利益相关者冲突及互惠型治理机制——基于共生理论的探讨［J］．社会科学家，2023（2）：53-58.

［139］王铁志．澳大利亚的民族社区和社区服务［J］．世界民族，1996（1）：70-73.

［140］王维艳，林锦屏，沈琼．跨界民族文化景区核心利益相关者的共生整合机制——以泸沽湖景区为例［J］．地理研究，2007（4）：673-684.

［141］王云才，郭焕成．论乡村整体景观意向规划——北京郊区三乡镇的典型实证对比研究［Z］//海峡两岸观光休闲农业与乡村旅游发展——海峡两岸观光休闲农业与乡村旅游发展学术研讨会论文集，2002.

［142］文瑚霞．基于共生理论的江西省萍乡市红色旅游开发模式探讨

[J]. 现代商业，2015（30）：46 – 47.

[143] 翁时秀，彭华. 旅游发展初级阶段弱权利意识型古村落社区增权研究——以浙江省楠溪江芙蓉村为例 [J]. 旅游学刊，2011，26（7）：53 – 59.

[144] 吴国清. 试论行政区边界共生旅游资源的整合 [J]. 上海师范大学学报（自然科学版），2006（2）：95 – 101.

[145] 吴泓，顾朝林. 基于共生理论的区域旅游竞合研究——以淮海经济区为例 [J]. 经济地理，2004（1）：104 – 109.

[146] 吴剑豪. 旅游地生命周期分析与调控 [D]. 福州：福建师范大学，2008.

[147] 吴世辉. 旅游共生机制研究 [J]. 和田师范专科学校学报，2008（3）：184 – 185.

[148] 吴忠军，叶晔. 民族社区旅游利益分配与居民参与有效性探讨——以桂林龙胜龙脊梯田景区平安寨为例 [J]. 广西经济管理干部学院学报，2005（3）：51 – 55.

[149] 武晓英，李伟. 从社区参与层面探讨民族旅游的可持续发展问题——以云南省西双版纳为例 [J]. 资源开发与市场，2012，28（6）：553 – 555.

[150] 西藏 2014 年旅游收入超过两百亿元 [EB/OL].（2015 – 09 – 10）[2023 – 12 – 18]. https：//www. xzcd. com/index/xwzx/xcxw/201509/51731. html.

[151] 西双版纳旅游网. 西双版纳州"十二五"旅游产业发展，取得了较好成效 [EB/OL].（2016 – 01 – 14）[2023 – 10 – 18]. http：//www. xsbnly. com/xsbnly/jb/61282. jhtml.

[152] 西双版纳州文化和旅游假日市场情况总结 [EB/OL].（2019 – 02 – 12）[2023 – 12 – 12]. https：//www. xsbn. gov. cn/lfw/84126. news. detail. dhtml? news_id = 1487848.

[153] 夏必琴. 千岛湖旅游地演化进程及其机制研究 [D]. 芜湖：安徽师范大学，2007.

[154] 夏赞才. 旅游伦理概念及理论架构引论 [J]. 旅游学刊，2003（2）：30 – 34.

[155] 夏征农. 辞海: 1999 年版缩印本 [M]. 上海: 上海辞书出版社, 2000.

[156] 肖海平, 谷人旭, 黄静波. 湘粤赣 "红三角" 省际边界区旅游资源联动开发共生模式研究 [J]. 世界地理研究, 2010, 19 (3): 121 - 127.

[157] 肖琼. 基于利益相关者的民族旅游城镇可持续发展研究 [J]. 城市发展研究, 2009, 16 (10): 102 - 105.

[158] 肖琼, 赵培红. 我国民族旅游村寨利益相关者行为分析 [J]. 西南民族大学学报 (人文社会科学版), 2012, 33 (9): 143 - 146.

[159] 谢建社, 朱明. 社会冲突管理的理论与实践 [M]. 南昌: 江西人民出版社, 2005.

[160] 谢清溪. 和谐社会背景下和谐旅游的构建及其实现 [J]. 人文地理, 2006 (4): 98 - 101.

[161] 熊元斌, 龚箭. 旅游产业利益相关者分析 [J]. 中南财经政法大学学报, 2007 (1): 47 - 50.

[162] 徐新建. 人类学眼光: 旅游与中国社会——以一次旅游与人类学国际研讨会为个案的评述和分析 [J]. 旅游学刊, 2000 (2): 62 - 69.

[163] 薛熙明, 叶文. 旅游影响下滇西北民族社区传统生态文化变迁机制研究 [J]. 贵州民族研究, 2011, 32 (5): 108 - 114.

[164] 阎友兵, 肖瑶. 旅游景区利益相关者共同治理的经济型治理模式研究 [J]. 社会科学家, 2007 (3): 108 - 112.

[165] 杨桂华. 生态旅游可持续发展四维目标模式探析 [J]. 人文地理, 2005 (5): 80 - 83.

[166] 杨婕, 孙春艳. 节事旅游利益相关者角色分析与协调机制研究——以无锡阳山 (国际) 桃花节为例 [J]. 商展经济, 2021 (22): 8 - 12.

[167] 杨振之, 李枫. 度假旅游发展与区域旅游业的转型升级——第十五届全国区域旅游开发学术研讨会暨度假旅游论坛综述 [J]. 旅游学刊, 2010, 25 (12): 90 - 91.

[168] 杨正文. 复兴与发展: 黔东南苗族社区的变迁态势 [J]. 西南民族学院学报 (哲学社会科学版), 1997 (4): 20 - 25.

[169] 杨志明. 云南少数民族传统文化研究 [M]. 北京：人民出版社，2009.

[170] 杨忠直. 企业生态学引论 [M]. 北京：科学出版社，2003.

[171] 姚娟，陈飙，田世政. 少数民族地区游客乡村旅游质量感知研究——以新疆昌吉州杜氏农庄为例 [J]. 旅游学刊，2008（11）：75-81.

[172] 余青，吴必虎. 生态博物馆：一种民族文化持续旅游发展模式 [J]. 人文地理，2001（6）：40-43.

[173] 余向洋，沙润，胡善风. 可持续旅游批评与研究进展 [J]. 经济地理，2009，29（12）：2090-2095.

[174] 袁纯清. 共生理论及其对小型经济的应用研究（上）[J]. 改革，1998（2）：100-104.

[175] 袁纯清. 共生理论及其对小型经济的应用研究（下）[J]. 改革，1998（3）：75-85.

[176] 袁纯清. 和谐与共生 [M]. 北京：社会科学文献出版社，2008.

[177] 岳天明，高永久. 民族社区文化冲突及其积极意义 [J]. 西北民族研究，2008（3）：52-60.

[178] 张春然. 新农村建设中的古村落保护问题研究 [D]. 保定：河北农业大学，2009.

[179] 张红喜，何彪，刘琼，周霄. 民营旅游企业虚拟社区价值共创行为研究 [J]. 管理现代化，2019，39（5）：83-85.

[180] 张慧. 少数民族社区传统文化中的社会资本——以云南勐海布朗山乡为例 [J]. 贵州大学学报（社会科学版），2011，29（6）：134-139.

[181] 张健华，陈秋华，余建辉. 闽台旅游合作的共生模式研究 [J]. 福建论坛（人文社会科学版），2008（3）：112-115.

[182] 张素. 旅游景区核心利益相关者均衡发展研究 [J]. 中小企业管理与科技（上旬刊），2010（12）：34-35.

[183] 张伟，刘庆玉. 制度建设与旅游发展——西双版纳与丽江旅游发展政策的比较分析 [J]. 云南财贸学院学报（社会科学版），2005（1）：69-71.

［184］张小林. 乡村空间系统及其演变研究［M］. 南京：南京师范大学出版社，1999.

［185］章锦河，张捷. 旅游生态足迹模型及黄山市实证分析［J］. 地理学报，2004（5）：763－771.

［186］赵红，陈绍愿，陈荣秋. 生态智慧型企业共生体行为方式及其共生经济效益［J］. 中国管理科学，2004（6）：131－137.

［187］赵书虹，吕宛青. 企业在旅游景区开发经营中的利益相关者管理——以丽江束河古镇和香格里拉开发为例［J］. 商场现代化，2007（27）：54－57.

［188］郑弘毅. 农村城市化研究［M］. 南京：南京大学出版社，1998.

［189］郑向敏，刘静. 论旅游业发展中社区参与的三个层次［J］. 华侨大学学报（哲学社会科学版），2002（4）：12－18.

［190］郑洲. 民族互嵌式社区治理共同体的系统审视与建构路径——以云南省洱源县郑家庄为考察中心［J］. 民族学刊，2023，14（1）：75－86.

［191］钟俊. 共生：旅游发展的新思路［J］. 重庆师专学报，2001（3）：17－19.

［192］钟林生，肖笃宁. 生态旅游及其规划与管理研究综述［J］. 生态学报，2000（5）：841－848.

［193］钟永德，陈晓磬. 旅游景区管理［M］. 长沙：湖南大学出版社，2005.

［194］周裴妍，邓媛媛，史晨旭，等. 元阳哈尼梯田旅游利益相关者协调机制研究［J］. 河北旅游职业学院学报，2022，27（2）：49－53.

［195］周平. 政治学视野下的中国民族和民族问题［J］. 思想战线，2009，35（6）：56－61.

［196］周尚意，朱立艾，王雯菲，等. 城市交通干线发展对少数民族社区演变的影响——以北京马甸回族社区为例［J］. 北京社会科学，2002（4）：33－39.

［197］朱生东. 基于共生理论的古村落遗产旅游整体开发模式研究——以西递为例［J］. 中南林业科技大学学报（社会科学版），2015，9（4）：33－37.

[198] 邹统钎，陈序枕. 乡村旅游经营者共生机制研究——以北京市怀柔区北宅村为例 [J]. 北京第二外国语学院学报，2006 (9)：67 - 73.

[199] 邹统钎，马欣，张昕玲，黄海辉. 乡村旅游可持续发展的动力机制与政府规制 [J]. 杭州师范学院学报 (社会科学版)，2006 (2)：64 - 67.

[200] 左冰，保继刚. 从"社区参与"走向"社区增权"——西方"旅游增权"理论研究述评 [J]. 旅游学刊，2008 (4)：58 - 63.

[201] 左冰. 旅游增权理论本土化研究——云南迪庆案例 [J]. 旅游科学，2009，23 (2)：1 - 8.

[202] 左冰. 西双版纳傣族园社区参与旅游发展的行动逻辑——兼论中国农村社区参与状况 [J]. 思想战线，2012，38 (1)：100 - 104.

[203] Ahn B，Lee B，Shafer C S. Operationalizing sustainability in regional tourism planning：An application of the limits of acceptable change framework [J]. *Tourism Management*，2002，23 (1)：1 - 15.

[204] Ap J. Residents' perceptions on tourism impacts [J]. *Annals of Tourism Research*，1992，19 (4)：665 - 690.

[205] Bachleitner R，Zins A H. Cultural tourism in rural communities：The residents' perspective [J]. *Journal of Business Research*，1999，44 (3)：199 - 209.

[206] Balhotra K，Chahal K，Silver M，Atallah F，Narayanamoorthy S，Minkoff H. COVID - 19 vaccine hesitancy in an underrepresented minority community [J]. *Journal of Community Health*，2023，48 (3)：1 - 7.

[207] Bary A D. *Die Erscheinung der Symbiose：Vortrag* [M]. Berlin：De Gruyter，1879.

[208] Battu H，Seaman P，Zenou Y. Job contact networks and the ethnic minorities [J]. *Labour Economics*，2011，18 (1)：48 - 56.

[209] Belisle F J，Hoy D R. The perceived impact of tourism by residents a case study in Santa Marta，Colombia [J]. *Annals of Tourism Research*，1980，7 (1)：83 - 101.

[210] Bernbaum E. Sacred mountains [J]. *UNESCO Courier*，1997，50

(9): 34 – 37.

[211] Boas F, Stocking G W. *The shaping of American anthropology*, 1883 – 1911: *A Franz Boas reader* [M]. New York: Basic Books, Inc. , 1974.

[212] Brown A R. *Method in Social Anthropology* [M]. Chicago: University of Chicago Press, 1958.

[213] Brown J, Mitchell N J, Beresford M. *The Protected Landscape Approach: Linking Nature, Culture and Community* [M]. Gland, Switzerland: IUCN, 2005.

[214] Butler R W. The concept of a tourist area cycle of evolution: Implications for management of resources [J]. *Canadian Geographer/Le Géographe canadien*, 1980, 24 (1): 5 – 12.

[215] Byrd E T, Bosley H E, Dronberger M G. Comparisons of stakeholder perceptions of tourism impacts in rural eastern North Carolina [J]. *Tourism Management*, 2009, 30 (5): 693 – 703.

[216] Castellani V, Sala S. Ecological Footprint and Life Cycle Assessment in the sustainability assessment of tourism activities [J]. *Ecological Indicators*, 2012 (16): 135 – 147.

[217] CaterJ, Jones T. *Social Geography* [M]. London: Edw and Arnold, 1989.

[218] Cohen E. *Ethnic tourism in Southeast Asia* [M]. Bangkok, Thailand: White Lotus Press, 2001.

[219] Covey H C, Menard S. Community corrections diversion in Colorado [J]. *Journal of Criminal Justice*, 1984, 12 (1): 1 – 10.

[220] Dahl A R. *Who Governs: Democracy and Power in an American City* [M]. New Haven, CT: Yale University Press, 1961.

[221] Dahrendorf R. *The Open Society and Its Fears* [M]. London: Palgrave Macmillan UK, 1989.

[222] Deaden P, Harron S. Alternative tourism and adaptive change [J]. *Annals of Tourism Research*, 1994, 21 (1): 81 – 102.

[223] Eitle D. Parental gender, single-parent families, and delinquency:

Exploring the moderating influence of race/ethnicity [J]. *Social Science Research*, 2006, 35 (3): 727 – 748.

[224] Farrell C R, Lee B A. Racial diversity and change in metropolitan neighborhoods [J]. *Social Science Research*, 2011, 40 (4): 1108 – 1123.

[225] Fischer Claude S. Toward a subcultural theory of urbanism [J]. *American Journal of Sociology*, 1975, 80 (6): 1319 – 1341.

[226] Freeman R E. *Strategic management: A stakeholder approach* [M]. Boston: Pitman, 1984.

[227] Friedman J, Hakim S, Spiegel U. The effects of community size on the mix of private and public use of security services [J]. *Journal of Urban Economics*, 1987, 22 (2): 230 – 241.

[228] Gans H J. *Urbanism and Suburbanism as Ways of Life: A Re-evaluation of Definitions* [M]//Rose A M. Human Behavior and Social Processes. Boston, MA: Houghton Mifflin, 1962 (16): 625 – 648.

[229] Gans H. *Urbanism and sub urbanism as ways of life: A reevaluation of definitions* [C]. Boston, MA: Houghton Mifflin, 1962.

[230] Garcia – Ramon M D, Canoves G, Valdovinos N. Farm tourism, gender and the environment in Spain [J]. *Annals of Tourism Research*, 1995, 22 (2): 267 – 282.

[231] Garrod B, Fyall A. Beyond the rhetoric of sustainable tourism? [J]. *Tourism Management*, 1998, 19 (3): 199 – 212.

[232] George H. Authenticity in tourism [J]. *Annals of Tourism Research*, 1995, 22 (3): 781 – 803.

[233] Getz D, Jamal T B. The environment-community symbiosis: A case for collaborative tourism planning [J]. *Journal of Sustainable Tourism*, 1994, 2 (3): 152 – 173.

[234] Ghaderi Z, Henderson J C. Sustainable rural tourism in Iran: A perspective from Hawraman Village [J]. *Tourism Management Perspectives*, 2012 (2): 47 – 54.

[235] Grimble R, Wellard K. Stakeholder methodologies in natural resource

management: A review of principles, contexts, experiences and opportunities [J]. *Agricultural Systems*, 1997, 55 (2): 173 – 193.

[236] Gursoy D, Rutherford D G. Host attitudes toward tourism: An improved structural model [J]. *Annals of Tourism Research*, 2004, 31 (3): 495 – 516.

[237] Haddon A C. *Evolution in art: As illustrated by the life-histories of designs* [M]. London: The Walter Press, 1895.

[238] Hamilton K, Alexander M. Organic community tourism: A cocreated approach [J]. *Annals of Tourism Research*, 2013 (42): 169 – 190.

[239] Hampton M P. Heritage, local communities and economic development [J]. *Annals of Tourism Research*, 2005, 32 (3): 735 – 759.

[240] Harkin M. Modernist anthropology and tourism of the authentic [J]. *Annals of Tourism Research*, 1995, 22 (3): 650 – 670.

[241] Harris C D, Ullman E L. The nature of cities [J]. *The Annals of the American Academy of Political and Social Science*, 1945, 242 (1): 7 – 17.

[242] Hillery M, Nancarrow B, Griffin G, Syme G. Tourist perception of environmental impact [J]. *Annals of Tourism Research*, 2001, 28 (4): 853 – 867.

[243] Horn C, Simmons D. Community adaptation to tourism: Comparisons between Rotorua and Kaikoura, New Zealand [J]. *Tourism Management*, 2002, 23 (2): 133 – 143.

[244] Hoyt H. *The Structure and Growth of Residential Neighborhoods in American Cities* [M]. Washington: US Government Printing Office, 1939.

[245] Hughes G. Authenticity in tourism [J]. *Annals of tourism Research*, 1995, 22 (4): 781 – 803.

[246] Hunter C, Shaw J. The ecological footprint as a key indicator of sustainable tourism [J]. *Tourism Management*, 2007, 28 (1): 46 – 57.

[247] Hunter C. Sustainable tourism and the touristic ecological footprint [J]. *Environment, Development and Sustainability*, 2002 (4): 7 – 20.

[248] Hunter F. *Who governs: Democracy and power in an American city*

[M]. New Haven, CT: Yale University Press, 1961.

[249] Inskeep E. *Tourism planning: An integrated and sustainable development approach* [M]. New York: John Wiley & Sons, 1991.

[250] Joppe M. Sustainable community tourism development revisited [J]. *Tourism Management*, 1996, 17 (7): 475 –479.

[251] Kim H, Chenot D, Ji J. Racial/ethnic disparity in child welfare systems: A longitudinal study utilizing the Disparity Index (DI) [J]. *Children and Youth Services Review*, 2011, 33 (7): 1234 –1244.

[252] King B, Pizam A, Milman A. Social impacts of tourism: Host perceptions [J]. *Annals of Tourism Research*, 1993, 20 (4): 650 –665.

[253] Kneafsey M. Rural cultural economy: Tourism and social relations [J]. *Annals of Tourism Research*, 2001, 28 (3): 762 –783.

[254] Lewis E B, Sullivan T T. Combating crime and citizen attitudes: A study of the corresponding reality [J]. *Journal of Criminal Justice*, 1979, 7 (1): 71 –79.

[255] Li C Y, Lv W Q, Li K. Study on the operation mechanism in tourism activities of ethnic area based on theory of stakeholders [J]. *Management Science & Engineering*, 2012 (9): 823 –832.

[256] Liu, Yung – Lun, Jui – Te Chiang, Pen – Fa Ko. The benefits of tourism for rural community development [J]. *Humanities and Social Sciences Communications*, 2023, 10 (1): 1 –12.

[257] Li W. Community decisionmaking participation in development [J]. *Annals of Tourism Research*, 2006, 33 (1): 132 –143.

[258] Long P T, Perdue R R, Allen L. Rural resident tourism perceptions and attitudes by community level of tourism [J]. *Journal of Travel Research*, 1990, 28 (3): 3 –9.

[259] Lott J T, Bennett C. *Beyond Racial, Ethnic, and Gender Bias in Education Statistics* [M]. Oxford, England: Elsevier, 2010.

[260] Mackinnon D. Rural governance and local involvement: Assessing state—community relations in the Scottish Highlands [J]. *Journal of Rural Stud-*

ies, 2002, 18 (3): 307 - 324.

[261] Malinowski B, Young M W. *The Ethnography of Malinowski: The Trobriand Islands* [M]. London: Routledge and Kegan Paul, 1979.

[262] Margaret M W, Nan M A, David B. Racial, ethnic, and gender differences in smoking cessation associated with employment and joblessness through young adulthood in the US [J]. *Social Science and Medicine*, 2006, 62 (2): 303 - 316.

[263] Markwick M C. Golf tourism development, stakeholders, differing discourses and alternative agendas: The case of Malta [J]. *Tourism Management*, 2000, 21 (5): 515 - 524.

[264] Mccool S F, Martin S R. Community attachment and attitudes toward tourism development [J]. *Journal of Travel Research*, 1994, 32 (3): 29 - 34.

[265] Mcdonald J F. Econometric studies of urban population density: A survey [J]. *Journal of Urban Economics*, 1989, 26 (3): 361 - 385.

[266] Mcintosh A J, Prentice R C. Affirming authenticity consuming cultural heritage [J]. *Annals of Tourism Research*, 1999, 26 (3): 589 - 612.

[267] Menge B A, Farrell T M. Community structure and interaction webs in shallow marine hard-bottom communities: Tests of an environmental stress model [J]. *Advances in Ecological Research*, 1989 (19): 189 - 262.

[268] Mitchell R E, Reid D G. Community integration: Island tourism in Peru [J]. *Annals of Tourism Research*, 2001, 28 (1): 113 - 139.

[269] Mmopelwa G, Kgathi D L, Molefhe L. Tourists' perceptions and their willingness to pay for park fees: A case study of self-drive tourists and clients for mobile tour operators in Moremi Game Reserve, Botswana [J]. *Tourism Management*, 2007, 28 (4): 1044 - 1056.

[270] Morgan T H. *The Iroquois League* [M]. London: Macmillan, 1877.

[271] Moscardo G, Pearce P L. Understanding ethnic tourists [J]. *Annals of Tourism Research*, 1999, 26 (2): 416 - 434.

[272] Moser C O. Community participation in urban projects in the Third World [J]. *Progress in Planning*, 1989 (32): 71 - 133.

[273] Murdoch J. Networks—a new paradigm of rural development? [J]. *Journal of Rural Studies*, 2000, 16 (4): 407 – 419.

[274] Murphy P E. *Tourism: A community approach* [M]. New York: Methuen Inc, 1985.

[275] Nelson P B. Rural restructuring in the American West: Land use, family and class discourses [J]. *Journal of Rural Studies*, 2001, 17 (4): 395 – 407.

[276] Northam R M. *Urban geography* [M]. Hoboken, NJ: John Wiley & Sons, 1979.

[277] Nunez T A. Tourism, tradition, and acculturation: Weekendismo in a Mexican village [J]. *Ethnology*, 1963, 2 (3): 347 – 352.

[278] Nunkoo R, Ramkissoon H. Developing a community support model for tourism [J]. *Annals of Tourism Research*, 2011, 38 (3): 964 – 988.

[279] Ostrowski S. Ethnic tourism—focus on Poland [J]. *Tourism Management*, 1991, 12 (2): 125 – 130.

[280] Pacione M. *Rural geography* [M]. London: Harper and Row, 1984.

[281] Pain R. Social geography: On actionorientated research [J]. *Progress in Human Geography*, 2003, 27 (5): 649 – 657.

[282] Palmer A, Bejou D. Tourism destination marketing alliances [J]. *Annals of Tourism Research*, 1995, 22 (3): 616 – 629.

[283] Park, Jeongeun, Suiwen Zou, Joelle Soulard. Transforming rural communities through tourism development: An examination of empowerment and disempowerment processes [J]. *Journal of Sustainable Tourism.* 2024, 32 (4): 835 – 855.

[284] Pearce P L, Moscardo G, Ross G F. *Tourism community relationships* [M]. Oxford: Elsevier, 1996.

[285] Peter F, Stringer, Philip L, et al. Toward a Symbiosis of Social Psychology and Tourism Studies [J]. *Annals of Tourism Research*, 1984, 11 (1): 5 – 17.

［286］ Petrosillo I, Zurlini G, Corliano M E, Zaccarelli N, Dadamo M. Touristperception of recreational environment and management in a marine protected area ［J］. *Landscape and Urban Planning*, 2007, 79 （1）: 29 – 37.

［287］ Pierre L B. Marketingmaya ethnic tourism promotion in Mexico ［J］. *Annals of Tourism Research*, 1995, 22 （3）: 568 – 588.

［288］ Pitchford S R. Ethnic tourism and nationalism in Wales ［J］. *Annals of Tourism Research*, 1995, 22 （1）: 35 – 52.

［289］ Rice J G. The role of culture and community in frontier prairie farming ［J］. *Journal of Historical Geography*, 1977, 3 （2）: 155 – 175.

［290］ Ritchie J B. Policy formulation at the tourism/environment interface: Insights and recommendations from the Banff – Bow Valley study ［J］. *Journal of Travel Research*, 1999, 38 （2）: 100 – 110.

［291］ Robert A D. *Who governs: Democracy and power in an American city* ［C］. New Haven, CT: Yale University Press, 1961.

［292］ Robson J, Robson I. From shareholders to stakeholders: Critical issues for tourism marketers ［J］. *Tourism Management.* 1996, 17 （7）: 533 – 540.

［293］ Rodríguez J R O, Parra – López E, Yanes – Estévez V. The sustainability of island destinations: Tourism area life cycle and teleological perspectives. The case of Tenerife ［J］. *Tourism Management*, 2008, 29 （1）: 53 – 65.

［294］ Rogers E M, Burdge R J. *Social change in rural societies* ［M］. 2nd Ed. Englewood Cliffs, NJ: Prentice Hall, Inc. , 1972.

［295］ Rogers E M. *Social change in rural society* ［M］. Ann Arbor, MI: University of Michigan Press, 1972.

［296］ Roseland M. Sustainable community development: integrating environmental, economic, and social objectives ［J］. *Progress in Planning*, 2000, 54 （2）: 73 – 132.

［297］ Rosenblum M R, Brick K. *US immigration policy and Mexican/Central American migration flows* ［M］. Washington, DC: Migration Policy Institute, 2011.

［298］Ryan C, Cave J. Structuring destination image: A qualitative approach ［J］. *Journal of Travel Research*, 2005, 44 (2): 143 –150.

［299］Scheyvens R. Ecotourism and the empowerment of local communities ［J］. *Tourism Management*, 1999, 20 (2): 245 –249.

［300］Scheyvens R. *Tourism for development: Empowering communities* ［M］. Harlow: Pearson Education, 2002.

［301］Seaton E K, Gilbert A N. *Encyclopedia of Adolescence* ［M］. London: Springer Science & Business Media, 2011.

［302］Sheehan L R, Ritchie J B. Destination stakeholders exploring identity and salience ［J］. *Annals of Tourism Research*, 2005, 32 (3): 711 –734.

［303］Smalls C, Cooper S M. Racial group regard, barrier socialization, and African American adolescents' engagement: Patterns and processes by gender ［J］. *Journal of Adolescence*, 2012, 35 (4): 887 –897.

［304］Smith M D, Krannich R S. Tourism dependence and resident attitudes ［J］. *Annals of Tourism Research*, 1998, 25 (4): 783 –802.

［305］Smith V L. *Hosts and guests: The anthropology of tourism* ［M］. University of Pennsylvania Press, 1989.

［306］Sofield T H. *Empowerment for sustainable tourism development* ［M］. Emerald Group Publishing, 2003.

［307］Stringer P F, Pearce P L. Toward a symbiosis of social psychology and tourism studies ［J］. *Annals of Tourism Research*, 1984, 11 (1): 5 –17.

［308］Swardbrooke. *Sustainable Tourism Management* ［M］. Washington D. C: CABI, 1999.

［309］Szabo S, Smyth D. *Indigenous protected areas in Australia: Incorporating indigenous owned land into Australia's national system of protected areas* ［M］ //Jaireth H, Smyth D. *Innovative Governance: Indigenous Peoples, Local Communities and Protected Areas*. New Delhi, India: Are Books, 2003: 145 –164.

［310］Taylor J P. Authenticity and sincerity in tourism ［J］. *Annals of Tourism Research*, 2001, 28 (1): 7 –26.

[311] Teye V, Sirakaya E, Sönmez S F. Residents' attitudes toward tourism development [J]. *Annals of Tourism Research*, 2002, 29 (3): 668 – 688.

[312] Tomljenovic R, Faulkner B. Tourism and older residents in a sunbelt resort [J]. *Annals of Tourism Research*, 2000, 27 (1): 93 – 114.

[313] Tosun C. Limits to community participation in the tourism development process in developing countries [J]. *Tourism Management*, 2000, 21 (6): 613 – 633.

[314] Uriely N, Israeli A A, Reichel A. Heritage proximity and resident attitudes toward tourism development [J]. *Annals of Tourism Research*, 2002, 29 (3): 859 – 861.

[315] Viken A. Tourism, research, and governance on Svalbard: A symbiotic relationship [J]. *Polar Record*, 2011, 47 (4): 335 – 347.

[316] Walpole M J, Goodwin H J. Local economic impacts of dragon tourism in Indonesia [J]. *Annals of Tourism Research*, 2000, 27 (3): 559 – 576.

[317] Wang H, Yang Z, Chen L, Yang J, Li R. Minority community participation in tourism: A case of Kanas Tuva villages in Xinjiang, China [J]. *Tourism Management*, 2010, 31 (6): 759 – 764.

[318] Weden M M, Astone N M, Bishai D. Racial, ethnic, and gender differences in smoking cessation associated with employment and joblessness through young adulthood in the US [J]. *Social Science & Medicine*, 2006, 62 (2): 303 – 316.

[319] Willbern Y. The changing urban community [J]. *Business Horizons*, 1966, 9 (1): 47 – 52.

[320] Williams J, Lawson R. Community issues and resident opinions of tourism [J]. *Annals of Tourism Research*, 2001, 28 (2): 269 – 290.

[321] Wirth L. Urbanism as a Way of Life [J]. *American Journal of Sociology*, 1938, 44 (1): 1 – 24.

[322] Wood R E. Ethnic tourism, the state, and cultural change in Southeast Asia [J]. *Annals of Tourism Research*, 1984, 11 (3): 353 – 374.

[323] Ying T, Zhou Y. Community, governments and external capitals in China's rural cultural tourism: A comparative study of two adjacent villages [J]. *Tourism Management*, 2007, 28 (1): 96 – 107.

[324] Yuksel F, Bramwell B, Yuksel A. Stakeholder interviews and tourism planning at Pamukkale, Turkey [J]. *Tourism Management*, 1999, 20 (3): 351 – 360.

后　记

　　可持续发展一直是全人类共同关注的话题。"共生"是生物学领域的概念，指的是不同物种共同生活的现象。共生的模式在不同的时间因共生单元、共生界面、共生环境等不同而不同。利益冲突就是因共生单元、共生界面、共生环境等作用而出现的一种发展不均衡的表现。本书基于"利益冲突风险的潜在性—利益冲突原因的多重性—防止利益冲突的迫切性—防止利益冲突的长效性和战略性"的逻辑思路，采用静态分析与动态分析相结合、理论阐述与实证调研相结合、整体观测与个案剖析相结合、定性分析与定量分析相结合的"四结合"研究方法，在深入研究可持续发展理论的基础上，借鉴生物学的共生理论资源，尝试将民族旅游社区作为一个有机的系统来考察，从民族旅游社区各利益相关者的诉求出发，以促进民族旅游社区利益相关者协同共生为宗旨，通过对单个利益相关者参与的"居民自主型"民族旅游社区、两个利益相关者参与的"公司＋农户"型民族旅游社区、多个利益相关者参与的"政府＋社会公益机构＋农户"型民族旅游社区的调研与分析，在对诱发民族旅游社区利益相关者利益冲突结构性因素的梳理与识别的基础上，力争全面认识诱发民族旅游社区利益冲突的因素，构建包括时空维度、经济维度、政策制度维度、文化维度、资源维度、环境安全维度等在内的动态协同共生机制，并在考虑民族旅游社区政治、经济、文化、资源、环境等方面的总体发展状况的基础上，研究民族旅游社区利益相关者协同共生的实现路径，为民族旅游社区社会经济发展提供化解民族旅游社区利益冲突、推进民族旅游社区的可持续发展的管理对策，扎实推进民族地区社会经济发展。

　　本书是在笔者博士论文的基础上开展的，是笔者多年的思考和积淀，是对以往研究的提炼和升华，是昆明理工大学一流本科建设的重要成果。在研究的过程中，多次得到云南大学吕宛青教授、罗明义教授、雷晓明教授、杨宪民教授、田卫民教授、杨桂华教授、杜靖川教授、罗淳教授、张晓萍教授、王克岭教授，南开大学陈晔教授，北京联合大学李柏文教授的鼓励和支持，并为研究思路的完善、研究内容的拓展提供了大量建议；昆明理工大学的刘红梅副教授、王劲璘副教授，云南旅游研究院的张冬博士，昆明学院的贺景博士，云南大学的汪熠杰博士的讨论让我受益颇深；昆明理工大学的董诗锦、夏向涵、朱珠、鲁赵琳、姚舒文、濮定月、李婷、伍鸿鹏等同学协作完成了大量的数据收集与处理、资料检索等工作，在此深表感谢！感谢一起学习和工作过的同学和同门，与他们的相处和交流是一种难忘的经历，与他们一起学习和工作使我受益颇多；感谢那些启发过我、触动过我的好书、好文章，虽然与它们的作者素未谋面，但他们的思想和观点却如此深刻地影响着我。另外，在本书的写作过程中，笔者参考和借鉴了国内外学者大量的研究文献，在此向所有参考文献的作者致以诚挚的感谢！

　　本书作为一项原创性的、探索性的研究，由于学识和能力水平、时间精力、原始数据的获取、研究经费等方面的制约，还存在着许多不足和欠缺，甚至可能存在谬误，敬请学术界的各位前辈和同仁、业界的各位专家和实践者不吝赐教，并在此表示深深的歉意。"协同共生"得到了学界和业界越来越多的关注，作者也希望本书能起到抛砖引玉的作用。

李聪媛

2024 年 7 月 28 日